摆/渡/者/教/师/书/架

改造我们的学校

——一个中学校长的思考与行动

人的本质决定教育的本质，失去对人的本质的
思考，就会失去教育的本真。

李庆平◎著

教育科学出版社

·北 京·

责任编辑　陈　琳
责任校对　曲凤玲
责任印制　曲凤玲

图书在版编目（CIP）数据

改造我们的学校：一个中学校长的思考与行动/李
庆平著. —北京：教育科学出版社，2011.5
　　ISBN 978 - 7 - 5041 - 5781 - 2

　　Ⅰ.①改…　Ⅱ.①李… Ⅲ.①中学教育 - 研究　Ⅳ.
①G63

中国版本图书馆 CIP 数据核字（2011）第 076116 号

改造我们的学校——一个中学校长的思考与行动
GAIZAO WOMEN DE XUEXIAO——YIGE ZHONGXUE XIAOZHANG DE SIKAO YU XINGDONG

出版发行		教育科学出版社			
社	址	北京·朝阳区安慧北里安园甲 9 号	市场部电话	010 - 64989009
邮	编	100101	编辑部电话	010 - 64989394
传	真	010 - 64891796	网 址	http://www.esph.com.cn
经	销	各地新华书店		
印	刷	莱芜市圣龙印务有限责任公司	版 次	2011 年 5 月第 1 版
开	本	169 毫米×239 毫米 16 开	印 次	2011 年 5 月第 1 次印刷
印	张	16.25	印 数	1 - 6 000 册
字	数	258 千	定 价	30.00 元

序　言

　　教育问题，历来是一个民族、一个国家的头等大事。人类进入 21 世纪，在全球经济文化一体化的大背景下，中国教育正经历着前所未有的大变革，整个社会正以前所未有的热情关注着教育问题。特别是新课程标准实施以来，围绕教育问题的讨论总能成为社会的焦点、热点，针对基础教育问题，每年都有大量专著问世，大大丰富了现代教育的理论武库，为教育注入了生机与活力，促进了现代教育的发展。最近，来自山东诸城的李庆平把他的一部书稿寄给了我，初读一遍，我就觉得这是一部见解独到且极具思想锋芒、极富启示性的力作。

　　与李庆平的相识源于新教育。早在 2004 年，他带领诸城实验中学加盟新教育，由此，这所充满朝气与创新精神的学校，以及李庆平这位充满激情与思想的校长，不断引起我的关注。2005 年 4 月，由山东省教育厅主办的山东省学校文化建设现场研讨会议在诸城实验中学召开，庆平邀请我来做关于新教育、关于读书的报告。会议期间我参观了诸城实验中学，朴素的校园环境、浓郁的文化氛围，给我留下了极其深刻的印象。在这所学校，我欣慰地看到，自 2001 年以来，就举办"百日读书节"活动，大力营造书香校园，开展"师生共写"随笔活动，为书香人生奠基——这正是新教育"六大行动"之一。至今为止，他们已经成功举办了十届读书节，形成了富有校本特色的十大读书新理念，很好地实践了"行动，就有收获"的新教育思想。2006 年 4 月开始，庆平来苏州大学跟随我做高级访问学者，我对他有了更全面、深刻的了解：这是一位有思想、有梦想、有追求、有激情、有行动的校长。他带领诸城实验中学全面发展、不断追求卓越。学校、教师和学生在成长的同时，庆平本人也在不断"行走"和"成长"着——在繁忙的管理事务中，他一路读完了教育硕士、博士，成为全国著名的科研创新校长、山东省委组织部管理的专家，入选"中国改革开放 30 年 120 名社会人物"和山东省首届"齐鲁名校长"。庆平作为中国教育学会中学语文教学专业委员会常务理事，他把引领全国语文教师"追寻教育理想，享受教育幸福，过一种幸福完整的教育生活"当做自己的使命，把践行新教育的"六大行动"当做自己的使命。我曾经两次应邀参加由庆平主持的全国中语会课堂教学研究中心年会，深深感受到他作为一名语文教师，为全国语文教学改革的发展所付出的努力。而今，庆平撰写的又一部全面反映他教育思想、管理理念及实践的书即将出版，这是可喜可贺的！

作为一位投身基础教育的管理者，李庆平认为文化是学校的灵魂，校长的重要使命之一就是用文化提升教师、学生的素养，提升管理的品位，从而把学校建设成富有人文情怀、师生共享的精神家园。为此，他任诸城实验中学校长以来，一直致力于学校文化建设，用文化驾驭全局，走新型的学校管理之路，进行了一系列建设学校文化的创新实验，取得了丰硕的教育成果，引起了全国教育界的广泛关注。

作为一名热爱教育事业的思想者，李庆平始终把自己看做一名普普通通的人民教师，课堂永远是令他心醉的地方。他热爱读书、勤于学习，尽管担当重任，兼职很多，但他从来没有间断过自身的理论学习，为全校师生树立了终身学习的榜样，是全国基础教育界为数不多的博士校长；他富有思想，善于思考，确立了"用心思考未来"的校训，在学校教育教学的具体管理工作中展现他对教育问题的深远思考。

作为一名勇于开拓创新的先行者，李庆平带领诸城实验中学突破常规，锐意改革，将落实进行到底，靠创新赢得领先。在全国公办学校中首家引入 ISO9001 国际标准化质量管理体系，提升学校管理境界；实施责任教师制度，为学生成长助力；开创"六要点教学法"，在选课走班上破冰前行；创新教育改革理念转化成为教育生产力，为学校发展带来了生机与活力。

几年来，庆平写下的一些有关教育的文章我都陆陆续续地看过，所以对他的一些见解并不陌生。但拿到这本书，我还是感到眼前为之一亮，心灵为之一震。这本书不仅是他在学校教育教学工作中的思考和实践，更是他对教育的一些根本问题、原初问题的系统、深入的思考，集中展现了作者的教育思想与理想、治学理念与管理实践。

尊重传统而又勇于创新，是此书的第一个突出特点。作者将教育问题置于人类文明发展的历史过程与全球化视野中去进行纵横关照，注意吸收古今中外优秀的教育遗产和近年来基础教育界富有启发意义的新的教科研成果，取精用弘、兼容并包，且能仔细地梳理分析，并加以创造性改造，用以支撑、丰富自己的观点。读者会注意到，儒家传统思想与马克思、恩格斯教育哲学对作者的深刻影响。此书有一节专论孔子教育思想的现代启示，这类话题近年来虽然论者甚多，但能从现代教育角度谈出新意的并不多见。庆平曾就读于位于孔子故乡的曲阜师范大学，对孔子思想了解甚深，同时又结合了自己的教育实践，故能就古老话题谈出一番新意。比如对孔子的中庸哲学思想，学界之理解大都相近，认定就是无过无不及之取中思想及尊重常识、重视实用之原则。庆平则以多元主义、适度原则和权变精神对之给以新的阐释，确实令人耳目一新。再如，人们一般都熟悉叶圣陶等教育前辈说过的"教是为了不教"的话，但为什么"教是为了不教"，为了达到"教是为了不教"的目的，又应该教什么、怎么教，前辈们并没有给出过明确的解答。庆平这本书也谈到这个问题，可以说是"接着说"，但这"接着说"中也显示出他的独特见解。比如他认为这"不教之教"中首先就是让学生拥有未来能独立自主地谋生、合理做人的能力，而欲有此能力必须有正确的人生观、价值观。这种人生观、价值观应包括三部分，一是社会主义核心价值，一是人类积累的普世性价值，一是我国古代优秀文化传统、道德传统，三者并不矛盾，而是互相含容、互相补充的。此种见解就颇为大胆，且富有新意。读者可能一时难以认同他的观点，但会对他的独立思考表示敬意。诸如此类的新见，在这本书中比比皆是，读者可以处处感受到作者那澎湃的激情，创新的火花。也许，正是这种不断追求创新的激情，才催生了这本源于教育教学一线的佳著。

学理性与实践性统一，是此书的另一重要特点。作者以一个教育管理者、教育决策者的身份长期奋战在教育教学第一线，对学校工作的各个方面、各个环节都有着深刻的体验与明晰的认识。同时，又以一个教育思想者、教育研究者的宏阔视野，跳出一校一区的局部性视野，不是仅仅关注实践操作等形而下思想层面，而是站在时代的高度、哲学的高度，去关注那些教育的本体性、原初性的根本问题，故而使得作者既拥有了从纯粹理论层面研究教育问题者所不具备的实践操作精神，又展示了远远高出一般教育管理者局限于琐碎现象和操作技术的思想厚度。打开目录，读者可以看到教育何为、校长何为、学校何为之类的六大叩问，并依次作出了个性化解答，视野宏阔，论证严密，具有很强的学理性。

我注意到，因为诸城实验中学已经加盟新教育实验，因此书中多次提到与新教育有关的话题，不少地方是以新教育理论作论据，或是对新教育理论的形象化、个性化阐释，但也有些地方是庆平对新教育一些观点的补充或修正。对这类话题我很感兴趣，也感到很高兴。比如，我曾提到过中国教育的五大缺失，但为什么有如此缺失，人们一般习惯性地归罪于体制，庆平则从中国百年发展史的角度谈到了造成此类缺失的原因，是很有启示意义的。

尤其令人高兴的是，这本书虽然对教育的一些本体性问题投入了深刻的理论思考，但并不是一部纯理论著作，用于支撑此书基本论点的，除理论论据之外，更是引用了大量的、活生生的具体案例，特别是来自教育第一线的本校教师的鲜活经验。这增强了本书的生动性和可读性，也使论证更加扎实。

另外，我还想提到的是，前瞻性与批判性也是本书的两个重要特点，很值得读者注意。本书有一节题目就叫做"寻求突围：我国教育的缺失与前瞻"，我以为这种前瞻性绝不是只体现于某一章一节，而是流贯于全书的。举例来说，本书的第一节即谈到教育的本质与人的本质，教育的根本目的即在于开发、培育人类那种自由、自觉的创造本性。这表面上看是对马克思思想的一种重述，或强调了向教育本真的回归；但由于这是一个永恒的话题、长远的目标，回归也就成了前瞻了。再比如，此书最后一节是谈选课走班问题的，诸城实验中学确实在这方面走在了全国的前头，是先行者，他们的教改实验也就真正成为了一次"破冰之旅"，有很强的示范性。

理论的发展一是靠实践，现实中出现的新情况、新问题、新挑战是推动理论前进的永恒的动力；另外一个动力即是对理论本身的不断地批判与修正，无疑即无知。庆平在谈到孔子教育思想时专门谈到了孔子的大胆质疑、勇于改过求知观，他也是很得这一思想真传的。这本书中对传统的一些教育教学理念，如传统的教师观、学生观、课堂观等，都在新的教育视野中给予了重新审视与批判，这绝不是故意标新立异或故弄玄虚，而是显示出他对教育的真诚与挚爱。可能他的一些看法还一时难以让人接受，甚至惹人生疑，但对人的启示却是很大的。何谓真理？真理不过是人们对客观规律的认识，但应当承认，这种认识永远不过相当于对具体事物的临摹。没有绝对真理。所以，就连伟大的科学家牛顿都说，他不过是一个在海边捡拾贝壳的孩子，他的那些大大影响人类文明进程的发现也不过是一枚枚小小的贝壳而已。因此，与其要那些所谓面面俱到、光洁圆滑的真理，人们不如选择那些不免还有些疏漏与缺失的真话；与其要结论，不如要启示。所以，我认为应当向真理探索的成功者致敬，同样也应当向那些失败者致敬。

　　由于工作的关系，我对中国的基础教育改革非常关注，我曾在《新教育之梦》中提出新教育的四种精神——理想主义、田野意识、合作精神、公益情怀。一个有思想、有作为的教育工作者都会具备这四种精神，这些在《改造我们的学校——一个中学校长的思考与行动》中都可以清楚地感受得到。每一位教师都应该有自己的梦，都应该给自己一种挑战自我的勇气、一种超越自我的精神。我们希望看到越来越多像李庆平那样用心做教育的人能够在工作之余、休闲之余，潜心研究，推出自己的思想成果。

　　只要行动，就有收获。

　　希望庆平和他的团队在教育的路上走得更远、飞得更高！

前　言

——渴望对话

尊敬的读者：

　　当你打开书页，准备阅读之前，请先接受我的一份谢意和祝福。我相信，从你读下这行文字之时，我们之间无声的心灵对话即已经开始。而对话，也是人生价值得以实现的方式之一。我更相信，能够静下心来阅读这样一本没有什么秘闻和故事，既不刺激也不热闹，而是专谈教育问题的书的人，一定都是关注教育或从事教育事业的同仁、同道和同志，一些我的曾经谋面或未曾谋面的朋友。曾子曰："以文会友，以友辅仁。"能够与诸位朋友对话，就大家共同关心的教育问题进行交流，并能得到诸位的批评与帮助，我感到快乐、幸福。更何况这本书记下的不仅有我的不太成熟的经验与思考，更记下了我的太多的疑问与困惑，能够以疑会友、以惑会友，能使我的同仁同志们帮我解惑释疑、指点迷津，更是人生的一大幸事。

　　大家都知道，教师是太阳底下最光荣的职业，但我们也知道，这份耀眼的荣光是与沉重的责任紧连在一起的。选择这份光荣也即意味着必须投入你全部的忠诚、热情、青春和智慧。自 1979 年考入曲阜师范大学始，我便与教育结下了不解之缘。从大学毕业后做语文教师，再到当教研员、教研室主任、教育局副局长、学校校长，我的教育生涯已经三十余年。这本书记下的就是我三十多年来从教的心路历程与对教育的思考。这样一些思考也曾陆续发表过，比如，1988 年在做中学语文教研员期间，我首先提出了"大语文"教育思想，变革语文教学；1995 年任教研室主任时，我率先在全国县级教研室推行教研员学科负责制，并在全国首倡"教研文化"；1998 年我所领导的教研室被誉为"全国教研系统的一面旗帜"而向全省推广成功经验，后又作为山东省唯一的县级教研室成为山东省教科所的教育科研重点实验基地；2000 年我在《山东教育》上发表论文《学校文化的育人功能及其建设》，在全国首倡"学校文化"；2001 年在担任诸城实验中学校长后，我又率先提出"文化立校"方略，确立"用心思考未来"的校训；等等。这本书不仅是对此前的种种思考的深入与整合，更是对教育的一些根本问题的追问与解答。读者打开目录就可以看到，我以教育何为、校长何为、学校何为、教师何为、学生何为、课堂何为作本书的章级标题，我以为这都是一个教师、一个中学的校长必须面对的一些根本问题，是关乎中学教育的一些最原初的问题。这些问题稍微具体化、通俗化，即可转换为这样一些问题，如怎样理解教育的性质、功能、价值、意义；怎样确定校长、教师的角色定位；怎样理解新时期的教师、学生和课堂；等等。一位伟人曾经说过，世上有大道理，有小道理，小道理都是被大道理管着的。不对这样一些根本性问题进行一番认真、深入的思考，而仅在一些枝节问题上大费周章，即使算不上缘木求鱼，恐怕也会事倍功半。我之所以憋着劲儿思考这样一些问题，并尝试以我们曾有的经验作出个性化的解答，就是为了为我校的教育改革寻求一条新路，从而为我国教育事业贡献一份微薄的力量。我知道，我们的这些思考难免偏颇、且多有疏漏，所以亟望得到同仁们的批评与指正。教育是关乎一个国家民族的福祉的大事，学术乃天下之公器。我相信同仁们一定也都思考过这样一些问题，也会对我不吝赐教的。

我国的现代教育刚刚走过了百年历程，由于种种原因，还远落后于一些发达国家。正因如此，才出现了振聋发聩的钱学森之问，才引起了国人对教育的种种批评与指责。而科教兴国，教育为本，"士不可不弘毅"。正是感受到了历史赋予教育工作者的这种重托，面对教育的种种难题，才焕发起大家极大的热情与勇气。为破解这些难题，加快我国教育事业的发展，一个教育改革的大潮正在全国涌动，风云激荡，势不可挡，上至国家教育主管部门，下至各级各类学校，有志于教育改革的志士仁人成千上万。不少同行就曾来我校传经送宝、切磋交流，我们亦曾从这种交流中受益多多。本书的出版，就是为了与那些曾经谋面或未曾谋面的朋友进行更为深入的交流。有人说过，你有一个物件，我有一个物件，交换一下，还是每人只有一个物件；而你有一种思想，我有一种思想，交流一下，则可以使思想无限增值。抛砖可以引玉，我相信，我的这块砖一定会引来朋友们的真金美玉。真诚、深入的思想交流、心灵对话、观点碰撞，会引发更为巨大的头脑风暴，催生出最为灿烂的真理的彩霞。

在这里，我还要特别感谢一个特殊的读者群体，这就是诸诚实验中学里那与我风雨同舟、共同奋斗的全体师生员工。这本由文字组成的小书，虽然由我写成，但实验中学教育改革的天地大文章，却是由他们的巨手写就的。我的文章不过是这样一篇天地大文章的缩写本或复制本而已。我不敢贪天之功以为己有，我恳请我的这些同仁们一方面能对这本书不吝赐教，另一方面希望我们永远肝胆相照、携手共进，把诸城实验中学的教育改革搞得更好，向祖国交一份更为漂亮的答卷。

"昨夜西风凋碧树，独上高楼，望尽天涯路。""欲寄彩笺与尺素，山高水阔知何处。"读着这样的词句，我深感古代士人对交流的渴望与期盼，以及无法交流的焦灼与忧伤。现在我们已经进入了高科技时代，地球已经变小，天涯就在咫尺，只要轻敲键盘、移动鼠标或者拿起话机，就可以交流对话。所以，我再一次真诚地恳请各位朋友，一旦读过此书，有什么疑问，有什么批评，有什么建议，能当面讨论或网上交流。我想，在这种交流中，我们都会收获一份幸福与快乐。

李庆平

目　　录

第一章　教育何为?

一、教育何为?

如果从 1983 年拿起教鞭算起，我已经从教 28 年；而如果从 1979 年我考上曲阜师范大学选定教育作为我人生的事业和理想算起，我与教育结缘则已有三十余年。其实，要说与教育的缘分，或许早在我的孩童时期便已结下。幼时，常见小学校里那些操着半生不熟的普通话的老师口若悬河，眉飞色舞，把一群顽童调教得服服帖帖，内心艳羡不已，觉得课堂真是个好地方，教育真是份好差事，能教人脱胎换骨，遂生出大丈夫理当如此的豪情，埋下了将来从教的种子。

三十多年来，尽管也吃过不少苦，遭过不少难，有过太多的曲曲折折，但我无怨无悔，深感幸运，因为我从事的是太阳底下最神圣的事业。三十多年来，也有一个问题一直纠缠着我的心，逼得我有时不得不憋着劲儿思考它，这个问题就是：什么是教育，它的本质是什么？从教的时间越长，这个问题对我的纠缠就越厉害。我无数次地寻找一种最能令我信服的答案，但又总觉得这答案只是触到了问题的边缘，似乎离它的核心还很远很远。比如，早在我做语文教师时，就接触到不少语文教学理论，这些理论似乎都指向教育的本质，如课文无非都是例子，教是为了不教，等等。但为什么课文都是例子，为什么教是为了不教，我觉得答案后面还有答案，原因后面还有原因。这答案的答案、原因的原因也许就该指向教育的本质。后来我调到了市教研室，我以为能为我超脱地观察了解教育、为寻找这一答案提供方便，但事实却是感到问题更多了。

有一年，高考之后，我到某校了解学生高考情况，特别是学生对高考的感受。一个学生刚刚考完，也许觉得对我说点实话也算不了什么，就很气愤地对我说：要说真心话吗？我真想一把火把这学校烧了。听了这话，我心里很难过。说实话，真给这孩子一把火，他也绝不会真的放火；但他心里有火，这火是对我们的现实教育的。孩子的话说明他们学得并不幸福，我们的教育在某些方面似乎与我们常说的"教育就是要人幸福地生活"的目的是相悖的。教育就是为了考试吗？就是为了分数吗？学生考上大学就是人生唯一的归宿吗？大学就是他人生的最后驿站吗？这些问题逼我再次就教育，特别是现代教育的本质发问。

从一开始我就试图以自己的方式为教育下一个定义，从而为对问题的探讨寻找一个坚实的立足点，以指导我今后对教育的观察、思考与行动。但每下过一个定义之后，又总觉得它不圆满，不周延，似乎还遗漏了些什么，还没有进入问题的深层。这是为什么呢？百思不得其解时，偶然想起有人曾说起的理论思考中常犯的错误，那就是往往忘记了思考问题的最初的起点，或叫做理论先设、前见，这是一种很像三段论推理中的大前提的东西，它似乎约定俗成，不证自明，因而往往为人所视而不见。然而万物皆动、皆变、皆生、皆灭，一切所谓先见、先设、公理、前提都会因其当时赖以成立的环境条件的变化而逐渐失去其合理性与有效性，世间并无所谓放之四海而皆准、传至千秋亦是真的真理。伟大的革命导师恩格斯就说过，所谓真理不过是一个更小的谬误对另一个较大谬误的取代而已。人类求真的过程其实也正是纠错的过程。如果不知变通，死守着自己所认定的绝对真理不放，岂不成了古人曾讽刺过的刻舟求剑、守株待兔那样的蠢汉？

那么，我们思考教育问题时，最容易忽视的理论基点是什么呢？那就是人。教育的主体是人，对象是人，目的还是人。教育的本质由人的本质确定，弄清了人的本质才能弄清教育的本质。

那么人的本质是什么呢？古今中外的哲学家、思想家曾为之下过无数的定义，像人是思想的动物、人是理性的动物、人是符号的动物、人是万物之灵长宇宙之精华等，但我觉得这些定义大都是些片面的真理或真理的片面，离现代的现实的人、实践着的人的本质还很远。比较来比较去，还是马克思对人的本质的认定更科学、更合理。

马克思曾在两篇文章中谈到过人的本质问题，一是《1844年经济学哲学手稿》，一是《关于费尔巴哈的提纲》。前者谓人与动物相区别，自由自觉的创造活动乃是人区别于动物的标志。

> 人是一种物种存在。这不仅因为人在实践和认识两方面都把物种（包括他自己的种和其他物的种）作为他的对象，而且（用另一种方式来表达这个事实）也因为他把自己就看成实在的有生命的物种，看成一种具有普遍性的因而是自由的存在。……人的普遍性正在于人使整个自然界成为他的无机的肉体，这就是说，自然界既是人的直接生活手段，又是人的生活活动的材料、对象和工具。……通过实践来创造一个对象世界，即对无机自然界进行加工改造，就证实了人是一种有意识的物种存在，也就是说，人是把物种存在当做自己的存在来对待，或是把自己当做物种存在的那种存在来对待。动物固然也生产，也替自己营巢造窝，例如蜜蜂、海狸和蚂蚁之类。但是动物只制造它自己或它的后代直接需要的东西，它们只片面性地生产，而人却是普遍（全面）地生产；动物只在肉体直接需要的支配下才生产，而人却在不受肉体需要的支配时也生产，而且只有在不受肉体需要的支配时，人才真正地生产；动物只生产动物，而人却再生产整个自然界；动物的产品直接联系到它的肉体，而人却自由地对待他的产品。动物只按照他所属的那个物种的标准和需要去制造，而人却知道怎样按照每个物种的标准来生产，而且知道怎样把本身固有的（内在的）标准运用到对象上来制造，因此，人是按照美的规律来制造。

在这些论述中，马克思把"自由""自觉""全面""创造"等词语作为关键词，以之界定人的本质力量，或人的本质。同时，马克思也指出，由于资本主义的剥削和压迫造成的人的异化，人的这种本质力量并没能得到实现，人不是自由、健康、全面地发展，而是奴隶般地、病态地、畸形地生活着，发展着，以至于成为流水线上的一个工具。只有到了共产主义社会，人的这种本质力量才能得以充分发展。

> 共产主义就是作为人的自我异化的私有制的彻底废除，因而就是通过人而且为着人，来真正占有人的本质；所以共产主义就是人

在此前发展出来的全部财富的范围内，全面地自觉地回到他自己，即回到一种社会性的（即人性的）人的地位。这种共产主义，作为完善化的（完全发展的）自然主义，就等于人道主义，作为完善化的人道主义，也就等于自然主义。共产主义就是人与自然和人与人之间的对立冲突的真正解决，也就是存在与本质、对象化与自我肯定、自由与必然、个体与物种之间纠纷的真正解决。共产主义就是历史谜语得到的解答，而且认识到它自己就是这种解答。

在《关于费尔巴哈的提纲》中，马克思批判了费尔巴哈将人的本质抽象化的做法，明确指出：人的本质并不是某一个人生来固有的抽象的东西。人的本质实际上就是社会关系的总和。

这两者并不矛盾。前者从文化学角度谈人的本质，后者从社会学角度讲人的本质。人对客观规律的掌握，人的目的的达成，都要依靠群体的力量，而不可能是一个人单打独斗的结果，即使是所谓伟人，他的成果也都是建立在前人或周围群体努力的基础之上的，没有这些，他也将一事无成。拿破仑站在阿尔卑斯山上说，啊，我真伟大，那是因为他身后站着千万士兵。马克思在《1844年经济学哲学手稿》中也同时强调，所谓人的本质力量乃是人类千万年实践活动造成的，是人类群体文明化的必然结果。就连人的各种肉体感官也是人类文明的结果，是社会化的结果。

社会人的各种感官不同于非社会人的各种感官。只有通过人的本质力量在对象界所展开的丰富性，才能培养出或引导出主体的（即人的）敏感的丰富性，例如一种懂音乐的耳朵，一种能感受形式美的眼睛，总之，能以人的方式感到满足的各种感官，证实自己为人的本质力量的各种感官，不仅五种感官，而且还有所谓精神的感官，即实践的感官，例如意志和爱情之类，总之，人性的感官，各种感官的人性，都要凭相应的对象才能形成。各种感官的形成是从古到今全部世界史的工作成果。

自由指向真，在哲学上它的对立范畴乃是必然，即客观世界的必然规律，此规律为人所掌握所利用乃谓之自由；自觉指向善，哲学上，人的意志、理想、愿望在客观世界得以实现则谓之善，善指目的性的达成；创造指向美，人能认识掌握客观规律达成自己的目的，并能随心所欲而不逾距，无规律而合规律、无目的而合目的则谓之美。强调人是社会关系的总和，则意味着合作、仁爱、和谐、共存也应属于人的自由自觉的创造本性。

弄清了人的本质，那么教育的本质也就清楚了。既然人的本质力量，或曰人的本质是"从古到今全部世界史的工作成果"，即人类文明史的成果，从某种意义上说它也是人类自我教育、自我改造、自我发展的成果。教育即是加快这种文明的进度、加强这种文明的程度、加大这种文明的广度的途径、方式、机构等而已。甚至可以说，教育即文明化，教育即文化。文化及人文精神所关注的是人的生存方式和生命意义，文化是精神生活的守护神，文化追求人的情感与精神的和谐发展，追求一切活动的价值与意义，追求生活的质量与人的完美。文化看重的是对过程的体验、感悟的交流、精神的充实。真正意义上的教育实际上就是一个文化过程。教育一旦失去文化，所剩的只是知识的单调移位、技能的机械训练和应试的被动准备。文化赋予一切活动以生命和意义，舍此，就意味着美好时光的浪费、创造性思维的僵化、心智生活的荒芜、精神世界的萎缩与生命年轮的贬值。

也许正因如此，马克思对教育寄予了如此深情的希望：

> 最先进的工人完全了解，他们阶级的未来，从而也是人类的未来，完全取决于正在成长的工人一代的教育。（《马克思恩格斯全集》16 卷 217 页）

在马克思的整个思想体系中，教育无疑属于整个社会结构中的上层建筑，它与政治、法律、道德、科学、文学、艺术等一样由社会基础而决定，并服务于这个基础，特别是服务于这个基础中最为活跃的因素——劳动者，人。从小学、中学以至大学的课程设置来看，教育在整个上层建筑中不同于其他范畴的特点在于，它具有一种综合性，即综合具有政治、法律、道德、科学、文学、艺术等的功能，但又不等同于这些范畴，不能取代这些范畴。

还应说明的是，我在阅读马克思论述人的本质的上述著作中，还领悟到马克思关于教育的一些基本特征。

其一，在强调人的自由自觉的创造本性时，马克思还对自由、自觉两个概念作了以下专门的阐释。

> 动物和它的生活活动是直接同一起来的。它不把自己和自己的生活活动分别开来，它就是它的生活活动。人却使他的生活活动本身成为他的意志和意识的对象。他是有意识的（自觉的）生活活动。他并不和这个定性直接混而为一。有意识（自觉）的生活活动把人和动物的生活活动直接分别开来。正是由于这个缘故，人才是一种物种存在，或者说，只是由于他是一种物种存在，他才是一种有意识的存在，这就是说，他的生活对他自己是一个对象。只是由于这个缘故，他的活动才是自由的。

这其实就启示了教育的主体性、主动性。无论教育者还是受教育者，都是人，是主体。我们一贯强调教为主导、学为主体，实际上就是在强调不要把学生看成某种物件，甚至当成被动地接受知识的容器。说到底，一切教育最终还是自我教育。

其二，既然人的自由自觉的创造本性是千万年文明史的结果，是实践的产物，就连人的各种肉体感官之所以成为人的感官也都是实践的结果，没有实践，人就没有欣赏音乐美的耳朵、欣赏形式美的眼睛。那么教育就不能忽视这种实践性，学校不能让学生"两耳不闻窗外事，一心只读圣贤书"，不能让学生做只会背诵种种条文的记忆工具。

其三，既然人是社会关系的总和，那么教育就不能忽视社会这个大课堂的作用，它必须从社会大课堂中汲取时代的活水，聆听历史的呼声，并且必须教育学生学会合作，学会尊重，学会感恩，等等。

其四，社会分工以及阶级社会的产生而导致的压迫和剥削造成了人的异化，使人的自由自觉的创造本性不能得以全面健康地发展，社会主义的现代教育就应注重对学生潜能（从某些方面说即是人的自由自觉的创造本性）的全面开发。

如此等等。领悟到以上道理，我对我们党的教育方针，如教育要为无产阶级政治服务，教育要与生产劳动相结合，以及邓小平提出的"教育要面向现代化，面向世界，面向未来"，便有了更深刻的理解。

近几十年来，针对人类发展历史中出现的种种新问题，全世界都在反思教育，出现了一些新的教育理念，令人目不暇接。比如，1981年联合国教科文组织第36届教育大会把"教育与生产劳动相结合"列为重要议题；面对着科学技术革命与社会经济发展新形势向教育提出的挑战，国际教育发展委员会的专家们编写的报告《学会生存》中则指出，应培养人的自我生存能力，促进人的个性的全面和谐的发展，并把这当做当代教育的宗旨。新的形势下，让年青一代学会生存、学会关心、学会学习、学会创造、学会负责、学会合作正成为各国教育的共同追求。这些认识都在某些方面体现了马克思在150年前关于教育的设想。至于林林总总、各色各样的当代新教育理论，更是从不同的侧面对马克思的教育设想给予了强调。

如主体教育理论，强调教育培养的人是具有主体性人格的人，学生应当成长为自爱、自立、自强、自信、具有鲜明主体性格的人，能够独立自主地驾驭自己的生活，能自觉地参与并与他人合作。

新生活教育理论，反对只关心学生单一的理性生活的教育行为，要求教育不仅要满足学生理智生活的需要，还要满足学生情感生活、审美生活、道德生活、社会交往和社会生活的需要，所以也有人把它称为"全人教育"。

创新教育理论，强调教育的作用在于引导学生产生新发现、新见解、新认识，要求教育过程是培养学生创造思维、创造技能和创造人格的过程。

生命教育理论，则主张教育应当关注人的生命，关注人的生命质量和生活幸福；教育应尊重学生主体的成长规律，应让每一个学生懂得生命的唯一性、不可替代性和不可再生性，培养健全人格。

科学和人文教育整合理论，这一理论针对当今世界由于科学技术的高速发展而带来的工商科技理性盛行而人文精神萎缩的弊病，以及教育的功利主义倾向，强调科学教育与人文主义教育相互交融，进行整合。许多学校也提出"发展科学思维，培养人文精神"的办学理念。

正是出于对教育本质的以上认识，又认真学习了当代的一些先进的教育理论，我在出任山东省诸城实验中学校长以后，将校训"用心思考未来"作为学校文化定位，将"实施文化立校方略——人本化管理、研究性教师、创新式学生、学习型校园，把学校建设成富有人文关怀、师生共享的精神家园"作为学校文化的核心教育理念，并通过各种有效方式最大限度地将学校文化融入到管理的各个环节，将"学习生活的常识、学习生存的技能、学习生命的意义""保护天性，张扬个性，完美人生""今天送我一个学生，明天还你一个栋梁""创办优质教育，创造成功人生"等学校教育理念深化到师生的心灵深处，让学校的每一个角落都透射出文化的光芒，让师生在文化的陶冶中提升自身的素养，突破思想、激活梦想、实现理想，为过一种幸福完整的教育生活而努力奋斗。教育实践证明，这样一些教育理念符合我校的实际，赢得了师生的共识，·为我校的发展壮大提供了强大的动力。

二、教是为了不教

教育应包括教和育两个方面，教是指要教知识、教方法、教能力等，育指的是要培育习惯、形成直觉、孕育智慧等。我国教育家陶行知说，教师的责任不在教，而在教学，在教学生学。其他一些教育家也说过类似的话，教的目的是为了不教，即是让学生靠学得的知识、能力、方法以及养成的直觉、习惯、智慧，去独立地面对新的世界、新的事物，并随着条件的千变万化而随时作出自己的分析和判断、发现和创造，恰当处事，合理做人。因此，学校教育的目的说起来复杂，其实又很简单，简单到只有一句话："教是为了不教。"但问题是，为什么"教是为了不教"，为了达到"教是为了不教"的目的又应该教些什么，怎样教。

为什么"教是为了不教"？因为不管你是否承认，都无法改变这样一个现实：学生不可能永远不离开老师、不离开学校，在他们人生的绝大部分时间里，都是在离开老师、离开学校的情况下独立谋生、独立做人的。我国古代哲学家庄子就说过："吾生也有涯，而知也无涯，以有涯逐无涯，殆矣。"是啊，人生有限，而知识无限；学生在校时间有限，而离校时间相对来说很长；接受他人教育的时间有限，而自为自学的时间很长；在校能解的疑惑有限，而今后遇到的问题却无限，你想永远随着他教下去也不可能。

如何才能让学生离开校园之后能够独立地谋生、幸福地做人，则是教育的责任。我们的校训"用心思考未来"就包含着对这种责任的担当意识。学校应该为学生走出校园之后的人生负责，就必须认真思考教什么、怎么教的问题；学生也应当为他们今后的生活负责，从而树立远大理想，在校好好学习，认真思考并解决学什么、怎么学的问题。

教什么呢？这不能凭我们的主观猜想来决定，而应该由学生和国家、社会未来的需要来决定。有人可能会说，教什么的问题不是已经解决了吗？国家及各级教育部门不是已经规定了学生各阶段应该学习的课程的内容，并都有确定的教材吗？怎么还要提出这个问题？因为学生走出校园之后需要的不仅是知识，还有能力、德行、习惯、智慧，而能力的初步培养、习惯的基本养成、某些优良品德的铸就、人生智慧的培育，则主要需要在学校完成。如果离开了这些，只谈知识，特别是学生在校期间学习的各门功课，在现代科技手段日益发达的今天，靠电视、多媒体等教学设备就能完成，那么还要学校和教师干什么呢？所以，能够创造性地去教那些"不教"的，即书本上没有的东西才是学校、校长和教师们的真正的责任。

学生走出学校之后，要独立地谋生、合理地做人，最需要的是什么呢？这是学校教育需要认真思考、首要解决的一个问题。我以为，独立谋生、合理做人的基本一点就是要尽量做到为人做事能利己又利人，起码也应利己不害人，不危害社会、危害他人。这就要求有一种正确的人生观、价值观的指导，我们学校的一些基本教育理念，如"学习生活的常识、学习生存的技能、学习生命的意义""保护天性，张扬个性，完美人生""今天送我一个学生，明天还你一个栋梁""创办优质教育，创造成功人生"，最主要的内容也是指一种现代的、正确合理的人生观、价值观。现代人生观、价值观又需要体会、领悟、引导。结合对马克思关于人的本质的学习以及现代各种新的教育理论的学习，我们以为，我们社会主义的学校、学生应该学习掌握的现代人生观、价值观应该主要包括以下三个组成部分：一是现代人性观念，也即是人们常说的一些普世性的人性观念；一是社会主义的核心价值观；一是我国优秀文化传统、道德传统。

所谓现代人性观念，主要是指西方文艺复兴以来在反对封建主义以及现代资本主义对人的异化的过程中所确立的一些价值观念。其基本内容是以个体人性观念为核心，以科学、民主、自由、平等、独立、仁爱、诚信、和谐、尊严、幸福等为基本内容，以追求人的自由、健康、全面发展为目标的人道主义价值观。所谓现代个体人性观念，不同于心理学上所说的个性。它承认人生来是天然平等、自由的，每一个人都是一个独立的个体，都具有独立性、独特性、不可替代性。从生命与法律的角度看，个体生命的价值及权利与任何一个团体、政府的权利一样大。科学、民主、自由、平等等现代人性观念也可以用真、善、美简单概括。科学、诚信讲的是真，既指向外部世界之真，也指向内部世界之真；民主、平等、仁爱、独立等是善；而和谐、尊严、幸福等则是美，主要指一种人生之美、人性之美、社会和谐之美。还要注意的是，这种人道主义不同于传统的人类中心主义，也不同于后来的个体中心主义。人类中心主义的人道主义虽然也承认自由、平等、科学、民主等现代价值的重要性，但认定人是宇宙之精华、万物之灵长，而周围之世界乃是服务于人类的，是人类可以任意驱使、征服、索取的对象。这种思想导致人与自然关系的恶化，人类正因此越来越严重地受到自然的惩罚。所以，这种人类中心主义的人道主义自20世纪下半叶始逐步为人类所抛弃，而古代中国曾有的天人合一、天人共生、和谐共处的思想正日益受到全世界有识之士的重视，环境保护、绿色生产、低碳生活等正逐步成为人们的共识。个体中心主义在批判专制主义等方面起到过很大的作用，但它的消极性也不可低估。特别是西方某些发达国家进入后现代社会以来，中产阶层扩大，他们对现实生活有一种满足感，因此不再关心周围的社会、他人的生活，而只追求个人的幸福和享乐，对各种公序良俗置而不顾，甚至持一种消解主义、游戏主义来对待社会和人生，这种消解主义、游戏主义、享乐主义的人生观也已经波及我国南方沿海的一些发达城市和地区，正对我国社会起着极大的腐蚀作用，因此也需要引起足够的警惕。

因此，我们学校规定的教学信条的第一条就是，教学必须着眼于完整的人的发展。我们认为，"完整的人的发展包括个人与'天、地、人、物'四个向度上的认知、情感、态度和技能的和谐发展。教学的任何一个环节，要达到的任何一个具体的目标，都应自觉地朝向这个教育的终极目标——完整的人的发展，并且使任何一个教学活动与教学环节，都能成为通向这个目标的步骤而存在"。

完整的人的发展，即人的全面发展，人在德、智、体、美各方面的全面发展，是对人的自由创造本性的全面拥有，更是对现代人性观念的拥有。

社会主义核心价值体系的基本内容，主要包括以下几个方面：坚持马克思主义指导思想；坚持中国特色社会主义共同理想；坚持以爱国主义为核心的民族精神和以改革创新为核心的时代精神；坚持社会主义荣辱观。

2006年3月4日，中共中央总书记胡锦涛在全国政协民盟、民进联组会上关于树立社会主义荣辱观的讲话中提出："以热爱祖国为荣，以危害祖国为耻；以服务人民为荣，以背离人民为耻；以崇尚科学为荣，以愚昧无知为耻；以辛勤劳动为荣，以好逸恶劳为耻；以团结互助为荣，以损人利己为耻；以诚实守信为荣，以见利忘义为耻；以遵纪守法为荣，以违法乱纪为耻；以艰苦奋斗为荣，以骄奢淫逸为耻。"他强调指出："在我们的社会主义社会里，是非、善恶、美丑的界限绝对不能混淆，坚持什么、反对什么，倡导什么、抵制什么，都必须旗帜鲜明。"荣辱观是世界观、人生观、价值观的重要内容，树立正确的荣辱观是形成良好社会风气的重要基础。以"八荣八耻"为主要内容的社会主义荣辱观，明确了当代社会最基本的价值取向、行为准则，体现了社会主义基本道德规范，体现了中华民族传统美德、优秀革命道德与时代精神的完美结合。社会主义荣辱观作为社会主义核心价值体系的重要组成部分，已经成为并将继续成为引领社会风尚的一面旗帜。

我国优秀的文化传统、道德传统主要指以下一些基本内容：讲究天人合一、天人和谐的天人观、宇宙观；讲究民族大义，勇于承担社会责任的爱国主义精神和历史使命感、社会责任感；讲究仁爱、孝悌、和平、宽容的仁爱精神、民本精神；刚健为本、自强不息的进取精神；讲究恰当适度、不偏不倚、兼容并包、共存共生的中和精神；讲究自省自律的修身精神；等等。

我们开办的是社会主义的学校，我们每一个人血管里流淌的是中国文化的血液，更应该把社会主义的价值观和民族优秀文化传统、道德传统作为教育、引导学生全面健康发展的基本内容。应该指出的是，社会主义价值观念和中国优秀文化传统、道德传统，与现代人性观念、普世价值并不矛盾，三者是互相含容、并行不悖的。社会主义价值观从现代人性价值观、普世价值观与中国优秀传统文化、传统道德中汲取了很多东西，而现代人性观也因具有中国特色的社会主义价值观及中国优秀文化传统、道德传统而丰富了自身。中国优秀文化传统、道德传统更因现代人性观念和社会主义价值观的参考、照亮而获得新的阐释和新的生命。片面强调现代人性观念，并把它与社会主义价值观对立起来，不是无知就是别有用心；同样，片面强调社会主义价值观和我国优秀文化传统、道德传统，而否定普世价值，否定现代人性观念，则无异于坐井观天，故步自封。

既然现代人性观念以个体人性观念为核心，并把独立、自由、平等、民主等作为主要内涵，那么现代学校教育为达到"不教"而必须"教"的最首要的东西就应当是学生独立自主的能力。朱永新老师发起的新教育改革中的五个基本观点中的第二点就是教给学生一生有用的东西。他认为，"我们的教育不是教给学生一生有用的东西，而是教给学生一时有用的东西。是为了某年某月的某一天，整个高中三年是为了高考这一天，整个初中就是为了中考这一天，这使得整个教育的功利性达到了登峰造极的地步，人们内心根本很少为孩子的一生去考虑。因此，我提出，教孩子六年，心里一定要想着他的六十年。我们不能错把始点当终点。高考恰恰是人生的一个起点。教育要真正为孩子的一生打好底蕴，这样的孩子才有发展的后劲，才有发展的精力。"对孩子一生最有用的东西是什么呢？我们认为即是独立自主的能力，这包括独立思考能力、自学能力、独立做事及独立处理问题的能力，等等。独立自主的对立面就是包办代替，这离专制也只有一步之遥。包办恰恰是对自由意志的侵犯，是对仁爱、宽容、民主、平等的消解。爱只能让爱来培育，善只能以善来涵养，送人玫瑰手有余香，而种蒺藜者则会得刺。包办恰恰是对教育目的的违背。所以一些年轻母亲，哪怕是大字不识的农妇对自己的婴幼儿的教育，倒是可以给人以很宝贵的启示。鲁迅先生就说过，最愚蠢的母亲也不会永远抱着自己的孩子，而不让他自己走路，相反，她们总是热情地鼓励孩子自己走，哪怕是一次次地摔倒，也绝不会给予呵斥。让孩子自己走，这就是独立自主教育的初步。再如，每到吃饭，她们总是教育孩子先洗手漱口，讲究卫生，这其实是在培养他们讲卫生的好习惯，是习惯教育的范例。她们也会教孩子背几首唐诗、唱几首儿歌，但绝不是为了让孩子背会多少、唱会多少以应付某种考试，或成为什么诗人、音乐家，只是为了培养他们的记忆能力、歌唱能力或引起全心全意学习的兴趣而已。可惜的是，一些学校却正干着与这些年轻母亲的教育方式背道而驰的事，灌输式、填鸭式教学还大量存在，分数、入学率还是衡量学生成绩和教学质量的主要标准，这真可谓是干着买椟还珠的蠢事。

"孟母三迁"的故事之所以感人至深、发人深省，从现代教育观念的角度重新解读，正可以发现独立自主教育的因素。孟母正是从小孩子喜欢动手操作、模仿、游戏的天性中，看到了环境对教育的作用，非智力因素对教育的作用，以及培养孩子良好的独立自主能力和习惯的重要性。

因此，我们学校规定的教学信条的第二条就是，教学重要的是教会学生学。"如果刺激单调，教学方式单一，就会导致学生注意力不集中，导致学习效果下降。如果真正的学习没有发生，教师教得再辛苦，也是无效的；真正的学习意味着经验的重新组织与重新解释，这就包括先前的经验的激活，引发新的认知冲突，信息的搜集、选择与加工，最后形成开放式认知框架。学远远不只存在于认知活动中，也存在于交往与审美活动之中。学习的结果不仅包括知识的，还包括态度、价值观的改变或深化，情感的丰富与体验的深刻，技能的形成或巩固，认知策略的高能和完善。"

第三条则是，教学必须为学生的发展服务。"教学不是教师的表演和个人魅力的展示（尽管不露痕迹的个人魅力的展示有着很重要的教育价值），教学是为了促进学生的发展。为此，要努力为学生的成长与发展提供机会，要创造氛围与情景，使学生具有深度的参与，从而为学生展示自我、发现自我和发展自我提供足够的时间和空间。教师讲得越多、越细，越有可能封闭学生思想空间并造成学生对教师的依赖。"

而要教会、培养学生独立自主的能力，我以为最关键的是，教师要善于发现、唤醒、点燃起学生的自信心、兴趣和进取心。在我们学校，大家都熟悉陶行知先生"四块糖果"的故事。当年，陶行知做校长，有一天看到一个男生想用砖头砸同学，就制止了他，并责令他到校长室。等陶行知到了办公室，看到那男孩已在等候。陶先生掏出一块糖递给他："这是对你的奖励，因为你按时来了。"接着又掏出一块来："这也是奖给你的，我不让你打同学，你立即住手了，说明很尊重我。"男孩将信将疑地接过糖果，陶先生又说："我了解过了，你打那个同学，是因为他欺负女生，这说明你很有正义感。"说完掏出第三块糖果给他。这时男孩哭了："陶校长，我错了，同学再不对，我也不该打他。"陶先生又拿出第四块糖果说："你能认错，我再奖励你一块。现在，我的糖已经分完，我们之间的谈话也该结束了。"这个故事之所以感人至深，就因为它使我们看到了伟大教育家陶行知先生的那种伟大的爱心，他因为爱学生，就绝不会用一种一成不变的、僵死的观点看待学生，即使对犯错误的学生，也能从他们的错误中发现优点，从而坚定学生改正错误、积极进取的信心。

首先是自信心。事实上，我们的学生之所以有不少的人学习上不去，不注意自身的道德修养，精神萎靡不振，大都是丧失了自信心的结果。而没有了自信，兴趣和进取心也就无从谈起。学生之所以缺乏自信心，又与应试教育造成的评价标准太单一、太狭窄有很大关系。现代教育证明，没有教不好的学生，之所以教不好，那是教育的责任。新教育改革的五个基本观点的第一个观点即是"无限地相信学生和老师的潜力。相信还不够，要无限地相信。我们每一个人，每一位老师，每一个孩子，身上都有巨大的潜能，这个潜能是我们无法预料，无法相信的。现实生活中有很多被我们老师，被我们家长，甚至是医生，判为'死刑'的孩子（根本没法教了），在一个非常好的老师，或一个非常好的母亲，或非常好的学校中，他能够成长起来，成功了，有很多这样的故事。这些故事背后说明什么？说明人的潜力是相当大的，你只有相信这种潜力，你才能真正去激活它，去调动它。"

这里我想讲几个我们学校唤起学生自信心的故事。

我校安仲伟老师班里有个女生叫孙汝雪，由于家庭环境因素养成动辄打骂别人的习惯，上课吃东西，无视课堂纪律，当着老师的面骂人也丝毫没有羞耻感。为此，安老师和她谈过心，希望她能有所改正，但收效不大。后来安老师想"数其十过，不如奖其一长"，就努力从她身上寻找她的闪光点。一个偶然的机会，征得她的同意后，安老师看了她写给朋友的信，然后又看了她的日记，觉得她是一个好恶感很分明的孩子，就适时给予她一点好的评价，竟发现她对老师的表扬有点不好意思。接下来，老师利用一切机会走近她，走近她的心灵，了解了她对友谊的渴望，对学习的怯而止步，知道了她的一切张扬的行为都源于她想故意引起人们对她的注意。这样，终于取得了她的信任，在让她明白了该怎么做以后，也对她提出了更高的要求。从此，她在课堂上文静了许多，收敛了许多，脏话也从她口中消失，学习上也勤奋了很多，以后安老师又借她在课堂上回答问题的机会表扬了她，让她充满自信，再上一层楼。

安老师班上还有个叫王云龙的孩子，可以用"漠然"来形容他的学习态度，他对老师的提问置若罔闻，一副懒洋洋的样子，在举手回答问题时他是从不会给自己机会的。怎样才能提高他的学习积极性，使他融入到团结奋进的集体中来而又不伤害他的自尊心呢？安老师尝试，从前排第一个学生开始，依次往后提问，临到他时，故意提了一个很简单的问题，他紧张地答完了。在适时的赞扬中，老师发现他第一次绽放了灿烂的笑脸。这一节课，他听得很认真。以后又几次采用这种方式锻炼他，鼓励他，他慢慢地也开始举手回答问题，课堂上变得活跃起来。

魏志勇是个沉默寡言的男孩，考试成绩一直不好，在课堂上总是垂着头，找他的闪光点还真是不容易。有一次，安老师特意找他读书中的一段话，由于过于紧张，他读得很生涩。老师点评的一句话是："我相信你会读得更好。"然后老师转向同学们说："你们知道魏志勇有个得天独厚的条件吗？这个条件很可能让魏志勇赖以生存呢。"老师的发问，引起同学们的强烈兴趣，连魏志勇也抬起头来看着老师。当老师提示"优秀的电视台广播员所具备的基本素质是什么"时，听到了一片欢呼："嗓音""浑厚的嗓音"。安老师笑了，台下响起一片热烈的掌声。老师知道这掌声对魏志勇意味着什么——一个男孩的自尊心从掌声中诞生了，或许会影响他的一生吧。

也许正是因为有了这一番经验，安仲伟老师在《教坛感悟》中以《学会衡量学生》为题写下了如下一番启人深思的话。

> 在教学中善于发现学生的优点和长处，这样有利于学生建立自信，运用优势克服自己身上的不足。可我们在教学中往往难以发现学生的优点，而只看学生成绩不理想、注意力分散、反映较慢等缺点。为什么会产生这样的问题呢？究其原因是我们只用一把尺子衡量所有的学生。实际上，学生都有个性差异，所以我们教育学生要注意主次性。那么，我们应该怎样看待学困生的一些优点呢？首先，我们应该换一种思维方式。如果把不可忍受的学生缺点换一种角度去看，就会变成一种积极的品质，教师就会对学生产生很好的期望，而教师的期望是可以促进学生发展的。

我校王妮老师在《用我的舞蹈赢得学生》一文中也谈到亲近学生、唤醒学生自尊与自信的故事。

> 做一名学生爱戴的好老师，应善于唤醒、培养学生的自信心，使其体内积蓄的潜力最大限度地发挥出来，使自身的价值感与日俱增，从而形成良性的循环，学生会在学习的过程中更加积极与主动。
>
> 我所教的一个班里有一个姓曹的女生，当时她在班里几乎失去了所有同学的信任，几乎没有一个朋友。因为她家较贫穷，便经常捡拾同学丢弃不用的文具之类，有时便不免顺手牵羊地带走一些其他物件，时间久了，同学们知道了她这个习惯，便渐渐疏远了她，有时甚至会用异样的眼光看她。由此，她自暴自弃，上课不认真听讲，下课在教室里喧闹，同学们离她更远，她也更加孤独。上课时看她畏缩的样子，我心里很不是滋味。课间约她出去谈了谈，我委

婉地告诉她，如果缺少什么可以找我要，我可以无偿提供，但不要拿同学的任何东西。然后我又找了两个同学，希望她们做她的朋友，陪她渡过人生中这段最艰难的蜕变时期。经过一段时间之后，她慢慢开始发生了变化，开始积极参与班里的工作，对同学也充满了热情。上课时，她变成了最拥护老师的一个，学习成绩也提升很快。她的家长知道后，告诉老师，老师的关心与帮助使孩子变了一个人似的，不但赢得了老师们的喜爱，也赢得了同学们的信任与友谊。

在我们学校，像安仲伟、王妮老师这样千方百计走进学生心灵，发现学生身上的闪光点，唤醒学生自信的例子还很多很多。坚信没有教不好的学生，只有教不好的老师；坚信每一个学生都有自己的特长、个性和无限的潜能，已经成为全校教师的共识。我们学校编写的《学校文化手册》中的《教师谨记》明确规定：

> 如果一个孩子生活在批评之中，他就学会了谴责；
> 如果一个孩子生活在敌意之中，他就学会了争斗；
> 如果一个孩子生活在恐惧之中，他就学会了忧虑；
> 如果一个孩子生活在怜悯之中，他就学会了自责；
> 如果一个孩子生活在讽刺之中，他就学会了害羞；
> 如果一个孩子生活在嫉妒之中，他就学会了嫉妒；
> 如果一个孩子生活在耻辱之中，他就学会了负罪感；
> 如果一个孩子生活在鼓励之中，他就学会了自信；
> 如果一个孩子生活在忍耐之中，他就学会了耐心；
> 如果一个孩子生活在表扬之中，他就学会了感激；
> 如果一个孩子生活在接受之中，他就学会了爱；
> 如果一个孩子生活在认可之中，他就学会了自爱；
> ……

为了达到"不教之教"的目的，方法可以多种多样，千差万别，"八仙过海，各显其能"。一切都要因人、因地、因时而变。但我认为，有一个核心性、灵魂性的东西却是不能变、需要坚守不动的，它是"超乎技而进乎道"

的，这便是教育者的仁爱之心。我国近代教育家夏丏尊说过："没有爱就没有教育""教育没有情感，没有爱，如同池塘里没有水一样。没有水，就不能称其为池塘。没有情感，没有爱，也就没有教育。"苏联教育家苏霍姆林斯基也把爱孩子看作教师最重要的品德，他认为，"要成为孩子的真正教育者，就要把自己的心奉献给他们"。这仁爱之心便是对学生的关心、爱护、理解、体贴，真正视学生如自己的儿女、兄弟、姐妹、朋友，能够想学生之所想，急学生之所急。

对于这一点，不少教育工作者都已经耳熟能详，算不得什么秘密，不少人甚至把这句话当做座右铭，整天挂在嘴上。他们对学生确实也不缺少爱，但却没能收到好的效果；他们往往恨铁不成钢，结果却往往是欲速则不达，南辕而北辙。这是为什么呢？我以为这很可能是因为他们不自觉地陷入了"因爱而害"的怪圈。如何走出这一怪圈，把爱落到实处，真正发挥爱的正面效应？这就需要改变观念、调整心态。

首先，必须从传统的师道尊严的观念中走出来，从教师总是高学生一等的心态中走出来。必须承认，教师和学生在人格上是完全平等的，并无高低贵贱之分。要民主、平等地对待学生，承认你有尊严，学生也有尊严，不要为维护你的尊严而伤害他人的尊严。而现实中，多数伤害恰恰是因为教师为维护自己的尊严而产生的。

其次，要从教师是传道、授业、解惑者，是知识拥有者，甚至就是布道者的角色中走出来。从知识论的角度看，你拥有的知识，课本上也有，别人通过自学也可以学会，你并不是唯一的拥有者，没有所谓独家秘方，更不应是垄断者。从全面发展的角度看，人的潜能都是无限的，每一个人都有自己的特长，任何人都不可因己之所长而蔑视他人。

改变观念、调整心态才能真正理解学生、体谅学生、尊重学生、关爱学生，从而收获到因爱而得爱的效果。我校不少教师都尝到了这种因爱而得爱，从而使学生从无信心到有信心，从学习不太理想到学习上了一层楼。他们不少人也都在《教坛感悟》或《做一个学生爱戴、家长信任、社会称道的实中教师》中发文谈到了自己的体会，讲了很多感人的故事。例如李荣秀老师在《只有付出，才能无怨无悔》一文中谈道：

我带毕业班时有一个女生悄悄地塞给我一封信，大致说成绩下降没有自信。我看后很着急，真怕这个心结解不开会影响她一生的发展。当天我就用一个晚上给她写了一封长信开导她、安慰她，从此我们开始了长达两个月的真诚的心与心的书信交流。最后她考了全级部第七的好成绩。成绩出来后她激动地说："老师，假如没有您的信，我不会考得这样好！"

凌刚老师在《用心践行我的职责》中说：

2001年，我接手新高二组建的一个艺术班。班中有一个叫孙来刚的学生，是从三中并校过来的，据说他是校中的小霸王，凡是打架的事几乎都与他有关。他人长得帅气，篮球打得好。我根据这一特点，寻找和他交流的切入点。正好学校组织篮球友谊赛，我就任命他为班级篮球队长，并鼓励他努力为班级争取荣誉。他做得格外好，篮球队在他的带领下，一路过关斩将，获得级部第一名和学校第二名的好成绩。我借这个时机和他长谈了一次，他还在为得第二名而愤愤不平。我首先表扬了他为班级作出的贡献，然后给他分析入学后的种种问题。他也敞开心扉，跟我说了他以前的事情，他最后说："老师，不是我不想改变，而是控制不住自己，我就是太冲动了。"我与他深入分析了他的性格特点，找出了他的优点和缺点，并一一制定了解决措施。当天晚上11点，他穿着睡衣跑到我办公室，说："老师我想跟你忏悔。"从这以后他逐步改掉了自己的坏习惯，健康发展起来，整个班级秩序也好转起来。后来，他入伍参军，还给我写了一封长信，感谢我没有放弃他。

……

今年暑假，我到学生王丽家去家访。她的家境让我吃惊，三间陋室，租出去了一间，屋里没有一件像样的家具，大热天的，家里连电风扇都没有。家里的主要劳动力父亲去年因心肌梗死去世了，母亲常年生病，为了维持生计，不得不到附近工厂打点零工，每天只能挣十几元钱。姐姐正上大学，还有两年才毕业。面对家庭的困难，王丽产生了辍学的念头。她吃惊地发现尽管自己成绩不是很好，但老师来家里看她了。她姐姐更是惊讶而感动地说："老师，我上了十多年学了，来家访的老师，您还是头一个。"我在了解了她的家庭情况后，和她们做了细致的分析，安慰她们说，国家对待贫困生的政策非常好，不仅可以减免学费，还可以发放困难补助金；鼓励王丽只要调整心态，积极进取，养成良好的学习习惯，掌握科学的学习方法，就一定能迎头赶上，创造奇迹；最后我还告诉她，辍学无益于改变家庭困境，只有上学，拥有好的前途，才能改变家庭困境，为家人谋福，回报父母之恩。听完我的分析，王丽母亲对女儿说："小丽，老师分析得在理，你尽管好好学，家里有我，只要我们母女一条心，没有过不去的火焰山。"最终全家一致支持王丽考大学。

一次家访，改变了一个学生的命运，这让我深刻地感到，做老师凡事要实事求是，深入了解学生，想学生之所想，急学生之所急，才会收到良好的教育效果。

刘征梅在《教师要不断转换自己的角色》中则谈到她是如何把母爱与对学生的爱结合在一起、关爱学生的感人故事。

高二结束时张玉玲的成绩一直不算很好，考文科的话，很难考上，她找到我征求我的意见。据我平日观察，她穿衣服色彩搭配很协调，班级出黑板报，她经常画个画，于是我建议她学美术。她有点打怵，虽然爱画画，但从来没学过；我鼓励她，不试试怎么知道自己不行。她听了我的劝告，改学了美术，令我也没想到的是，她只学了一年，便在第二年的美术考试中取得了青岛纺织学院的本科证书。在上大学前，我告诉她，要努力展现各个方面的才能，学好专业的同时，要全面发展。到了大学后，经过自己的努力，她各个方面表现都很突出，就业时留在了青岛。

2007年我接手了高二（8）班，我的课代表是个叫胡学星的男孩，有点瘦弱，穿戴不很整齐的一个农村孩子，说话有点大大咧咧，担任课代表很认真。我觉得这孩子不同一般的孩子。有一次他的手骨折了，我对他说回家让你妈妈给你熬点骨头汤喝，他没说话，眉宇间有股淡淡的忧伤。回家没几天，就回来了。我给他买了一些营养品，他很感动。以后我又经常帮助他。半年后，他给我写了一封信，在信中他告诉我，他的家庭很不幸，妈妈自从生完妹妹后，就神经错乱了，谁也不认识，他心中很难过，很羡慕别人有一个慈祥的妈妈，觉得我像妈妈一样。后来我经常从生活上、思想上关心他，2008年高考，他考取了山东农业大学。

爱心、平等、民主、自信、自尊都是学生一生需要具备的素质和潜能，而这些素质与潜能如果能在教师的正确指导下，于不知不觉、潜移默化中得到，于不自觉仿效中形成习惯，化为自己的灵魂与血肉，将会终生受用，这也正达到了"教是为了不教"的目的。

三、孔子教育思想的现代启示

我的青少年时代是在文化大革命中度过的。"文革"一开始，孔子作为封建主义的总代表，就已被打倒，后来又来了个"批林批孔"，对孔子的批判波及中国的每一个乡村，我也就知道了有个叫"孔老二"的人，他似乎很"反动"。但乡亲们似乎并不太理会官方对孔子的这种种定性，谈起来还是尊称他为孔夫子、孔圣人。我那时因为小，也没读过孔子的书，不了解这个人，所以不管是孔老二还是孔夫子，对我似乎都无所谓，他似乎离我还很远很远。1979年我考上了大学，到孔子的家乡去读书，历史巨手推我走近了孔子。那时，"文革"刚结束不久，落实政策、解放思想成了当时最令人兴奋的时代主题，孔子也被落实了政策，"三孔"在重新修复，孔子的塑像也从遥远的外地运到了曲阜，并被重新安放在孔庙里。我所学的课程"古典文学"中的《先秦散文》中专门为孔子及《论语》设了一节，读了他那些语录体的短文，我觉得很亲切，很有道理。后来我又参观了"三孔"。在孔庙，我瞻仰了孔子像，觉得这老夫子还确实"温而厉，威而不猛，恭而安"，是个很有涵养的人。在孔林，我看了孔子墓，看了子贡守庐处，感动得潸然泪下。心想，孔子该有多么伟大的人格魅力，才使得他的众多弟子为他守墓三年，而已经成了富商大贾的子贡又守墓六年？他有何德何能？他为中国人带来何等的福祉？那时，我对孔子的生平已有了一个大致的了解，但对他的思想和学说还不熟悉，尽管如此，我还是凭我那颗年轻的心猜想，无论在两千多年的历史上，他曾受到过何等的毁誉，也无论未来的历史如何对他进行定位，孔子是一个伟大的教育家这一点却恐怕是永远无法否定的。正是他，在中国首开私人办学、平民教育和民间教育之风，在两千多年前就把中国的文明层次提高到一个极高的程度，奠定了中国成为一个文明之邦、礼仪之乡的基础。也正是他，一出手就把教育办得如此成功，如此精彩，从而使无数弟子享受到教育的快乐和幸福。我既然选定了教育，选定了做孔子的同行，就一定好好向他学习，在教育事业中奏出自己生命的华彩乐章，为中国的教育事业贡献自己的一份力量，让我的学生们也能像孔门弟子那样享受到教育的幸福和快乐。

从此，我开始了与孔子的对话，逐渐地走近了他。几十年的学习与探索、成功与失败、快乐和忧伤磨炼了我，也教育了我，正是在这一过程中我觉得正渐渐走近孔子。特别是近几年学习了一些现代教育理论之后，我觉得孔子教育思想与现代教育理念也是可以互相对话的，可以互相启示、互相照亮、互相参照、互相补充。孔子教育思想是我们从事现代教育的最为重要的思想资源。具体来说，我认为孔子教育思想中有以下几点应特别引起我们的重视，特别值得我们学习。这就是：儒家人道主义精神；中庸哲学思想；志向高远的教育理想；学而不厌、诲人不倦的教师风范与乐观进取的人生态度；激励与批评相结合的教学原则；因材施教与启发式教学方法；大胆质疑、勇于改过的求知观；严谨的治学态度与富有激情、幽默风趣的教学风格。

一、儒家人道主义精神

任何一个民族、一个时代的教育都可以说是一种人性教育，是为了人的全面发展的教育，是全面提升人的文明化程度的方式、手段。教育离开了人道主义精神将不成其为教育。孔子教育思想中最为重要的东西即是他所创立的儒家人道主义精神。

有人认为，人道主义是西方的舶来品，中国只有所谓人本主义，没有人道主义，这是不对的。只不过儒家的人道主义与西方人道主义，特别是与西方早期人道主义有所不同而已。西方和儒家的人道主义都可以用一个"爱"字来概括，但西方叫博爱，儒家叫仁爱。

儒家的人道主义是生活化、民间化的，是具有很强的操作性的，很有亲和力和温情的。确如不少学者所认定的那样，"仁"是孔子思想的核心，"仁爱"是儒家人道主义的灵魂。孔子在谈到"仁"时，最经典的解释就是"爱人"。不过儒家的爱，或曰仁爱，是有差等的，是建立在人的自然本性、血缘宗亲的基础之上的、具体的。它要求人首先要孝敬父母（孝），热爱兄弟姐妹

（悌），友爱朋友（友），然后由小到大、由内到外，推己及人，博施济众，"老吾老以及人之老，幼吾幼以及人之幼"。

即如孝而言，孔子所讲之孝，也绝不是为后来的封建专制主义者所说的那种"君要臣死，臣不得不死；父要子亡，子不得不亡"的愚忠、愚孝，而是与血缘亲情相连、与慈爱相连的互爱。对这种孝，孔子谈得也很具体。

> 孟懿子问孝，子曰，无违。樊迟御，子告之曰，孟孙问孝于我，我告之以无违。樊迟曰，何谓也？子曰，生，事之以礼；死，葬之以礼，祭之以礼。（《论语·为政》）
>
> 孟武伯问孝，子曰，父母唯其疾之忧。（《论语·为政》）
>
> 子夏问孝，子曰，今之孝者，是谓能养，至于犬马，皆能有养，不敬，何以别乎？（《论语·为政》）
>
> 子游问孝，子曰，色难。有事弟子服其劳，有酒食先生馔，曾是以为孝乎？（《论语·为政》）
>
> 子曰，事父母几谏，见志不从，又敬不违，劳而不怨。（《论语·里仁》）
>
> 子曰，父母在，不远游，游必有方。（《论语·里仁》）
>
> 子曰，父母之年，不可不知也，一则以喜，一则以惧。（《论语·里仁》）

你看，孔子在这里讲得多具体，都是些力所能及的小事，然而从这一点一滴的小事中培养起对父母的孝敬之心，就不难做到对他人的仁爱。"孝慈则忠"，能"为长者折枝"、让坐，也就不难培养起"老吾老以及人之老"的爱心。

仁学的另一重要概念是"恕"，最通俗的解释即是"己所不欲，勿施于人"、"己欲立而立人，己欲达而达人"、"我不欲人之加诸我也，吾亦欲无加诸人"。值得注意的是，类似的话，甚至是同样的句子也曾出现在西方经典《圣经》和某些存在主义哲学家的著作中。不少现代思想家认为，这其实就是建立在平等、民主基础上的现代契约精神的体现。法国存在主义哲学家萨特认为，自由必须和责任相连，对自己立法，即为他人立法。自由的边界应以不危害他人的自由为原则。这正是对"己所不欲，勿施于人"的现代阐释。

我认为这种契约精神也即是人之为人的底线，人性的底线。动物是不以伤害、吞食同类为耻辱的，而人却不能这样。这是人与动物的根本区别。所以，"己所不欲，勿施于人"是做人的底线，努力为自己，也为他人着想，而不伤害他人，这也是爱的底线。

儒家人道主义是生活化的，有很强的操作性，重实践、践履，所以《论语》开篇即说："学而时习之，不亦说乎？"而在不断的践履中才能养成好习惯，培养起好作风，养成爱心。我们学校就很重视这种生活化、重践履的人道主义精神的培养。比如我们教育学生应学会感恩，学会与父母对话，学会问候，学会孝敬。学校专门制作了精美的贺卡，让学生在父母的生日或逢重大节日，送上贺卡，表示问候，起码都要给父母发个短信，说声感谢，表达问候。想不到这一小小的举措，却影响很大，收到了很好的效果。

我校王艳霞老师在《教坛感悟》中发表了一篇《学会倾听》，就讲了一个孝心教育的感人故事。

教育工作干久了，容易形成一种思维定式，和学生谈话不自觉地总以教育者身份居高临下，或者批评，或者教育，或者指点人生迷津。这样的做法，教师们习以为常，感到自己尽到了责任，会推动学生的发展。可是往往事与愿违，使学生产生逆反心理，走到事物的反面。……倾听是实施有效教育的前提。人在内心深处都有一种渴望别人尊重的愿望。教师学会了倾听，学生就会感到对他们的尊重和关怀，他们就愿意把自己的想法、困惑告诉你，求得老师的宽容、理解与帮助。这个时候所进行的交流就是朋友式的、心与心的交流，灵魂与灵魂的激荡。

我班有个同学叫江涛，经常看到她郁郁寡欢，好像有许多心事。我找她多次，她就是不说话。有一次，她说："老师，有些事我不愿意说，我感激你对我的关怀，但是我不愿意说我的心情。"过了一段时间，她找到我说："老师，我想和您谈谈，你能替我保密吗？"我看着她的眼睛说："你不相信我吗？你可以不说。"接着她谈了她的父亲早在几年前就离开了家庭，妈妈和她两个人生活在一起。母女两人相依为命，日子过得比较辛苦。今年她妈妈为她找了个继父，可惜他们两个人经常为她的上学问题发生口角，由于家庭经济困难，继父只想让自己的孩子上学，母亲为此而争吵。她为自己的母亲担心，怕她母亲因此失去了丈夫；又为自己担心，怕因此失去了学习的机会。她想告诉老师，又怕老师笑话。一种自尊心驱使她不想向外流露。她很想静下心好好学习，可是回到家一看到母亲的愁容，就什么也学不进去了，心就乱得不行了。我放下手头的工作倾听，不插话，不打岔，而且始终看着她的眼睛，关注她的表情，她心绪平稳，说罢了就有放松的感觉。我听了之后，也陷入了深思。想了一会儿，我对她说："你叫过继父爸爸吗？"她说没有。我又问："为什么？"她说叫不出口。我想问题可能就出在这儿，就告诉她："问题其实出在你身上。你在感情上不能接纳你爸爸，是你们家庭出现问题的总根源。你回去后，跟你妈妈说，你爸爸对你很好；你主动和你爸爸打招呼，有什么问题不便于交流了，你可以给你爸爸妈妈写信，表达你对家庭的看法。你就说你们人到中年了，你们的安静幸福，就是我的最大愿望。家庭和睦，是我最大的祝愿。主动关心你爸爸，关心他的工作，关心他的情绪，让他回到家，感受到家庭的温暖。你要能做到这些，我想家庭问题就可以解决了。你上学的问题，也就没有什么困难了。"后来，我又在电话中把情况告诉了她的父母，她的爸爸感受到女儿的关心后十分感动，在电话中向我表态，女儿上学，就是我们困难再大，也要供。现在孩子没有什么心理负担了，学习成绩也在不断提高。期中考试她已经跃居第三名了。

二、中庸哲学思想

长期以来，人们将中庸哲学误解为折中调和，是老好人主义，这是很不对的。其实，中庸哲学是孔子对人类哲学思想的一大创造性贡献，是我们中华民族的一笔极为宝贵的精神财富。孔子绝不是那种不讲原则的老好人，不是调和主义者，他有极强的原则性。人们只要读一读《季氏富于周公》《季氏将伐颛臾》《卫灵公问阵》《子谓季氏》等章节，就可看出，孔子为反对战争、反对聚敛、反对僭越礼法而绝不妥协的铮铮硬骨及顽强的战斗精神。中庸哲学的要点有三，其一即是适度原则。任何事物都有质和量的规定性，这种规定性即是度。正如水到零度要结冰，到了100℃要汽化一样。中庸首先讲的就是中和适度，不能过分，从而维持事物的平衡。在对待事物的矛盾性上，中国的法家主张让矛盾极端发展，从而达到一方消灭另一方的目的，这就是人们常听说的所谓"天无二日，人无二主"、"一山不能容二虎"之类。中国的道家则高度强调事物的统一性，主张在想象中泯灭矛盾，最有名的就是庄子的"齐生死""一寿夭""等祸福""泯是非"主义。儒家则承认矛盾双方存在的合理性，既不主张一方消灭另一方，也不主张泯灭是非，而是主张矛盾的双方能互相对话、互相理解、互相节制、互相礼让，从而达到互相补充、互相渗透、互相参照、和谐共存、共同发展之目的。

礼之用，和为贵，先王之道，斯为美。（《论语·学而》）

能以礼让为国乎，何有？不能以礼让为国，如礼何？（《论语·里仁》）

子曰《关雎》乐而不淫，哀而不伤。（《论语·八佾》）

子曰，恭而无礼则劳，慎而无礼则葸，勇而无礼则乱，直而无礼则绞。（《论语·泰伯》）

子曰，好勇疾贫，乱也；人而不仁，疾之已甚，乱也。（《论语·泰伯》）

子路问，闻斯行诸？子曰，有父兄在，如之何其闻斯行之？冉有问，闻斯行诸？子曰，闻斯行之。公西华曰，由也问闻斯行诸，子曰有父兄在，求也问闻斯行诸，子曰闻斯行之。赤也惑，敢问。子曰，求也退，故进之，由也兼人，故退之。（《论语·先进》）

你看，乐过度即为淫，哀过度即为伤，勇过度即为乱，慎过度即为葸，如此等等，所以都要节制，而礼的本质即为中和适度，所以和为贵。由退求进的故事更具有启示性，子路以勇武而又急躁闻名，所以孔子让他广泛听取父兄意见再行动；冉求有时在学习上缺乏信心，不敢前进，有一次甚至对孔子说："非不说（悦）子之道，力不足也。"孔子则批评他"力不足者中途废，今女画"，鼓励他大胆行动。

中庸哲学的第二个要点即是多元（或多边）主义。孔子多次讲道："君子和而不同，小人同而不和；君子周而不比，小人比而不周。"和是和谐共存，共同发展，同即讲求一致，统一，党同伐异；周即是周全，一视同仁，比即是偏私。事物都是多面体，绝不能强求一律；五味调和是有美味，五音调和是有乐音，五色调和是有美色。我们教育学生也应充分注意学生个人性格、才能的多样性、独特性，不可用一个统一的、一成不变的尺度去评价、衡量，从而使他们都能得到全面和谐的发展。

中庸哲学的第三个要点即是权。权即权变，讲灵活性，这是对原则性的一种补充。

> 子曰，可与共学，未可与适道；可与适道，未可与立；可与立，未可与权。(《论语·子罕》)

李泽厚先生认为：

> "'经'与'权'是孔学的一大问题，我以为可译为'原则性'与'灵活性'最贴切。……'权'与个体性相关，它是个体的自由性、自主性的实践和显现。因既是灵活性，即非可普遍搬用之教条，'权者，反经而善者也'，'常谓之经，变谓之权，怀其常经而挟其变权，乃得为贤'。……儒家不强调一成不变的绝对律令、形式规则，而重视'常'与'变'、'经'与'权'的结合。并以'权'比'经'更近于'道'，因'道'必需因'权'才能实现，仍重在实践与实行，此即'实用理性'。"(李泽厚《论语今读》)

事实上，如果不做深入的调查研究，不广泛征求各方意见，不随时调整思维方式，而用一成不变的规定、原则去处理千变万化的事物，是难以保持适度原则、难以实现和谐共存的。这对我们的教育教学尤为重要，因为我们面对的是一个个活生生的人，有灵性的生命，他们充满青春的活力，有极大的可塑性，教育教学不知权变将会扼杀学生个性，造成"万马齐喑"的局面。

三、志向高远的教育理想

孔子当时办教育，开私人办学之先河，可以说既没有经验，也没有国家政府的投入或私人的资助（有人说后期好了些，子贡资助了不少钱财），几乎仅凭一己之力，却把教育办得如此精彩，真是世界史上的奇迹。他培养的人才不仅惠及当时，而且泽被后世。原因何在？我以为最重要的一个原因即是他有着高远的教育理想。孔子绝不是教育的功利主义者，他的眼光投放得很远，他设定的人生境界很高。比如，他用即使现在看来也是最经典、最优秀的文化典籍——如《诗》《书》《礼》《乐》作教材，以最高雅的体育项目"射""御"来锻炼学生体魄。有人说这便是孔子的基本教学内容，这其实并不全对，因为孔子的教学内容还有比六艺更重要的东西："子以四教，文行忠信。"（《论语·述而》）这表明他更注重学生的品德修养，人格培育。为此，他为学生人格的修养设定了几个不同的梯次：士、君子、仁者。仁是理想人格，也是理想的人生境界，且绝非高不可攀。他又鼓励学生"仁远乎哉，吾欲仁，斯仁至矣。""有能一日用其力于仁矣乎？我未见力不足者。盖有之矣，我未之见也。"他为众弟子树立了品德修养的榜样，如颜回、冉雍、闵损、冉伯牛等。更值得注意的是，他把个人的修养与社会的改造结合起来，把人格理想与社会理想结合起来，从而把教育理想提高到一个更新更高的境界。这个伟大的社会理想即是著名的"大同"理想。

> 颜渊季路侍。子曰盍各言尔志？子路曰：愿车马，衣轻裘，与朋友共，弊之而无憾。颜渊曰：愿无伐善，无施劳。子路曰：愿闻子之志。子曰，老者安之，朋友信之，少者怀之。（《论语·公冶长》）

> 大道将行也，天下为公，举贤与能，讲信修睦。故人不独亲其亲，不独子其子，使老有所终，壮有所用，幼有所长，鳏寡孤独废疾者，皆有所养。男有分，女有归。货恶其弃于地也，不必藏于己；力恶其不出于身也，不必为己。是故谋闭而不兴，盗窃乱贼而不作，故外户而不闭，是为大同。（《礼记·礼运》）

正是由于孔子的教育理想如此高远，他的教育教学活动在当时才会获得社会广泛的认同，有了"弟子三千"；也才能培养出那么多最优秀的、顶尖的人才，"贤者七十有二"，至于孔门十哲（德行：颜渊、闵子骞、冉伯牛、仲弓；言语：宰我，子贡；政事：冉有，季路；文学：子游，子夏。——《论语·先进》），更是为历代士人所公认的榜样。他所设定的大同理想，成了千万志士仁人奋斗的目标，也为中国历代教育注入了永恒的动力。

在孔子教育理想的启示下，我们学校制定了"用心思考未来"的校训，为学生确定了培养目标："做群体3%的人——志向高远，目标明晰，意志坚强，全面发展"，为教师设计了专业职称、业务称号、政治荣誉、行政职务四个方面的"成长轨迹"，我们还把我校毕业生王铮、马泽君、王翠等请回到学校，将他们树立为我校的形象大使。其中，王铮，是我校第一届初中毕业生，1987 年以优异的成绩升入重点中学，1989 年参加高考，以全国少年考生第一名的突出成绩被中国科技大学少年班录取，1994 年考入美国哈佛大学攻读硕士、博士学位，2001 年 6 月获得博士学位。在美国学习期间，曾 5 次参加计算机软件开发国际年会，3 次作大会发言，其中 1999 年获该年会唯一最佳论文奖。现就职于美国微软公司软件开发研究所，从事高、精、尖科学研究工作。马泽君，香港回归五周年庆典仪式三军仪仗队旗手，实验中学 1996 届初中毕业生。在实验中学学习期间，深受学校深厚文化底蕴的熏陶，做事精益求精，追求卓越；言行一致，表里如一；刚毅坚定，百折不挠。在学校里是尖子，在部队里是先锋。由于表现突出，受到了时任香港特首董建华和全国政协副主席霍英东的亲切接见，为家乡人民争得了荣誉。王翠，高中部 2004届优秀毕业生代表，获苏州大学服装设计与表演专业和上海财经大学工商管理专业双学位。2006 年，获世界三大模特比赛"环球国际小姐"上海站冠军，并获最佳上镜奖、最佳人气奖等多项殊荣，作为唯一一名代表中国的选手远赴国外参加世界比赛，获世界 20 强，亚洲第一名。他们分别代表着真、善、美。在理想和榜样的带动下，我校已初步形成精神面貌蓬勃向上的大好局面。

四、学而不厌、诲人不倦的教师风范与乐观进取的人生态度

孔子的学习精神和教学精神可以用"学而不厌、诲人不倦"来概括，孔子也经常以此来自勉自励。

子曰，默而识之，学而不厌，诲人不倦，何有于我哉？（《论语·述而》）

子曰，君子食无求饱，居无求安，敏于事而慎于言，就有道而正焉，可谓好学也矣。（《论语·学而》）

好仁不好学，其蔽也愚；好知不好学，其蔽也荡；好信不好学，其蔽也贼；好直不好学，其蔽也绞；好勇不好学，其蔽也乱；好刚不好学，其蔽也狂。（《论语·阳货》）

三人行，必有我师焉；择其善者而从之，其不善者而改之。（《论语·述而》）

叶公问孔子于子路，子路不对。子曰，女奚不曰，其为人也，
发愤忘食，乐以忘忧，不知老之将至云尔。（《论语·述而》）

子曰，若圣与仁，则吾岂敢？抑为之不厌，诲人不倦，则可谓
云尔已矣。（《论语·述而》）

孔子十有五而志于学，直到老年，乐此不疲，"加我数年，五十以学易，
则可无大过矣。"为了学《易》，而"韦编三绝"。孔子之所以如此好学且诲
人不倦，有两点需注意：一是他那乐观进取的人生态度；二是他所创立的快
乐教学方式。孔子在教学过程中是弦歌之声不断的，"四弟子侍"一章分明告
诉人们，当孔门弟子在老师的引导下各言其志的时候，曾晳是一直在鼓瑟的。
此外，孔子所倡导的学是重实践、重行动的。这些都值得我们认真研究。中
国文化被人称为"乐感文化"，此文化绝不同于西方的所谓"罪感文化"或
印度之"苦感文化"，正在于它既有高远的理想，同时又立足于现实，在现实
世界的不断学习实践中体味人生的快乐。

我们学校一直坚持实施文化立校方略，建设学习型校园、书香型校园则
是重要内容之一。今后，我们还要继续从孔子教育思想中汲取精华，使每一
个人都能学而不厌，诲人不倦，并能从学习中获得幸福和快乐，为一生的幸
福与快乐奠基。

五、因材施教与启发式教学方法

这两点，我相信每一个教育工作者都已经耳熟能详，也都有自己的一套
成熟的经验，不想多说什么。只是因为它们是紧密联系在一起的，所以想放
在一起，谈谈自己的几点感想，这几点感想也是与自己长期的困惑有关的。
一是如何把握激励与批评的关系或曰"度"；二是如何才能不使启发式教学流
于形式、流于浅表；三是如何深入理解因材施教。

我们今天的教育都把表扬、激励作为唤醒学生自信、引发学生兴趣、提
高学生学习积极性的主要手段，主张努力寻找学生的闪光点，提出"好学生
都是夸出来的"。但读《论语》却会发现一个矛盾现象，那就是孔子既是夸学
生的能手，他总是在不少场合对他的学生大夸、猛夸；同时，不少人又认为
孔子"骂"学生也是很凶的。如何理解孔子教学中的这一矛盾，如何把握批
评与激励的关系，也就成了关乎教育深入发展的重要问题。孔子确实严厉地
批评过几个学生，有时候也可以说是骂，骂得很凶。但必须注意的是这几个

被骂得很凶的学生同时也是被夸得很凶的。例如，孔子多次批评子路急躁、蛮干，但也多次夸子路"由也果""由也，千乘之国可使为之赋"；多次批评冉有，甚至说他"非吾徒也，小子可鸣鼓而攻之可也"，但也多次夸他"求也艺，于从政乎何有？"多次批评子贡"子贡方人""赐也非女所及也"，但也多次夸子贡"赐也达，于从政乎何有？""赐不受命，而货殖焉，亿则屡中"；多次批评宰我，甚至说他"朽木不可雕也，粪土之墙不可圬也"，但又夸奖他的言语外交能力。以上四人，都属孔门十哲，才华横溢，表现欲也极强，有时不免过分，所以孔子有时就要狠狠批评，以使他们冷静，做事适度，"由也兼人，故退之"。也有个别学生，如樊迟，才华算不上出众，也受到过孔子的严厉批评。这也不难理解，因为樊迟与孔子是老乡，多次陪孔子出游、接待宾客，孔子视其为子侄，有一次他却不想跟孔子学了，而想改学"稼"与"圃"，孔子认为他没出息，走下坡路，所以才狠狠批评了他。

综观孔子的夸与骂，都是建立在对学生个性和特长的深刻了解、准确把握上的，都是出于对学生的至爱，为了学生的进步，而绝无个人私心，也不是因为学生对自己的不恭或冒犯。他的夸与骂都有度，学生都能承受，确实起到了激励或督促之作用，特别是对那些才华横溢、做事说话有时过分的学生适当批评，"响鼓也用重锤敲"，也是很有必要的。没有惩戒，就没有教育。而对大多数学生，特别是缺乏信心的学生，则应以鼓励为主。这也是因材施教。

这也启示我们，因材施教的"材"主要指学生个性、特长等个体人格因素。因材施教就是要根据每一个学生的不同个性而采用不同的方法手段，而不可千篇一律，应或夸或骂，各有其度。但都应用启发的方式，而不可直接告诉答案，强行灌输。比如对樊迟，这个学生反映问题是慢一点，但老实好学，孔子在教给他一些内容后，还是要等他有"愤"有"悱"，主动提出"何谓也"之后，再主动告诉他或让别人告诉他。

　　孟懿子问孝，子曰，无违。樊迟御，子告之曰，孟孙问孝于我，我告之以无违。樊迟曰，何谓也？子曰，生，事之以礼；死，葬之以礼，祭之以礼。（《论语·为政》）

　　樊迟问仁，子曰爱人。问知，子曰知人。樊迟未达，子曰，举直错诸枉，能使枉者直。樊迟退，见子夏曰，乡也吾见于夫子而问知，子曰举直错诸枉，能使枉者直，何谓也。子夏曰，富哉言乎！
舜有天下，选于众，举皋陶，不仁者远矣；汤有天下，选择于众，
举伊尹，不仁者远矣。（《论语·颜渊》）

而对于那些才华出众、思想活跃、善于思考又富有创造性的学生来说，
启发式则可采用更为灵活的方式，特别是采用使其思想精神完全放松但又异
常活跃的闲聊的方式、深度会谈的方式进行，从而使思想的火花随时随处迸
发，在互相启示中激活思想，使之不断深入。孔子对子贡、子夏、颜渊等优
秀学生的教学就往往采用这样的方式，他们的故事，才可真正称得上是高层
次恳谈，今天读来仍使人神往。

子贡曰，贫而无谄，富而无骄，何如？子曰，可也，未若贫而
乐，富而好礼者也。子贡曰，诗云，如切如磋，如琢如磨，其斯之
谓与？子曰，赐也，始可与言诗已矣，告诸往而知来者。（《论语·
学而》）

子曰，吾与回言终日，不违如愚，退而省其私，亦足以发，回
也不愚。（《论语·为政》）

子夏问曰，巧笑倩兮，美目盼兮，素以为绚兮，何谓也。子曰，
绘事后素。曰，礼后乎？子曰，起予者商也！始可与言诗已矣。
（《论语·八佾》）

我们学校为充分尊重学生个性、特长，发挥学生潜能，激发学生学习的
积极性和创造性，明文规定那些感到课堂学习已无法满足其求知要求，或课
本内容已经学会的学生，可以到学校专设的创新学习室去学习，那里配备了
专门的图书、资料和仪器，还有指导教师负责指导。为了激发教师的创造性，
我校多次举办教改沙龙、学术沙龙、深度恳谈会，目的也在于激活思想，引
发创造，使灵感与灵感互相碰撞，思想与思想互相启发，从而使我们的业务
水平、教改水平都能达到一个新的高度。今后，我们愿进一步从孔子教育思
想中汲取灵感，把启发式教学推向一个新的高度。

六、大胆质疑、勇于改过的求知观

世界总是在不断发展变化的，真理、知识也必然在不断发展变化。如今

进入知识经济时代，这变化的速度就更快了。没有一成不变的真理、知识。真理如何发展？一靠实践，实践是最活跃的因素，它总是在不断地提出新问题，迫使人们去思考、解决；二靠真理内部的变革，对真理的不断质疑、叩问，从而丰富、发展原有的真理。没有疑问，人们的认识就会总在一个层面上徘徊，无法前进，所以，无疑即无知。因此，创造性学习的灵魂也可以说就是怀疑性学习。这种质疑性的学风，在孔子时代可以说是甚为盛行的，诸子百家互相质疑，形成了中华民族学术史上少有的黄金时代；孔门内部也是善于质疑的，从而把求知的气氛演绎得极为精彩，一大批文化精英才会成群落地出现。孔门弟子的质疑，有两大特点：一是绝不搞浅尝辄止，而是勇于连续发问，穷追不舍，从而在事物的极致处寻找真理的边界与可能性；二是敢于提出一些尖锐、刁钻的问题，以引领思考向深处发展。

　　子贡、冉有、子路等人都是善于连续发问的好手，他们质疑求真的故事今天读来仍使人感到生气勃勃、妙趣横生。

　　　　子贡问政。子曰，足食，足兵，民信之矣。子贡曰，必不得已而去，于斯三者何先？子曰去兵。子贡曰，必不得已而去，于斯二者何先？子曰，去食。自古皆有死，民无信不立。（《论语·颜渊》）

　　　　子适卫，冉有仆。子曰，庶矣哉！冉有曰，既庶矣，又何加焉？曰富之。曰，既富焉，又何加焉？曰教之。（《论语·子路》）

　　　　子贡问曰，何如斯可谓之士矣？子曰，行己有耻，使于四方，不辱君命，可谓士矣。曰，敢问其次。曰，宗族称孝焉，乡党称弟焉。曰，敢问其次。曰，言必信，行必果，硜硜然，小人哉！抑亦可以为次矣。曰，今之从政者何如？子曰，噫！斗筲之人，何足算也。（《论语·子路》）

　　宰我的问题虽然刁钻古怪，但却是真问题，它为真理的发展留下了广阔的空间。比如下面提到的三年之丧的问题，两千多年来一直争论不断，孔子所坚持的是礼，是情，宰我所坚持的是实，是事，所以为事情发展留下了多种可能性。

　　　　宰我问曰，仁者，虽告之曰井有仁焉，其从之也？子曰，何为

其然也?君子可逝也,不可陷也;可欺也,不可罔也。(《论语·雍也》)

宰我问,三年之丧,期已久矣。君子三年不为礼,礼必坏;三年不为乐,乐必崩。旧谷既没,新谷既升,钻燧改火,期可已矣。子曰,食夫稻,衣夫锦,于女安乎?曰,安。女安,则为之。夫君子之居丧,食旨不甘,闻乐不乐,居处不安,故不为也。今女安,则为之。宰我出,子曰,予之不仁也!子生三年,然后免于父母之怀。夫三年之丧,天下之通丧也,予也有三年之爱于其父母乎?(《论语·阳货》)

敢于坚持真理,就必须勇于修正错误,质疑和改过都是求真的表现。孔子多次教导学生"过则勿惮改",他自己就为学生作出了榜样,比如他就检讨过自己:"以言取人,失之于宰我;以貌取人,失之于子羽。"下面的故事更是孔子不惮改过的经典。

陈司败问,昭公知礼乎?孔子曰,知礼。孔子退,揖巫马期而进之,曰,吾闻君子不党,君子亦党乎?君取于吴,为同姓,谓之吴孟子。君而知礼,孰不知礼?巫马期以告。子曰,丘也幸,苟有过,人必知之。(《论语·述而》)

在我们学校,为了激发学生学习兴趣,开发学生潜能,培养学生创造精神,从而使学生思维始终保持最为活跃的状态,我们大胆鼓励学生质疑问难,提出不同意见;在课堂上,我们鼓励学生大胆发言,尤其能发表反对意见,即使在答卷中,我们也允许学生提出不同见解。有篇文章叫《教室,出错的地方》里提到:"教室,出错的地方——多好的理念!这是对传统教室和教学的深刻反思与批判,是对现代教室和教学的重新认识和提升,是对老师最实在最严厉的挑战。其一,因为学习是从问题开始的,甚至是从错误开始的。其二,因为学生还不成熟,容易出错,不出错是不正常的。其三,允许出错,是对人的价值和精神生活的关怀和尊重,并且是一种超越。"为此,我为这篇文章写了"校长按语":"常言道,允许别人犯错误是最大的宽容。学生正处于成长期,他们的成长也是在不断地出错、改错的过程中进行的。那么,我们对他们在学习中出现的错误还有什么不能宽容的呢?"这篇按语与《判作业不打红叉,行吗?》《你是不是语言杀手》等文章的按语一样,都在师生间引起很大反响。

七、严谨的治学态度与富有激情、幽默风趣的教学风格

孔子治学之严谨、勤奋历来为人们所称道,他大半生都在孜孜不倦地整理中国文化典籍《诗》《书》《礼》《乐》,到了晚年还在学《易》,以至韦编三绝。有人可能认为,他的教学一定是非常冷静、理性,循规蹈矩,有些刻板。其实这是误解。孔子是个性情中人,很有诗人气质,甚至也是个诗人,你看他的许多语录,其实就是诗。这种诗人气质反映在生活上,就是坦荡乐观、易于激动,你看他在"陈绝粮"、在"匡被围"之后,为了鼓励学生,甚至不惜说点大话、吹点小牛,就会觉得很有趣;而"子见南子,子路不悦",孔子甚至对天发誓,那就更觉可爱了。诗人气质表现在教学上,就是富有激情,甚至可以说是眉飞色舞、妙语连珠。

> 或问帝之说。子曰:"不知也,知其说者之于天下也,其如视诸斯乎!"指其掌。(《论语·八佾》)

在回答别人的问题时,孔子口头语言与躯体语言并用,答得那么巧妙而生动,今天读来仍会使人会心一笑。

在一般人的心目中,孔子是一个严肃有余而活泼不足、整天板着面孔而很少幽默感的人。其实,孔子是个很宽和,也很有幽默感的人。对孔子的误解可能首先来自对幽默的误解。其实,幽默也不是什么高深莫测的稀有元素,说白了,那不过是一种智慧、一种达观、一种洞察。因智慧而能看透世界、人生、命运,故有一份达观,能以乐观之态度看待世界、人生、命运,甚至能与命运开开玩笑。因智慧而有洞察,能看透常识后的荒谬、严肃后的滑稽。当这种智慧、达观、洞察与愚昧、与小心眼、偏见或短视一对话、一较量,便于二者的落差中显出幽默。孔子是一个智者、乐观主义者,这可能不会有什么争议吧?同样孔子也是个颇富幽默感的人。

不必到处去寻找证据,打开《论语》,这样的幽默随处可见。比如,"子曰,不曰如之何,如之何者,我末如之何也已矣。"(《论语·卫灵公》)译成白话就是,孔子说,一个人不想想怎么办、怎么办的,对这种人,我也不知

道怎么办了。在这里，他用了同语反复的话语策略，讽刺了那些遇事不动脑并缺乏主动性的人，读来就很有趣。

对他的那些高徒，他总是奖掖有加，但如果他们有错，他也总能坦诚地指出来，这善意的批评中也藏着幽默。比如对冉有，孔子多次夸奖他"多艺"，有从政才能，但对他的不足也多次给以充满善意而又严厉的批评。《论语·先进》有这样一件事："季氏富于周公，而求也为之聚敛而附益之。子曰，非吾徒也。小子鸣鼓而攻之可也。"（季氏比周公还有钱，冉求却又替他搜刮，增加更多的财富。孔子道，冉求不是我们的人，你们学生可以大张旗鼓地来攻击他）这批评应该说是很严厉的，但细品文句，于"鸣鼓而攻之"这样的大词小用的语言风格来看，这批评中无疑也包含一种恨铁不成钢的爱，这爱与恨的交织便也有一份幽默在焉。

孔子对他那些少年时代的伙伴、那些老朋友更是谈笑风生，很放得开，话便也说得更为幽默。比如孔子有一个叫原壤的老朋友，是一个很另类的人，原壤的母亲死了，孔子帮他去治丧，而他却站在棺材上唱起了歌。到了老年他还要挑战孔子，有一次就故意两腿叉开蹲坐在地上等待孔子（"原壤夷俟"），孔子就说他："你小时候不懂礼节，长大了毫无贡献，老了还白吃粮食，真是个害人精。"说完，用拐杖敲了敲他的小腿。（"子曰，幼而不孙弟，长而无述焉，老而不死，是为贼。以杖叩其胫。"《论语·宪问》）这与当今一些相知甚深的老年朋友见了面总要调侃几句差不多，只不过孔子说得文雅些罢了，而恰恰是在这文话与雅话、粗话与细话的交织中见出了幽默。

孔子思想博大精深，是一座蕴藏量极大的文化思想的宝矿，有待于我们后人进行深入地发掘，并用大气力进行现代化转化、创造性改造。有人认为，孔子思想毕竟是两千多年前的精神产物，离我们已经十分遥远了，无法参与现实的对话。其实，任何思想家的思想都是特定时代的产物，都要受特定时代语境的限制，但因为他们思考的是人类的一些共同性问题，所以又具有超越性。打个比方说，人类的一些根本性问题，永远不会有永恒的最为完美的答案，思想家们总是在开圆桌会议，但重要的是看他们为后人提供了什么样的原创性思想。孔子和马克思等思想大家一样，都是这样的人。对前代思想家的思想弃而不顾才是最没有出息的。朱永新先生在《中国教育缺什么？》一文中认为"中国教育缺人文关怀……孔夫子的书有多少大学生读过？不读便不知道中国文化的根。我们的老师呢？有多少人认认真真地去读过孔子？读过苏霍姆林斯基？读过陶行知？没有这样的文化滋润，你很难把人文精神传递下去。"我们学校在选定教育改革的突破口时，充分注意到了这点。我们已经开始在教师和学生中开展阅读经典、走近孔子的活动，希望努力从孔子思想中寻找教改的智慧和力量，把我校的教改向前推进一大步。

四、寻找突围：我国教育的缺失与前瞻

如果从 1905 年清政府决定废科举、兴新学开始，中国的现代教育也只是刚过了百年。但是，这个百年却是天下大变的百年。仅从教育的角度看，这个变化也是极大的。目前，我国教育的规模及受教育的人数，都已成了世界之最。但是如果进行横向比较，我们又不得不承认，我们的教育一如我们的经济、科技等一样，还远远地落在其他一些国家的后边。有人说，现在已经进入知识经济时代、高科技时代，但这知识经济和高科技却似乎与我们的缘分并不太大，我们还是处在这时代的边缘，为居于中心的那些发达国家当"世界工场"，忙于进行一些原料加工或生产一些科技含量不高、附加值很低的产品。另外，近几年我国经济的迅速发展，也伴随而来了不少的社会问题，如商业主义横行、拜金主义走红、官场贪腐严重、道德滑坡、分配不公等。追究原因时，教育也成了问责的主要对象。

作为生活、工作在教育一线的教育工作者，我们为社会的进步、教育的进步而高兴，也为自己曾经付出的劳动而感到欣慰，但当我们直面教育的现实时，也感到痛心。我们应当大胆地承认，我们的教育有病，而且病得不轻。事实上，对教育病象的诊断，对教育现状的批判也都是由具有良知的教育工作者发起的。比如，我国"两弹一星"元勋、著名物理学家钱学森生前就多次发问，为什么我们的教育老是培养不出创造性人才，即著名的"钱学森之问"。著名教育家、创新教育专家朱永新先生在《中国教育缺什么?》一文中就指出，中国教育缺服务意识，缺人文关怀，缺个性特色，缺理想追求。北京师范大学博士、山东大学经济学院客座教授刘庚子曾发表《内部少折腾，外部少干扰》一文，批评了高校及中学教育中的种种弊端。其实，早在 1997年，高校的一些文化精英及社会上一些热爱教育的社会贤达，就曾对中学语文教学发起过一场集体性批判，从而引发了一次关于中学语文教学改革的大讨论。那次对语文教学的批判，实质上也是对整个中学教育的批判。这样一

些批判虽然火力很猛，但由于种种原因，却又未能引起整个社会的足够重视，也未能切实触动教育的现状。中国教育病在哪里？病因何在？这确实值得我们认真反思。

下面我想根据我对中国教育史的一些粗浅的了解及对近几十年教育现状的观察与思考，谈一点看法。

中国教育的百年史，一如中国革命的百年史，充满了痛苦与挣扎、坎坷与曲折。自1840年中国的国门被英法等西方列强的炮舰强行打开之后，中国文化便进入与西方文化的不平等对话之中，呈现出明显的弱势。为了迅速摆脱被动挨打的痛苦局面，中国不得不进行政治经济与思想文化的全面变革。有人把政治经济变革简称为救亡，把思想文化变革简称为启蒙。其实，救亡和启蒙都是中国历史的深层要求，是历史发展的必然趋势。但不得不承认的是，当这两大历史中心任务处于历史的同一时空中时，历史要根据现实的轻重缓急，被迫作出非此即彼的无奈选择，所以这两大任务又是互相矛盾的。山东大学孔范今教授把这种现象称为20世纪中国历史的悖论结构。文化学者李泽厚先生则称之为启蒙与救亡的双重变奏。

在百年历史上，由于民族危亡、阶级生存始终是每一个国人最大的精神焦灼，所以以民族战争和阶级斗争为主要内容的救亡（政治经济变革）长时期占据历史活动的中心，而启蒙（思想文化变革）成为历史中心的时间则很短，很有限，长期处于历史的边缘，成了救亡的配角。教育无疑应属于启蒙的范畴，在启蒙居于历史的中心时，它确实也风光过一阵，比如五四运动曾领导全国思想变革之潮流，也曾因那时思想较为活跃与自由而得到过快速的发展。但由于长期充当历史的配角，不得不为救亡，特别是为战争服务。这种服务确也曾为它的发展注入过一定的活力，使之与现实保持了最密切的联系，与最广大的人民生存与共，也增加了对底层社会的了解；但不得不承认的是，这些活力的获得总是与它自身一些最为可贵的品质的丧失为代价的，它不得不放弃自身的发展规律而服从战争的规律。长期战争而形成的一些战争体制、战争习惯、战争逻辑、战争思维也就成了教育的最大遗产——一些先天性病症。这种先天性病症的最突出的症候有二：一是功利性追求，一是统一化取向。

先谈谈教育的功利化。

战争是各利益集团为谋求利益平衡而进行的最残酷、最具有决定性，因而往往也是最主要的斗争方式，它以千千万万人的生命为代价，谋取的是最后的胜利。所以，"不惜牺牲一切代价，夺取最后胜利"便往往成了战争的铁的逻辑。这不惜牺牲的一切代价中，不只是个体的生命，当然也包括种种战争的所谓软实力，如文化传统、道德习惯等，一些教育设施、教育资源、教育规律也往往在这种牺牲之内。战争不容许你做更长期的打算和准备，一切都要服从并服务于夺取胜利。所以，教育所需要的"百年树木，十年树人"的慢工夫，教育所最必需的耳濡目染、心领神会、日积月累、品味体会以及文化涵养、习惯养成等，都被看做是不合时宜的迂腐之论而被逐渐抛弃。临时性、应用性、短效性成了教育的最大特点。没有常规教育，只有临时教育；没有长期打算，只求短期效应。没有自己的教育哲学、教育思想、教育专家，教育只听命于各种临时性的政治指令，并把高层领导的政治言论当做教育的最高指示。这样的教育想大量产生自己的原创性的成果，使民族取得科技领先的地位，当然是很难的。

　　什么是常规教育？常规教育就是为学生一生的幸福奠基，要一切为了学生，为了一切学生，要教会学生今后独立生活所需要的知识、能力、品德、习惯。这还不够，它还必须切实注意继承光大民族优秀文化传统，并使之进行创造性转化；吸收借鉴世界各民族的先进经验，启发我们的思考，使之进行中国化转化；必须不断地积累教育经验、培育教育人才、总结教育思想，以提高民族的文化科技素养，为民族百年千年的发展奠基。常规教育如同在童山秃岭上植树造林，仔细呵护每一棵小树，使之慢慢长大，根深叶茂，集木成林，最后达到山清水秀、林茂果硕、鸟语花香、人杰地灵、造福万代之效果。与之相比，临时教育倒像是开山伐木，虽一时开掘了矿藏，获得了巨木，但对环境的破坏也是很大的。

　　临时性教育没有自己稳固而权威的教育思想，没有长期的教育规划，没有稳固且不断壮大的教师队伍，更没有稳定而又不断完善的教材。1997年，一批文化精英之所以集体批评中学语文教学，很大原因即出于对语文教材编写的不满。现在人们都知道，语文既具有工具性，又具有人文性。所谓工具性是指通过对祖国语言文字的学习，提高母语的语言表达能力及听说读写的能力；所谓人文性，则是指它的选文应是文化、文学经典，是现代人性价值、社会主义价值体系与中国优秀传统文化与传统道德的最佳载体。如果能遵循语文工具性与人文性统一的原则，尊重中学生生理心理特点，重视对学生进行现代人性价值、社会主义价值体系及中国优秀传统文化及传统道德的教育，古今中外的各种美文佳作都能涌入中学语文教材，而且越来越完善，那么读着这样的课文长大的中学生的文化素养自然会提高，语言表达能力也将会很强。可惜的是，由于受功利主义教育思想的影响，我们的语文教材编写遵循的却是另外的原则，即密切配合各不同时期的政治任务，强调政治道德教化的原则。这样的原则也讲人文性，但将人文性简化为政治道德属性，课文中的人性光辉、动人感情、人生智慧等被批判为个人主义、资产阶级人性论或小资产阶级感情，人文性也变成了工具性。这样的编写也讲工具性，却将中国语言的字、词、语、句、篇章、结构中蕴涵的文化因素、精神因素剥离开来，结果成了一些纯技术性的知识零件。阅读、学习这样的课文味同嚼蜡、枯燥乏味，所以中学语文用时最多而效果最差，读完高中不会写文章、不会流利地朗读的学生大有人在，所以才受到社会广泛的责备。

下面谈谈统一化对教育的影响。

为了夺取战争的胜利，需要充分调动各种政治军事力量的参与，需要统一、集中配置、使用各种政治军事力量，同时还需要各种政治军事力量的绝对服从。战争时期军人的口头禅就是"军人以服从命令为天职"。统一思想、统一指挥、统一步调、统一行动也是战争时期最常见的标语口号。在这种逻辑制约下，统一会把个人主体性、每个人的个性差异统统抹平，个人独立性、独特性及个人应当享有的各种权益将让位于革命；主体只有一个，这就是国家主体、阶级主体、政党主体等。而个人主体将会或自觉或被迫地消融在这种抽象主体之中，"我是革命的一块砖，愿往哪搬就哪搬""我是大海中的一滴水，是红旗上的一丝纤维"，这就是那个年代最常见的口号或诗句。因为主体是抽象的，它最终还要由具体主体来填空，这个具体主体说是集体领导，事实上还会由最高领导来充当。于是民主管理、集中领导最后变成个人领导或专制。统一既然不允许个人主体的存在，蔑视个性差异，那么它造成的另一个后果便是取消多元化而代之以单一化，不允许五颜六色，不允许百鸟和鸣，希望紫罗兰与玫瑰花发出同样的香味，夜莺与黄鹂唱出同样的歌曲。虽然在一个短暂的时间内，我们也提倡过"百花齐放、百家争鸣"，最后还是变成了"舆论一律"。当"统一"一路顺风、高歌猛进时，"集中"也与之相伴，并大展身手，它把纪律、服从、忠诚作为最高旗帜，而取消了个人的自由、创造与独立思考的能力。自由吗？那是资产阶级自由化。独立思考吗？

那是与集体离心离德。创造吗？那是标新立异、离经叛道、另搞一套。这样一来，个体的生命力、创造力严重萎缩，如何推动事业前进呢？那就是靠不断地发动政治运动，搞"大兵团作战"。

人们都很熟悉，这样的战争逻辑对教育的影响是很大的，至今有不少教育管理者还习惯于按这种逻辑行事。他们觉得得心应手、轻车熟路，何况还能从这种逻辑、这种教育中获取利益。所以，教育界热衷于搞统一教材、统一教参、统一考题、统一答案，统一招生，统一调配各种教育教学资源，等等。这样的教育体制、教育管理、教育思想对教育本身的伤害也是最大的。它抹杀了各地、各校因教育环境、教育资源等的不同而自然形成的教育特色，抹杀了教师的教学个性、学术个性，抹杀了学生的学习兴趣、个人爱好，消解了人们自由自觉的创造本性。它就像是西方神话中的魔床，将短者拉长、长者拉短，把活人拉成死人。所以，朱永新先生批评中国教育缺乏个性特色；打着全面发展的旗号，干着全面不发展的勾当。教育似乎都要和上帝对着干，把每个应该不一样的，培养成一样的。我们用标准的大纲、标准的教材、标准的评价、标准的考试来规范大家，我们不允许不一样，不鼓励不一样，这是现行教育最大的缺陷。（朱永新《中国教育缺什么？》）

甚至有的教育工作者愤怒地指出：把持着某种话语权的教育管理者，高谈素质教育，死揪着的是应试教育，并从应试教育中获得了他们想获得的东西。在一种时髦的理论和虚假的行为的遮掩下，他们自己也麻木到不知教育该向何种方向发展，眼里只有分数，只有考试，只有奥赛，只有排名，只有荣誉。教师在浮躁的现实和虚无的精神支配下，失去了对教育及教育对象的关怀和触摸，变成了一群被驯化和奴役的人。学生的梦想被扯碎，他们被奴役得太久了，很少处在自由奔放的状态之中，学习戴着镣铐、带着摧残、带着颤抖、带着痛苦……（陈明华，秦志强.《梦想突围——对教育现实的批判与期待》）

在当下教学活动中，我们几乎随处可以看到如下景象：教师手中握着全新教育理念指导下编写的教材，所采用的却是传统上一些老而又老的教育模式，新教材本应带来事半功倍的效果，却变为"事倍功半"。如在一次小学一年级课上，教师借助多媒体课件展示了一幅动画画面：左边是一条小河，右边是干涸龟裂的秧田，一颗小水珠奋不顾身地从河里跳出来，一蹦一跳地去救干枯的秧苗，可是还没赶到半路，就被晒得奄奄一息了。这时候，河里无数的小水珠都流了出来，和这颗小水珠一起把禾苗救活了。教师问："小水珠们团结起来救了谁？"孩子们纷纷回答："救了小禾苗！"这时，坐在后排的一个小男孩站起来："老师，小水珠们也救了那个小水珠。"可是，老师对那个小男孩的话未置可否："好，你坐下。"接着，按既定的教学思路继续讲"集体的力量大"了。一个多么精彩的答案！一朵多么富有创见的思想火花！在未能以科学教育理念武装的老师手里被扼杀了。这些教师的教学观念之所以那么难以改变，我看就与由战争思维造成的教学模式有很大关系。

历史进入 20 世纪 90 年代之后，由于冷战时代结束，世界多极结构形成，为我们创造了和平发展的机遇，更为我国摆脱全面地、从容地、综合地进行政治经济变革与思想文化变革提供了条件。可惜的是，由于历史造成的习惯思维的根深蒂固，也由于传统教育与某些人的利益关系太深太多，更由于新的时代带来的新的变化，我们的教育并没有因历史提供了良好的机缘而得以全面健康地发展，相反倒是旧病未除又添新病。这旧病指的是教育的功利化与教育的统一化，所谓新病主要是指由新变化带来的教育的商业化、教育资源的分配不公以及人文主义与道德理想的缺失。

1978 年 11 月，党中央召开了十一届三中全会，在这次会议上，鉴于"文革"及极"左"的政治路线给我国的政治经济建设和思想文化建设造成的极大破坏，决定批判那种极"左"的政治路线，放弃"以阶级斗争为纲"的治国纲领，宣布开始以经济建设为中心的历史新时期。以经济建设为中心是对以阶级斗争为纲的纠偏，并不意味着重新设定了新的中心与边缘的对立，并不意味着思想文化建设的不重要。人们知道，经济是基础，经济不发展，一切都难以发展。在当时，经济落后已成为各项事业发展的瓶颈，以经济建设为中心即是以经济的发展带动、引领各项事业的发展。所以在这次会议上，同时决定要解放思想，实行改革开放。解放思想与改革开放即意味着放开眼光，全面吸收借鉴世界各民族的最先进的新思想、新观念、新技术，以校正长期以来制约着人们思想的极左思想和观念，从而在全面推动经济发展的同时，全面推动各项事业的发展与进步。但是由于积习难改，也由于人们在具体的操作中往往遵循最优化与最简化的原则，更由于利益驱动，所以以经济建设为中心便在不少地方和部门变成了以经济增长为中心、以国内生产总值为中心，同时事实上形成了一些新的边缘，造成中心与边缘的对立，或对一些所谓边缘的牺牲，如对环境的牺牲、对公平的牺牲等。教育便往往也在这种牺牲之内。所以，《中华人民共和国教育法》虽然规定教育投入应占国民收入的4%，但这个承诺至今没能兑现。正是由于出现了新的偏颇，为社会主义现代化建设的全面发展带来新的破坏，所以党中央也多次指出要社会主义经济建设与思想文化建设一起抓，两手都要硬，同时确立了"科教兴国，教育为基"的治国方略。但由于这种需要"十年树木，百年树人"的慢工夫的治国方略与真金白银的经济发展相比，难见成效，也难以吸引人们的眼球，所以至今在不少地方也还只不过是一句口号而已。因此，随着一轮又一轮经济刺激政策的出台，随着国内生产总值考量指标的日益强化，随着全民性的经商热潮的不断升温，随着大量经济新贵的不断涌现，以追求经济效益为价值目标的工商理性主义和拜金主义思潮迅速崛起，它对教育的最直接的影响就是使中国教育产生了商业化、教育资源的分配不公以及人文主义与道德理想的缺失等病症。

商业主义思潮崛起于20世纪90年代初，那时，随着渐渐出现的全民性的经商热，这种思潮很快波及教育领域，波及校园。一些教育管理部门把权力与利益结合起来，大搞考试经济，大量印发辅导材料、考题、考卷，匆忙举办各级各类的培训班，频频举办各种考试、考核，从考试经济中收益不少，无暇顾及教育的全面发展。不少教师也在课堂之外开辟第二职业，做家教，搞辅导，有的不良教师甚至在课堂上留一手，该讲的不讲，或故意不讲清楚，留到个别辅导时再讲。在这样的心理引领下，又遑论进行课堂改革，提高授课质量，培养学生全面发展。流风所及，学生中也出现了代考、代做作业的怪事，考试作弊更是屡禁不止。这种商业主义思潮给教育带来的经济利益是非常有限的，但它在精神上的破坏作用却不可估量。"义""利"之争是人类的永恒命题，要维持社会的良性发展，就必须保持二者的平衡。但在商业主义大行其道时，这种平衡被打破了，"义"被看成一种负价值，那么各种与"义"相连的价值便都受到无情的消解，人文主义精神缺失，道德滑坡，理想被放逐，这都构成了教育的反动力。

应当承认，在过去的时代，也存在教育资源分配不公的现象，但那是由于各地区、各部门之间自然历史条件的差异和经济发展的不平衡自然形成的，也有一种自然修复的机能。况且在同一地区和部门之间还是平衡的。而如今的不平衡却是人为的，而且有扩大的趋势。造成这种不平衡的原因无非是商业主义思潮的鼓舞，而且造成它的力量却极为强劲。具体来说，它台后的推手有以下几种：一是政府力量，二是商业力量，三是教育管理部门的力量，还有就是广大人民群众渴望孩子能受到良好教育的要求。应该说，人民群众希望自己的孩子能受到良好的教育，不要让孩子"输在起跑线上"，这是对教育的一种极大的推动力量，会促使教育行业加快教育教学改革的步伐，以满足广大人民群众的需要。但这种强大的历史力量却被严重地扭曲了，变成了为少数利益集团谋利的工具。于是，在权力和金钱的合谋下，"损不足而奉有余"，有限的教育资源向着权势者有关的学校投放，各城各地都相继出现了各色各样的"贵族学校"、重点学校。这样的"贵族学校"、重点学校的出现，造成了极大的社会不公，是对公平、公正社会原则的挑战与破坏。收入水平较低的中下层家庭的孩子享受不到这样的教育，而他们所在的学校该有的教育资源又被暗中剥夺了，这样也造成整个社会贫富差距的加大。应该享受同样的教育权利，特别是享有义务教育权利的学生却被人为地分成两类，这也是对全民教育、平民教育精神的一种阉割。目前，一些受到优惠的"贵族学校"或重点学校因盲目扩张，生源爆满，学校因教育教学条件的优越而渐渐丧失了自强奋进的动力，并未能真正起到教育改革的旗舰作用。而那些暗中被剥夺了教育资源的学校却因资源缺乏、生源不足也越办越差。所以，这种现象已到了非纠正不可的程度了。

关于人文主义精神的匮乏及理想精神的流失，人们已经谈论很多。我在这里想强调的是，这种现象的出现也与商业主义思潮的盛行有关。另一个不可忽视的文化因素即是后现代主义在中国的提前登陆。后现代主义是西方后工业社会的产物。在某些西方发达国家，由于进入高科技与知识经济时代，财富快速增加，中产阶层崛起，后现代主义即是反映后工业社会的中产阶层生活状况与精神追求的产物。这样的中产阶层，物质上已经相当富裕，有一种很大的生活满足感。由于他们大都是知识阶层，对于资产阶级初起时曾给人们许下的种种承诺，他们已经厌倦，且不再相信，他们也不再相信未来，紧紧拥抱的就是现在、此刻；不仅如此，他们也不再相信人类曾创造的一切价值，对历史、语言、艺术、理想，甚至爱情、亲情、友谊等都持一种怀疑态度。因此，怀疑主义、解构主义、享乐主义及游戏人生的态度构成了后现代主义的主要内容。在我国南方沿海一些开放城市，已经产生了一些相当于西方中层的白领阶层，他们爱好时尚化的生活，这种后现代主义也作为时尚被引进过来，同样又作为时尚迅速向全国蔓延。校园里的青年学生又恰恰都是时尚的爱好者，一时不明真相而欢迎这种时尚也在情理之中。后现代主义与商业文化合流，对人文主义精神及道德理想都具有极强的腐蚀作用，这也是教育应注意的新情况、新问题。几年前，笔者曾就校园文化建设写过一篇短文，其中的文化其实主要就是指人文主义精神。现再转载这里，以供共同研究。

学校不要成为"文化孤岛"。

作为传播知识和文化的重要场所，学校是学生成长的一个重要环境。但是，现在大多数学校迫于升学压力，忽略了学校文化的建设。结果，由于学校一味应试，本来文化气息浓郁的校园居然成为了一座"文化孤岛"，学生只会机械而又枯燥地演练各种习题，而没有办法享受丰富多彩的文化生活。

由于学校文化的缺失，使得本应千姿百态的学生群体，被演化为一种模式：做题—考试。不少学生抱怨，走进学校迎来的是单调、乏味的一天又一天，做不完的作业，交不完的试卷，他们没有时间好好地感受校园环境的美、体验师生情和同学情的清纯，无法从容地思考、阐发自己的思想。对许多学生来说，校园生活是重压下的疲于奔命，花季年华已经褪色。不少学生无法承受校园生活的枯燥无味和校外千姿百态的反差，他们常常表现出厌学情绪和现象。法国著名哲学家德里达曾经说过"晕校"现象，就是由于学校过于苛刻的竞争、管理、压制造成的。毕业多年以后，只要一经过学校，哪怕是从学校墙外走过，仍然会产生晕眩感与恐惧感。我们现在的学校最缺少的就是人性的温馨，对每一个人的细致的帮助与充分的肯定。应试教育愈演愈烈，管理主义盛行，很少能考虑每个学生的需要和成长过程中的各种难题，动辄辱骂、批评、打击，在这种环境中成长起来的学生，是很难有一个健康、自信、平等与民主的心态的。据一项权威的调查资料显示，中学生有14%的人不适应现在的校园生活，45%的人很少能感到学习的快乐。而我们的教师中也有不少人常常感到工作压力重。在这样一种充满竞争、压力的校园生活中，我们很难想象，这样的学习生活会让人产生多少好感。我们是有了现代而气派的大楼设施，但缺少学校本质意义上的文化气息，生活极其贫乏、单调，学生怎么能对未来充满信心呢？我们谈何"现代学校"，谈何"祖国未来"？

再看看我们周围的教育环境吧，到处是我们不愿看到的情状。

——小学生为有更多的时间去玩耍，可以出钱"雇"同学完成作业；中学生为冲破年龄、情感、意志的防线，可以弑父弑母；大学生为能过上理想的生活，可以出卖自己的灵魂和肉体。曾引起激烈震荡的清华学子刘海洋"硫酸泼熊事件"；云南大学生马加爵行凶杀人事件；……恐怕都与现代教育的失败或难随人意有关。

——影视里，身着明清服饰的人们在演绎着"灰色＋爱情"的传奇；网吧间，身穿校服的学生在电击着"灰色＋黄色"的侵害；书市上，卫慧、棉棉式的放纵在鲸吞着青春不宁的热力。

……

青少年信仰危机、文化缺失至此，是对我们学校的当头棒喝，更是对我们教育的绝妙讽刺。

文化及人文精神所关注的是人的生存方式及生命意义。文化是精神生活的守护神，文化追求人的情感与精神的和谐发展，追求一切活动的价值与意义，追求生活的质量与人生的完美。文化看重的是对过程的体验、感悟的交流、精神的充实。真正意义上的教育实际上就是一个文化过程。教育一旦失去文化，所剩下的只是知识的单调移位、技能的机械训练和应试的被动准备。文化赋予一切活动以生命与意义，舍此，就意味着美好时光的浪费、创造性思维的僵化、心智生活的荒芜、精神世界的萎缩与生命年轮的贬值。

面对新课程改革的大潮，面对文化缺失严重的当代中学生，作为一个有使命感、责任感及忧患意识的校长，更应该倡导给学生一个传统文化熏陶下的人格支撑、精神支撑，更应该建构起一种培育中国优秀文化与民族精神的学校文化，使教育有精神的向度，学生有灵魂的归宿，而不至于让当代中学生沦落为"灵魂的空场"。

学校应该成为文化建设的圣地。

诸城实验中学自2001年与原诸城师范学校合并以来，就以促进学生全面发展、创建中华名校为目标，提出了一套自己的学校文化建设方略。同时，我们也充分注意到了现代教育的种种弊病及缺失，为了矫正这些弊病、补救教育的缺失，也提出了一些应对策略，收到了很好的效果。比如几年前，我就曾根据自己的观察与了解，提出了中学教育中出现的几种中心与边缘的对立现象，那就是：

1. 教学质量是中心，全面发展成边缘；
2. 常规落实是中心，教育科研成边缘；
3. 严格管理是中心，人文关怀成边缘；
4. 刚性考核是中心，全面激励成边缘；
5. 学科分数是中心，特色拔尖成边缘。

首先，为了彻底改变"教学质量是中心，全面发展成边缘"的不合理局面，我们在抓质量的同时始终按照"四面出击、全面发展"的模式来建设全面发展的学校。

我始终觉得尽快突破高中管理中的这种瓶颈，建立全面发展的学校、推进高中教育的改革与发展，是当前教育事业最紧迫的任务之一。作为全国学校文化建设的先进典型学校，我们围绕核心教育理念"实施文化立校方略——人本化管理、研究性教师、创新式学生、学习型校园，把学校建设成富有人文情怀、师生共享的精神家园"，积极构建先进的学校文化，并以此作为牵一发而动全身的管理"核电钮"，统领学校管理。我们全面推行"五大工程"——岗位效益工程、创新时效工程、科研名师工程、自主成长工程、培植沃土工程，在稳步前进中追求发展规模与提高质量的同步，追求扎实工作与适度宣传的同步，追求内容与形式的统一。我们注重教育教学质量，但不单单追求高考的数字，而是追求学校、教师、学生多个方面和多个角度的高质量发展。

一所学校的成功与发展不是孤立的，它是一个全方位、全过程、全面管理与发展的结果。我们在深入挖掘学校师生内部潜力、激发学校师生最大斗志的同时，更加注重拓展学校管理和师生文化的发展平台，营造良好的文化氛围，为学校的教育管理、教学研究和教师培养积淀深厚的底蕴，为全校师生享受幸福完整的教育生活奠定坚实的根基。在充分利用并不断完善学校文学社、艺术团、学生科学院、记者团等九大核心学生社团的基础上，成立和设置了三个中心（中国教育学会中学语文教学专业委员会课堂教学研究中心、山东省青年教师中学语文教学研究会研究中心、山东省诸城实验中学延边教育出版社教育研究开发中心)、两个秘书处（全国知名教研室主任联谊会秘书处、山东省教育学会教育管理研究专业委员会高中教育管理工作委员会秘书处)、一个编辑部（山东省教育厅《基础教育改革论坛》编辑部)、一个工作站（山东省诸城实验中学曲阜师范大学教育硕士科研工作站)、一个开发公司（诸城市滨北学校文化开发公司）共计八大对外机构，以及科研处、学校发展战略研究室、心理健康教育中心、舞蹈艺术中心、古琴人才培训基地、乒乓球训练基地六个对内特设机构。通过广泛成立学生社团、组织社会实践活动、进行研究性学习、科技创新等活动，增加学生的社会体验，培养学生的社会责任感、创新能力、实践能力和独立能力。这些机构的设立和活动的开展，不仅扩大了学校的影响，总结和挖掘了学校历史文化，更主要的是给全体师生提供了更多的发展机会和更大的发展平台，让在实验中学生活和学习的每个人都有机会，并且都能找到自我发展、自我成长的舞台。

实验中学始终把提高教师生活的品位和生活的质量放在重要地位。我们为每个办公室配备了实用的健身器材，鼓励教师课余时间到学校乒乓球训练中心锻炼。每年举行大型乒乓球比赛、羽毛球比赛、台球比赛、网球比赛、篮球比赛等体育竞赛，活跃生活，凝聚人心。每次大型集会前安排音乐、美术教师与教师们一起欣赏名曲、名画，经常组织青年教师与企业进行联欢活动。我们精心选择了"赢在中国"的主题歌曲《在路上》、历届奥运歌曲等激情昂扬、催人奋进的歌曲进行播放，一日三操前，用气势磅礴、热情奔放、振奋人心的拉丁语歌曲 *The mass*，替代千篇一律的《运动员进行曲》，并在全体教职工中大力开展歌咏比赛，各种文娱活动开展得如火如荼，高雅艺术滋润了师生心灵，振奋了师生精神，增强了大家的团队意识。

其次，为了矫正"常规落实是中心，教育科研成边缘"的偏失，我们加大了教育教学科研的力度，开创出教育教学科研的新局面。

早在 2001 年，诸城实验中学成立之初，就把学校发展提高到战略的高度，矢志不渝地抓科研，专门成立了学校发展战略研究室，组建了强大的科研队伍指导和研究教育教学。围绕确立的三大科研课题深化科研，促进教师专业发展。在管理上以"文化立校"统领全校，在教学上以"六要点教学法"促进教学改革，在德育上以"责任教师制"深化教育，升华师德建设，倾注人文关怀。2007 年 4 月 7 日，曲阜师范大学在诸城实验中学举行隆重的授牌仪式，正式启动设在我校的教育硕士科研工作站。按照双方约定，曲阜师范大学定期派出的研究生来实验中学有两大任务：一是直接接受实践培训；二是承担为实验中学提供理论培训的任务，强化学校对教师的培养，以及课题研究和课改理论的丰富和推进，为科研提供理论帮助。

"抓常规、抓末端、抓细节，将落实进行到底；抓学习、抓团队、抓科研，靠创新赢得领先。"这是我们的"六抓"工作要求。在教育教学中我们积极推行"新教育实验"，大力开展营造书香校园、构建理想课堂、培养卓越口才、建设数码社区、聆听窗外声音、师生共写随笔等"六大行动"的研究。结合新课程改革，我们围绕"注重创新性、时效性，让课堂焕发出生命活力"这一极富前瞻性的课堂教学改革的核心理念，站在生命发展的高度，以生命活力为本质，用动态的、生命的观点看待课堂教学，呼吁和引导教师们要"让课堂焕发出生命活力"。在大部分高中学校对课堂教学改革持观望态度的时候，我们结合本校实际，大胆尝试，率先提出了"自主、合作、探究，注重课堂教学的创新性、时效性，让课堂充满生命活力"的适应新课程改革和学生发展的教学模式（简称自主、合作、探究、创新、时效、活力"六要点教学法"）作为学校践行新课程的教学模式，来改变传统意义上的过于强调接受学习、死记硬背、机械训练的现状。我们倡导学生主动参与、乐于探究、勤于动手，培养学生搜集和处理信息的能力、获取新知识的能力、分析问题和解决问题的能力，以及交流和合作的能力。在高效、大容量的课堂教学中，实现师生之间、生生之间的多维互动，提高教学质量。我们按照三个阶段、三个梯度积极推进"六要点教学法"的改革，每个教师都倾心投入、满怀激情，以激情感染学生。全体师生都把课堂看成充满人生历程的一个重要环节，把每个45分钟都看做是人生历程的重要环节。每个课堂都充满生命活力，都全面体现培养目标，促进学生的全面发展。课堂剧场、师生同台辩论、学生登台讲课、生生互助学习成为课堂教学中的一道道风景线……

我们不断加强教育科研队伍和优秀教师队伍建设，组建了学校教科研核心团队，以教育科研破解教学问题。通过教学研究共同体、问题研讨共同体、理论学习共同体的建设，积极打造教师专业发展共同体，在名师论坛、各类沙龙活动中开展深度会谈，充分发挥每一个教师的智慧，破解重大教育教学问题，进行一场唤醒教师的职业追求和情感的头脑风暴，为教师的专业成长创造环境。

第三，"严格管理是中心，人文关怀成边缘"，这也是教育的一个老大难问题。时常听高中校长们谈论，相对于初中、小学来说，高中学校的管理难度更大一些。因此，不少学校为制约师生迟到采用打卡、点名等手段，甚至有些学校严格限制家长到校看望孩子的时间，把学校似乎变成了一个军事禁区，作为一所应该时刻洋溢着人文色彩的学校，采取这样的措施有必要吗？有围墙的教育隔绝的又是什么呢？

近年来，虽然党和政府大力提倡素质教育，倡导中小学教育要使学生全面而个性地发展，使学生形成健康的人格，但由于高中学校要面对来自学生家长和社会方方面面对高考的期待，教师要面对当前仍以学业考试成绩为主要标准的业绩评价，高中学段的素质教育重学科教学管理、轻健康人格培养的惯性依然强劲。不少高中学生面对来自社会、家庭和学校的升学期望，承受着学业带来的巨大压力，出现了整体素质偏失、文明素养欠缺、人际关系不和谐、心理状态亚健康等一系列问题；而不少高中教师则迫于业绩评价的重压，被置身于政策与社会的多重矛盾冲突之中，生活在应试教育与素质教育对立的尴尬局面中，疲惫不堪，更谈不上享受教育的幸福。

诸诚实验中学每次考试都设立卷面书写奖、答题创新奖，充分张扬学生个性，鼓励学生敢于向书本、权威和教师挑战。每份习题、试卷上，教师都要根据学科和试卷特点写上温馨的提示，诸如"在规范的书写和细致的答卷中，你会发现自己原来已经走向成功""这份试卷有难度，你一定会征服它"等。

为唤起教师自觉的事业追求，我们在办公楼大厅里迎面设立了一个"闪光台"，记录着无私奉献、时刻关爱学生等每个细节都做得精彩的教师名单及其生动事迹，这是学校人性化管理教师的一个重要措施。在我们这里，没有例行公事的点名、刷卡等，作为学校领导，我们首先相信每个教师都有很高的自觉性和工作的主动性，而更多的是靠这个"闪光台"来体现和激励教师自觉遵守规章制度，鼓励教师主动积极工作，实现封闭式管理、开放式办学。正是在这样的理念之下，学校允许学生把随身听等带到学校，帮助学习英语。而学校每周一次的"周末讲坛"是学生最愿意去的地方，在这里可以听到各类精彩的报告。我们还在学校大门口设立了一个特殊的告示牌："欢迎家长随时来校看望学生"，来访的家长由传达室人员引导至学校亲情接待室。为了方便家长来校看望学生，学校专门设立了一个亲情接待室，让家长在里面等待尚未下课的孩子，里面放置了报刊、饮水设备等。我们认为对于寄宿学生来说，家长到学校看望孩子正是对学校教育的补充和完善，学校应该支持。

教育的本质说到底是体现一种人文关怀。学校要闪烁人文的光芒，不要让教师在教学生涯中品味苍凉，让学生在求学时代品味无情，而要让师生过一种幸福完整的教育生活，让学校成为教师成就事业、学生成就学业和人生的圣土。高中教育的根本目的不是为了让学生获取短期的学习成就，而是为学生的终身幸福与发展奠定基础。因此，诸诚实验中学根据自己的学校实际，明确教育的价值在于促进学生全面素质的提高，在于为学生创设学会发展、主动发展、健康发展的环境；教师的作用在于按照学生的需求与特点，为学生设计符合其成长规律的奋斗目标，努力开发学生心智，发挥学生的能力，促进学生全面素质的提高。

第四，为了突破"刚性考核是中心，全面激励成边缘"的围城，我们选择了多个突破口，极大地调动了广大师生的积极性。

在诸城实验中学，从校长到后勤工作人员，每个岗位的人员都在用心经营着自己的事业，用心做好每一个细节，力争把每个岗位都做得精彩。因此，为激励、鼓舞和延续这种精神，我们改变评优奖励机制，常年用不同的标准和尺子来评先奖优，与完全按照成绩评优奖励机制互补，让每个人每时每刻都闪光发热，使每个人都能够突破思想、激活梦想、实现理想。我们开展"温馨两代人""温馨家庭"活动，通过评选那些工作上进、家庭和睦的教师模范，营造每个教师追求家庭和事业共幸福的氛围，并把这种幸福尽可能地带给每个学生。每学年末，我们发动全校学生在600余名教师中海选"十佳教师"，并评选师德"百佳教师"，对评选出的教师举行隆重的表彰大会进行表彰，鼓舞每个教师，激励先进。学校还每年举行一次"和谐团队和感动实中的人与事评选"活动，鼓励团队创造，激励全面创优。

2008年元旦晚会，我们诸城实验中学举行了一项特别的活动：为评选出的22个单项奖的300余名获奖教师举行了隆重的颁奖仪式，获得读书最多的教师、最受学生喜欢的教师、最佳门卫、最佳生活指导教师、最多登"闪光台"等奖项的教师在学生热烈的掌声中一一登台领奖，全校近60%的教师获得了奖励。由此，历时一年、奖项涉及教育教学各个领域的评选活动画上了一个圆满的句号。近年来，诸诚实验中学为鼓励在自己的领域敢于冒尖和创造的教职员工，改变以往的评价和评优模式，精心设置了22个奖项，制定了

《关于设立教育教学若干奖项的通知》文件，打破了过去单一地由分数这一个标准来评价教师的局面。

教育是群体智慧的结晶。为避免人们常说的"短板效应"，只有抓住了群体中的每一部分，学校教育教学这只"木桶"才会真正发挥作用。真正能够调动积极性、体现人本化的就是教育评价。教师的教学活动具有精神性和人文性，带有强烈的个人色彩。然而，以往的教学评价往往注重结果，忽略过程，强调共性，漠视个性，这是因为以往的教育管理中长期盛行的是一种简单化的科学主义。新课改提倡建立多元的教师评价体系，标志着教育管理趋向人性化，要求我们在对教师的评价中更加关注教师内在的精神成长，更加注重教师教学的个性发展。学校要通过教育评价实现教育的增值，从更高意义上讲，是加快教师专业发展，提高教育效能。教师所面对的是正在成长的个体，他除了付出大部分时间与精力来照顾学生外，还要处理许多与教学工作无关的事情，因此教师常常处于过度的压力之下，这就引发了教师的职业倦怠。作为学校管理者，首要的任务应该是重视教师的精神生存状态，培养教师的成就感和幸福感，让教师真正体会到"工作着是美丽的"。

第五，"学科分数是中心，特色拔尖成边缘"更是教育，特别是高中教育的一大顽症。针对这一顽症，我们采取了多种办法，收效甚好。

随着我国社会主义市场经济的发展和全民素质的普遍提高，随着素质教育的深化，在全面提高学生综合素质的基础上，将更加激发人才个性化的发展。无个性即无人才，"独立的人格，独特的个性，独创的精神"是未来一代生存和发展的基本素质。教育不需要"克隆"，学校不能成为生物工厂，不能靠生产出一批又一批无个性、无特长的"标准件"学生过日子。特别在全省推进高中素质教育的新形势下，"标准件"的培养模式将被打破，学生的特长、特色、博通与精专的结合将成为培养方向的重要特点。因此，学生全面发展与个性发展的有机统一，必然成为培养人才的一个重要指导思想。

学校成功的标志是什么？应该是每个学生的成长，而不是所谓的学生"成果"——分数。只有注意了实施学生成长过程的优质教育，培养全面发展的人才，这才是"素质"的教育，也只有这样的教育过程才真正能让师生感受到是一种幸福。这应该成为我校严格把握的学校发展方向。为此，我们确立了"保护天性，张扬个性，完美人生"的教育理念，把学校培养学生的目标定位在：做群体3%的人——志向高远，目标明晰，意志坚强，全面发展。

鼓励学生在努力学习文化科学知识的同时，要敢于在某个学科、某个领域冒尖。在平时的教育教学过程中，坚持面向全体、全面提高与培养拔尖学生并重的原则，做到全面兼顾而又各有侧重，在全体学生都达到国家规定的基本要求的前提下，充分发展学生个性，因材施教，因人制宜，使一批学生学有所长。

一所学校之所以著名或者具有影响力，很大程度上是因为它培养出了一大批出类拔萃和富有鲜明特色的人才。21世纪是发展个性的世纪，没有个性，就没有创造性，保护和张扬个性是培养创新性人才的必由之路。诸城实验中学就是要通过建设良好的学校文化熏陶学生良好个性，通过坚持不懈的系列活动和学生社团行为帮助学生建立健全一个自由、全面、和谐和自律的理性个性，通过不断张扬学生个性来培养创新精神。

目前，学校各个学科拔尖学生辈出，各类领域优秀人才也是喜报频传。王翠，是我校高中部2001级学生，现获苏州大学服装设计与表演专业和上海财经大学工商管理专业双学位。2006年，获世界三大模特比赛"环球国际小姐"上海站冠军，并获最佳上镜奖和最佳人气奖等多项殊荣，作为代表中国的唯一选手远赴国外参加世界比赛，获世界20强、亚洲第一名。体育方面，在潍坊市举重锦标赛中，学校男、女举重队代表诸城市参加比赛，男子代表队获得团体总分第一名，女子获得团体总分第二名。在2008年潍坊市网球锦标赛中，学校体育中心队代表诸城参加比赛，获得女子团体总分第一名、男子团体总分第二名的优异成绩，包揽男、女单打第一名和男、女双打第一、第二名。我校学生赵慧敏、李金龙被选拔进入山东省水上运动技术学校赛艇队深造，成为国家水上运动项目的后备人才。信息学方面，在第五届山东省青少年机器人竞赛中，我校以优异的成绩夺得山东省第二名。同时，在全国数学、物理、化学、生物奥林匹克竞赛、潍坊市学生语言素质展示活动、诸城市中学生运动会等各项比赛中，均捷报频传，取得了优异成绩。

促进学生全面、个性发展，是现代高中教育的价值取向，也是我们诸城实验中学追求的最高境界。我们正在努力构建富有特色的高中教育管理模式和体制，真正体现教育的公平性和素质教育的要求。学校充分利用教育资源提供优质教育，不仅为有才华、成绩好的学生创造了良好的条件，最大程度地满足了他们的求知欲和个性发展，同时也给予基础较差、成绩不好的学生更多的机会和更长的学习期限，从而保证了学生整体素质的提高。

应当承认，我国现代教育教学中出现的一些缺失或弊端，都是前进中的问题，是社会主义建设探索阶段、改革开放时期必然会遇到的一些坎坷与曲折，绝不是什么不可救药的绝症。尤其值得注意的是，这些缺失或问题已经引起国家高层及教育界、知识界的高度关注，教育主管部门也已着手进行改革。特别是处在教育教学第一线的广大师生，因深刻尝受到了这些弊端带来的痛苦，变革的积极性也最高。可以说，坚冰已开始打破，航道已渐次开通，希望就在前面，我国现代教育的快速前进还是大有希望的，我们也完全可以大有作为。

早在 20 世纪 90 年代，国家就提出了素质教育、创新教育的新的教改思路，经过十余年的探索，不少地方和学校已经摸索出一些素质教育、创新教育的成功经验，一些新的教育理念正在形成且逐渐成为人们的共识，常规教育也已渐渐走上正轨。

教育部高层领导已就教育资源分配不公问题进行过多次调研，并已在不少地方开始了平衡教育资源的试点，全面铺开的日子为期不远了。2010 年 7 月，国务院召开的教育工作会议，制定了《国家中长期教育改革和发展规划纲要（2010—2020 年）》，教育中的急功近利及短视现象正逐步得到矫正。

教材编写上的统一化、单一化局面已经开始打破，传统版本的教材之外，多种类型的地方教材、校本教材也已出现，教材选择空间加大，为教育教学个性的施展和学生自由创造本性的发挥提供了更多的机会，从而加速了学生的全面发展。

更为可喜的是，各种教育教学改革的禁区已经打破，在党的科教兴国战略和素质教育、创新教育等新的教育理念的鼓舞及引导下，各地的教育教学改革实验蓬勃发展，已成星火燎原之势。举例来说，朱永新先生倡导新教育实验，2002 年 9 月，新教育首家实验基地在江苏省昆山玉峰实验学校挂牌，很快波及全国，山东、广东、浙江、福建、黑龙江、吉林和上海等省市的一大批教师主动加入实验的大军，千千万万的师生开始将新教育的理想具体化、系列化。此后，不到一年的时间里，新教育实验的正式加盟学校已近 20 所，一年半时间里，正式加盟学校已有了近百所，许多人还开设了新教育实验班。（陶继新《教育先锋者档案》）

我们相信，随着一个教育改革百花盛开的大好局面的形成，我国教育蓬勃健康发展的时代也将很快到来。为此，我们将会更加努力，为民族教育的繁荣贡献自己的一份力量。

第二章 校长何为？

五、校长角色定位：以思想引领学校发展

2001 年，我开始兼任诸城实验中学校长、党委书记，当时确实既兴奋又不安，感到肩上担子很重，压力很大。我相信，我的大多数校长同仁，特别是初任中学校长的同仁都会有这样的感受。我知道，无论是作为教育局长还是教研室主任，都是相对超脱的，他们不像中学校长那样需要直接面对成千上万的学生、成千上万的家长，需要每天应对无数的实实在在的现实问题。初一履任，感到工作千头万绪，真不知如何下手。但尽管工作再忙，我觉得首先应把自己的角色定位搞清楚，抓住主要矛盾及矛盾的主要方面，这样才不至于手忙脚乱，陷入无穷的具体事务中而不能自拔。

中学校长何为？或者，中学校长的角色定位是什么呢？这一角色是否只是意味着一个官职、一份职业或一个法人代表，甚或是一个可有可无的人呢？我以为要搞清这一点，即要理清中学校长的职责和功能，就必须先理清中学的职责和功能，校长的职责、功能其实应是由他所在的中学决定的。中学教育是整个社会教育系统的一个子系统，它的职责就是满足青少年接受中学教育的需求、履行社会常规教育的任务。中学教育的基本动力来自社会需要及政府的投入与督导，这几乎是一种自然动力，有了这种自然动力，一个中学即使校长缺席也自会自然运转，照常按时开学、上课、考试、放假等。但一个中学要想办好，仅靠这种自然动力是不够的，它还需要第二种动力，这即是广大教职工的尽职尽责、努力工作。这恐怕也不是太难的事，因为无论是一线教师还是后勤服务人员，都有一种或为谋生、或为实现事业理想的需要，基于此，只要课程表排出来、时间表制定出来，他们大都会按点上班上课、

出题改卷，一个校长的缺席或平庸都不会影响这种动力的发挥。这可以称之为一种半自然的动力。但仅有这样两种自然和半自然的动力，一个学校是不可能搞得红红火火、有声有色的，它还需要另一种动力，把各种各样的社会资源、才能智慧、每一个人的积极性加以充分地整合，使各种教育教学资源得到合理配置、各种教育教学力量得以充分发展，使每一个教师、学生的积极性都能充分调动起来。这种具有原初性的发动力量就是校长的决策、领导。

我始终坚信，一个有作为、影响一代甚至未来的教育家，首先拥有的是前瞻、先进、发展的教育思想。思想有多远，我们就能走多远！没有思想的社会，没有思想的教育，没有思想的学校，没有思想的校长，是不可能有真正的进步与发展的。思想展现教育者的快乐、幸福，彰显教育的文化力、感召力！我曾经说过，"校长不是看大门的，不能当'警察校长'。校长最应当做的是出思想，靠思想来凝聚师生、管理学校。"我始终认为，文化是学校的灵魂，是一种保证学校发展的最重要、最基本的资源，它体现着学校的个性与魅力，而学校文化的形成，关键在校长的思想。

那么，怎样用思想引领学校的文化建设和发展？我以为，一个能够以思想引领学校的校长应该是一个思想家，起码是一个善于思考的人。而要想成为这样一个善于思想的人，甚至是思想家，首先必须善于学习，不能是一个庸庸碌碌的事务主义者。帕斯卡尔说："人只不过是一根苇草，但他是一根能思想的苇草……思想形成人的伟大。"是的，真正的生命就是人的思想，人生因思想而光彩，教育因思想而厚重，而读书、学习则是获取思想的最重要的途径。校长必须是一个纯正的读书人，能从繁忙的事务中超脱出来，找时间读书，从书中汲取丰富的思想，汲取最先进的教育教学理论。我自己就是一名铁杆的书迷。纵然有万千事务，总会在一天的忙碌中给读书"留一杯羹"；我还把车子收拾成一个"移动书屋"，在车内营造了一个小的读书空间，将那些常读的书放在伸手可及的座后，这样即使在外出的长途奔波中也会收获与时间赛跑、与书香结缘的幸福。"学而不思则罔"，读书的更高境界是读思结合，悟而成文。每每读到精彩处，我往往有所思、有所悟，于是，便有了"用心思考未来"的校训，有了"实施文化立校方略"的核心教育理念，有了一年一度的"读书节"，有了"读万卷书，行万里路"的采风活动，有了全体教师对"海尔管理模式"等先进理念的集体学习……我的老师朱永新先生认为："一个人的精神发展史实质上就是一个人的阅读史，而一个民族的精神境界，在很大程度上取决于这个民族的阅读水平。我们每个人都知道，躯体的发育，基因、遗传起了很大的作用，然后是食物。但是精神的发育靠什么呢？恐怕只能靠读书。我们精神发育的过程，就是伴随着读书的过程在前行的。"他还建议把学校打造成书香校园。为了形成一种浓厚的读书氛围，我曾告诫全体师生：最庸俗的人是不爱读书的人，最吝啬的人是不买书的人，最可怜的人是不读书的人，最无能的人是不会写作的人。我多次倡导全体教师，少一点烟酒味，多一些书卷气，做一个名副其实的文化人。我们学校每年都举办读书节，开展各种各样的读书活动，并鼓励教师、学生写读书笔记、随笔。在这些活动中，我都充当了带头人的角色，我的一些备受师生欢迎的"校长按语""校长寄语"事实上大都是我的读书心得。为了给读书学习创造更好的条件，学校每年都大量购置新书、好书，不断充实图书馆与阅览室，于是，学校便拥有了 14 万册藏书。同时，学校每年为全校近 800 名教职员工每人提供 300 元读书基金，并鼓励教师以读促写，于是，教育反思、教学随笔、教学案例等异彩纷呈……

其次，校长还必须是一个实干家，绝不能整天飘浮在会议中和办公室里，必须坚持深入教育教学第一线，和广大教师、学生保持密切联系，这样才能及时发现现实中出现的新情况、新问题、新经验、新思想，从而使自己的思维始终保持最为活跃、最为充实的状态。我的一些"校长按语""校长寄语"就有不少是从这样的调查中发现的。比如说，在一次深入课堂听课时，我无意翻了翻学生的作业本，发现上面有不少老师打的大红叉，而红叉旁并没有任何关于为什么错、怎样改正之类的批语。我觉得这红叉暴露的是一些老师的霸道及平等、民主精神的缺席，是对犯错学生的忽视及仁爱精神的缺席，所以我在"校长按语"中专门转发了一篇《判作业不打红叉，行吗？》连同另外一篇文章《谈话先请学生坐下》，一起发给大家，并写下了这样一段按语：

> 现代教育要建立一种民主平等的师生关系，而这种关系是建立在教师对学生人格的尊重和信任的基础上的。只有在此基础上的教育行为才会唤起学生理性的认同、感情的相通，学生的心灵中才会开出幸福、自信、成功的鲜花。没有尊重，就没有教育；没有爱，就没有教育。全体教职员工必须提升到这个高度上认识这个问题，

并进而规范自己的教育行为。《谈话先请学生坐下》《判作业不打红
叉，行吗？》两篇文章所倡导的做法，都是尊重学生人格、呵护学生
自信的具体实践。

两篇文章贴出后，很受广大师生欢迎，并在很长时间内成了诸城市民谈
论的佳话，从而也大大提高了我们学校的声望。

用思想引领学校发展仅靠开大会、作报告、发指示，甚至是发脾气是不
行的，重要的还在于学会沟通、对话。一个学校的校长要想把自己的思想化
为群体的行动，把学校的理想、追求化为全体师生共同的愿景，不能靠强迫
性的灌输，他必须学会在平等民主的气氛中与师生对话、沟通。怎样才能建
立一种符合我校的校情又行之有效的对话沟通方式呢？我除了坚持深入到教
师、学生中去，深入到教育教学第一线去，直接与广大师生进行面对面地沟
通之外，还在学校网页及办公室壁报上开辟了"校长按语""校长寄语"栏
目，开设了校长信箱，公布了我的电话号码。有一次，我在校长信箱中见到
了这样一封学生来信，来信者要求能够在学习中亲耳听到老师对他们的关怀
与鼓励，我觉得这个建议很好，便在我校实行了责任教师制度。这项制度实
施以来，产生了极好的效果。

思想引领必须先有思想沟通，"校长按语""校长寄语"等措施正是为了
使校长思想阳光化，让每一个教职员工都能切实了解校长的打算、想法、规
划、愿望等，并与自己的想法、愿望等相对照，求得共识，形成合力，才能
真正让思想化为行动，并指导行动。比如，我常把一些励志性的话语印发给
大家，使每一个人都能耳熟能详。

关于现代教育思想

1. 建立大教育的观念是素质教育的核心，培养学生的创造力量
是素质教育的根本。

2. 学科外的活动要占整个教育活动的30%，学科内的教学要注
意全面培养，占70%。

3. 所有活动不是目的，而是教育的过程，要培养学生开朗的性
格、浓厚的学习兴趣、良好的学习习惯、良好的身心素质及与他人
合作的能力、语言表达能力、组织能力以及对生活的观察与思考

能力。

4. 东方教育强调严格要求、严格训练，西方教育重视发展个性、发展特长。如果把这两者完善地结合起来，即"两严两发展"，将会是世界上最好的教育。

5. 教育服务时代的学校生存方式：以优质的服务建立良好的信誉；以良好的信誉吸引充足的生源；以充足的生源赢得丰富的资源；以丰富的资源支撑更优的发展。

6. 要培养学生以对家庭负责为起始点，学会孝敬；以对学习负责为基本点，学会求知；以对集体负责为凝聚点，学会关心；以对社会负责为制高点，学会报答。

7. 教育作为具有独特的人文关怀的事业，尤其需要人文精神。教育需要尊重，教育需要尊严。而教育的尊重与尊严，与教育民主天然联系在一起。没有教育民主，就没有教师与学生的教育尊严。

8. 站在学生的立场思考，谓之尊重的教育。

9. 引导学生思考的最好的办法是教师与学生一起思考。

10. 离开了家庭教育、社会教育的学校教育不是现代教育。

11. 课堂教学改革的关键是提高学生课堂教学的参与度。

12. 教师的知识积淀少一点不可怕，可怕的是没有了上进的激情；教师执教的能力差一点不可怕，可怕的是教师的思想和心灵变得荒芜。教师只要心不老，教育就会有希望。

13. 制度规范行为，行为形成习惯，习惯培养传统，传统积淀文化，文化滋润制度——文化，在制度所达不到的地方起作用。

14. 行动就有收获。世界上没有所谓太迟了的事情，只有今天不去做，那才是真正的太迟了。

15. 成功不是由一大堆做成的事情所构成的一种结果，而是一群人朝着同一个目标不懈地努力所形成的一种状态。

16. 用"脚板"思考，用"脑袋"走路；做实践的思考者和思考的实践者。

17. "真"的科学、"善"的道德、"美"的艺术三位一体地和谐发展是最大的人性化。

18. 让教师享受创造的乐趣，让课堂充满生命的活力，让校园成为师生的乐园。

19. 阅读——享受智慧的生活。

20. 认真就是水平，负责就是能力。

21. 制度让人想犯错而不敢犯错，文化让人有机会犯错而不愿意犯错。

要想以思想引领学校发展，最重要也是最关键的一条就是必须提升领导层及全体教职员工的执行力，而要达到这一目的，首先还需要领导者能身体力行、以身作则。校长必须是学校发展的带头人、实干家。我来实验中学十年的实践说明，没有这种实干精神，就会一事无成，有了这种精神才会打开新天地，开拓出新局面，打造出一所名校。

回想 2001 年我到实验中学面临的第一个难题就是白手起家，要硬生生造出一所新高中，与一中、繁华、学村、九中这四所老校结成城区五校并举的格局。

接过这么一个烫手的山芋，当时的心情可谓喜忧参半。喜的是这个摊子是诸城最大的，第一年开始招生时，初、高中师生总数多达 5000 余人，这个规模在诸城乃至潍坊市也是罕有匹敌的。诸城师范有着良好的校风和教风，教师治学严谨，学生学风浓郁，办学半个多世纪以来，薪火相传，造就了大批人才，遍布全国各地。忧的是在初中基础上办高中，没多少人看好，加上师范转轨办高中，主要师资依托原师范教师，明显地感到内存不足。原来的教师队伍，因长时间从事师范教育，知识结构、教学经验与办一所高中的要求有很大差别。要参与激烈的高考竞争，实验中学当时面临的种种困难可想而知。

挑战与机遇并存，办学前三年是社会考验学校的关键期，也是品牌形象树立的开山期，既然已经骑上虎背，首先我要将"三把火"烧在维持学校脸面的事上。

"第一把火"，成立办学顾问智囊团。诸城实验中学成立之初，师资严重缺乏，新分配的大学生占很大比重，这部分人大多不熟悉教学常规，不摸教学套路。后来随着学校不断扩张，从外地、外校尤其是农村学校调来了一大批教师，这些教师层次不一，背景各异。俗话说"若要好，问三老"，老诸城师范不乏水平很高的老教师和老领导，他们的丰富经验往往随着退休而被人忽视。我召集了宋友之、崔正维、曹乃华等本校一批经验丰富的老教师，担任学校的特聘导师，成立了一个"导师团"，并招聘教研室、一中等退休的宋志良、寇吉和、颜朋诺三位老教师专门负责全校教师的业务指导，平时的听课评课、教学常规材料的检查考核等都交给他们来做，大大缩短了青年教师走上正轨的时间。谈到这项举措的费用，有人开玩笑地说："李校长用了三个择校生的费用就使全校三千多名学生受益匪浅，真可谓是一本万利啊！"另外，我们又聘请了社会贤达、全国各地知名教育专家学者，如傅国亮、魏书生等为办学顾问，定时请到学校为办学把脉诊断。

"第二把火"，广揽天下英才，面向全国招聘教师。我们每年派人到全国各大师范院校招聘大学生，从湖北、东北等地招收青年教师一百余名。我们坚持"用学校品牌吸引人，用良好机制留住人，用科学管理培养人，以搭建舞台用好人"。大学生来校后，我们给予优厚待遇，从生活上给予无微不至的关心和照顾，政治上着力培养，工作上放手使用，现在秦涛、李永明等一批青年教师，都已经扎根实验中学，成为学校的业务骨干。

"第三把火"，打造实验中学的名师群体。高中部成立以来，教育局并未给我们配备更多更好的教师。我们只能因地制宜，实施内部挖潜。我们建立了名师成长机制，鼓励教师冒尖，扶植青年教师快速成长，营造了健康和谐的教师专业成长的良好环境。我们为青年教师设计了这样的"成长轨迹"：

专业职称：中学见习教师——中学二级教师——中学一级教师——中学高级教师——中学特级教师；

业务称号：本校教学能手、骨干教师——诸城市教学能手、骨干教师——潍坊市教学能手、骨干教师——山东省教学能手、骨干教师——国家级骨干教师、教育专家；

政治荣誉：学校优秀教师——诸城市优秀教师——潍坊市优秀教师——山东省优秀教师——全国优秀教师——全国劳模。

至 2006 年 12 月，我校培养出全国优秀教师 2 人，山东省特级教师 2 名，潍坊市特级教师 2 人，专业技术拔尖人才 2 人，教学能手 40 余人。2007 年首届毕业生 557 人参加高考，上线 300 人，上线率 53.86%，取得全市高考目标完成率第一的骄人成绩，首次向社会展现了实验中学的实力，也被评为"山东省规范化学校"、"山东省教书育人先进单位"等，打出了自己的品牌，树立了良好的社会形象。

至此，实验中学完成了艰难的一跃，实验中学高中部成立以来的完美一跃也胜利完成。我们欣喜地看到，老树终于发了新芽。

做一位名师，成长为一位名校长，成为一个教育家，这是我矢志不渝的梦想和追求。自2001年我来到诸城实验中学任校长、党委书记以来，为让这所全社会广为关注的新中学快速成长，实现我们"打造精品实中、创建中华名校"的奋斗目标，我倡导创立了新的教育理念，并为锻造一支能打硬仗的干部队伍，为打造能吃苦、善冲锋、科学施教的教师队伍，为培养一批批富有创新精神、高素质的人才，做出了不懈的努力。

早在2000年9月，我就在《山东教育》上发表《学校文化的育人功能及其建设》一文，我认为，学校文化不等于校园文化，它是体现师生在教学及其他实践活动中共同创造的学校全部精神财富和物质财富的总和；文化是精神财富，是人心灵境界的折射，它对群体具有无形的感召力，有着强大的育人功能。为了促进学校文化内涵的丰富和发展，使全体教职员工在共同愿景下保持持久的工作动力，为了最大限度地将学校文化融入到管理的各个环节，将学校教育理念深入到师生的心灵深处，并通过文化熏陶提升个人境界实现自我管理，经过仔细地审视，我努力推行高品位、国际标准化管理模式，在引入ISO9001国际标准化管理体系、严细实科学管理的同时，大力推行文化立校方略，围绕"实行文化立校方略——人本化管理、研究性教师、创新式学生、学习型校园，把学校建设成富有人文情怀、师生共享的精神家园"这一核心教育理念，确立了我校的校训"用心思考未来"和教育理念。我带领我的团队在稳步前进中追求学校发展规模与提高质量的同步，追求扎实工作与适度宣传的同步，追求内容与形式的统一，追求学校教师、学生多个方面和多个角度的高质量发展。我要让我们的教师在享受教育的幸福中，愉快地工作，幸福地生活，并愿意为教育事业奋斗终生。我们要通过文化的渗透最终提高领导力与执行力，让我们的团队不断从优秀迈向卓越，不断创造教育教学新成就。诸城实验中学不是从现成的理论出发，而是从学校的实际出发，不等不靠，不依赖任何优惠政策。全校近万名师生发扬"四千"精神——走遍千山万水、吃尽千辛万苦，说尽千言万语，想尽千方百计，去创造解决教育实际问题的办法。于是，我们构筑学习型校园，通过文化建设把师生的个人追求融入到学校的长远发展之中，给每个师生以没有天花板的舞台。我在实践中不断充实和完善"校长按语""校长寄语"等系列；在广大师生中通过开展"亲情激励""温馨两代人"活动，开展"我最喜爱的教师评选""师德十佳和百名师德标兵评选""课堂教学改革和十佳优秀教师"和"22个单项奖评选"等活动，实行了责任教师制度，用文化提升学校的管理境界，使文化在教师和学生的交互作用下把自在环境变为能动的环境，对师生产生了深刻的影响。学校的人物管理、人际管理、人才管理和人格管理均达到了较高境界，并不断作用于教育教学中，产生了巨大影响力和创造力。全体教师团结协作，乐于教书育人，学生勤奋努力、进步显著。实验中学的文化建设年年有大突破。继山东省"十五"重点科研课题"学校文化的实践与研究"顺利结题并获得省科研成果评选一等奖之后，我主编的"学校文化建设"丛书，于2008年获得山东省社会科学成果三等奖，这是山东基础教育界唯一获此殊荣的单位。在2008年7月19日召开的全国校园文化建设会议上，诸诚实验中学又被中国教育学会表彰为"全国优秀品质校园文化建设先进单位"。内蒙古、河北、江西等省市近50个单位来学校参观学习。我本人多次被邀请到河南、北京、湖南、江苏等地作过百余场报告，得到各地、各级领导的一致好评和肯定。

在实施科学管理的同时，我们不断创新，努力创造，潜心探索教学改革之路，通过学习、研修、短训等形式不断完善自身知识结构，始终坚持深入学校、深入课堂，了解教情、学情，与学校领导、师生共同探讨治校、治班、治教方略；以超前的眼光敏锐洞察教育教学改革的趋势，以学者型、专家型青年管理者的标准严格要求自己，努力追求卓越。我根据自己多年的教学管理经验，总结出了课堂教学"六要点教学法"，在全校大力推广，构建了自主、合作、探究、创新、实效、活力的课堂教学模式，为素质教育的大力实施注入了生机。《基础教育改革论坛》《现代教育导报》和《潍坊日报》均载文予以推介。在高中新课程改革中，我带领我们的科研团队认真钻研，不断学习，在选课走班制、学分制等多个方面取得了重大进展，多次在潍坊市高中新课程改革会议介绍经验，来校参观学习的学校仅2009年就多达近百所。

为促进青年教师的快速成长，我为教师规划了成长轨迹，并通过导师团跟踪培养他们，为他们搭舞台、拓路子；为营造浓郁的学习氛围、锻造科研名师，我设计了科学、系统的教研体系，定期组织教师举办语文沙龙、英语沙龙、恳谈会、青年教师班教导会、教学论坛等校园学术文化交流活动，积极探索新课程背景下校本教研的最优模式；坚持在全体教师中开展"四课型"达标活动，引导他们研究课堂、研究学生、研究教学，提高课堂教学质量；大力实施科研名师工程，锻造名师队伍，共培养出了 10 名省市级特级教师，这在全市是数量最多的。目前，通过勤勉磨砺教师"三力"——教育能力、事业能力、人格魅力，实验中学教师学历、业务水平平均达到较高层次。

为促进学生的健康成长，大力推进素质教育和实施责任教师制度，关注每一个学生的健康成长，我努力创设适于学生成长的氛围，积极建设学生社团组织，大力推行新教育实验。通过举办读书节等活动引领学生读书；通过开展丰富多彩的校园活动，保护学生天性、张扬学生个性；通过责任教师制度确保了每个学生茁壮成长。我为学生确立了"做群体 3% 的人——志向高远、目标明确、意志坚强、全面发展"的发展目标，并围绕这个目标培养富有健康精神的"实中人"。我大力推行和实施"创新学习实验室计划，随堂测试探索，优秀学生登台讲课的新教学模式，师生共写随笔，让试卷充满温情"五大创新点，关注一切学生和学生的一切。在创新学习实验室内配备了与学生学习及探索有关的图书、报纸、资料以及计算机设施，并张贴着各学科首席教师的联系电话。鼓励学有余力的学生，到创新学习实验室进行本学科或其他学科的创新学习，并直接接受名师指导，针对自己感兴趣的学科和课题进行研究，或查阅资料，或网上学习，或与导师、同学共同探讨，在完全自主性、研究性和实践性的氛围中探索、寻觅，汲取知识。

我带领我的团队"把每一件小事都做得更精彩，把简单的事情做彻底，把平淡的事情做经典"，不断创造了教育教学的新成绩，教学质量不断攀升，师生同步前进。实中人以卓越的业绩领跑当地教育，学校文化建设和课程改革获得全省乃至全国教育同行们的关注及赞许。2002 年，我们学校通过学习 ISO9001 国际标准化质量认证；2004 年 10 月，承办山东省校本教研工作会议；2005 年 4 月，承办山东省学校文化建设现场研讨会议；2006 年 10 月，在全国中学中率先推出校本教材系列和学校文化建设系列两套富有浓郁特色的丛书，达到了建构生态课堂、提升学校文化、突显办学特色的目的；2004—2009 年，分别承办全国中语会课堂教学研究中心第 21～24 届年会；2006 年 12 月，承办全国现代学校文化建设与新时期师生关系论坛；2009 年以来，学校在潍坊市新课程示范校创建活动中，以总成绩第二的实力成为潍坊市首批新课程示范学校，成为新时期潍坊市普通高中十大名校之一；2010 年 7 月，我校《学生自主选课、走班制教学与学分管理的探索与实践的研究》和潍坊市教育局中考制度改革经验共同获得教育部"基础教育课程改革教学研究成果奖"。

六、校长的爱心、激情与服务意识

办好一所学校，校长无疑是第一责任人。从某种程度上讲，校长的人格情操和智慧才能会极大地影响一所学校的精神风貌和办学层次。而采取什么样的治校方略，又是一个校长学校管理工作的关键。我认为，管理一所学校有不同的境界：靠批评、训诫、处罚、末位淘汰等强制性手段来管理，这是下下策；靠高额奖金、评优选先、晋级承诺等诱惑性、刺激性手段哄着干，也是下策；把充满教育智慧的管理艺术降低到纯技术层面来操作，依靠制度的完善、量化指标的确定、监控体系的健全等来管理，这是中策；教育管理的上策应该是无为而治。

所谓无为而治，指的是综合运用思想引领、魅力感召、事业凝聚、环境熏陶、机制激励等手法，达到使教职员工自动自发地参与学校管理工作的目的。

一般来说，事业凝聚、环境熏陶、机制激励主要指向客观方面，而思想引领、魅力感召则主要指向主观方面。客观方面的努力见效快，它会很快地建立起一套他律规则，以保障事业的正常运行。主观方面的努力可能见效慢一点，但它会建立起一种自律规则，保障事业的良性循环，持续发展。关于思想引领，我已在前文初步谈了一些自己的看法，下面我想重点谈谈魅力感召。

所谓魅力感召，主要指的是一个领导者良好的道德品格、文化素养、业务才能、风度气质等方面的示范作用、引领效应。在这里，我认为有三点特别重要，那就是爱心、激情与建立在爱心与激情之上的服务意识。爱心只能靠爱心来培育，激情需要用激情来点燃，而培育爱心、点燃激情的最有效的方式就是真诚的服务。

我坚定地认为，学校管理有四个层次，那就是人物管理、人际管理、人才管理和人格管理。人格管理是管理的理想境界。人格管理是建立在管理者与被管理者的价值观念、生活情趣和生命意义等最高层面的共同追求之上的。而这种共同追求除学校文化的浸润之外，还需要有管理者对被管理者的尊重、理解、帮助、鼓励等情感的关注。只有让情感像学校上空的蓝天白云、阳光雨露和地上的甘泉热土一样哺育学校的每一颗心灵，学校才能真正成为精神的圣地。

我认为，只有打动人的教育才是真正的教育，只有引起人共鸣的教育才会收到更好的教育效果，学校教育应该承载着亲情、热情和感情，体现着人文关怀。

有一次，我看到学校门口蹲着几位来看望孩子的家长，心中极为不安。家长风尘仆仆地到学校就是为了帮助老师关爱学生、教育学生，这可是一笔宝贵的精神财富呀，可为什么我们的学校却如此冷漠地对待这些父老乡亲呢？于是我当即安排政教处工作人员把家长安排到接待室等待学生下课。随后，我专门腾出学校一间办公室作为"亲情接待室"，里面放上报刊、饮水机等，派专人负责管理，让每位来看望孩子的家长都能得到最温馨的服务。另外，还在校门口特意制作了一个牌匾：热情欢迎家长来校看望学生。

做了这些还不够，我从这件事想到，家长、社会对学生的关爱是学校发展的一种最为重要的资源，这是一笔极为可贵的情感资源、文化资源，我们为什么不可以好好地开发利用呢？我们又该采用一种什么方式来开发利用呢？鉴于此，我提议成立了学生周末学习加油站、家庭教育援助中心等，邀请市内外知名教育学家和心理学家经常来校举行集家长培训、学生教育于一体的教育培训。首场"我能行——家长周末加油站"报告会结束后，家长、学生都难以抑制心中的感激和激动之情，初一（4）班闫梦晗同学的家长眼含热泪说："为期一天的学习，我学到了很多的知识，对怎样做人、怎样教育孩子，都有了一个全新的认识，我衷心感谢校长、老师和学校。"

真想不到，一间小小的亲情接待室引发的连锁反应竟收到了如此大的效果，真正起到了用爱心培育爱心、用激情点燃激情的作用。但是，接下来怎样才能让这种爱心效应进一步扩大，让仁爱之心长驻每个人的心田，进而撒遍全校，泽被社会呢？在前面活动成功开展的基础上，我们又积极探索建构家校长期合作机制，接下来又精心设计了亲情贺卡和学校家庭联系卡。每年的元旦，我都要亲自布置学生制作精美的贺卡，写上一段对父母感激和祝福的话，送给父母。一张小小的贺卡承载着对父母亲情的点滴回报，不仅使学生从中体会到了亲情和责任，也在学校、家庭和学生之间编织了一条感情联系的纽带。人们都知道，今天的不少学生已经是"独二代""富二代"或"官二代"，在家是"小皇帝"或"小公主"，长期的娇生惯养使他们养成了不少坏脾气，一切以自我为中心，不理解父母劳作的艰难，在学校稍有不顺心的事，便回家拿父母做出气筒。不少学生家庭亲子关系紧张，造成矛盾的原因往往在学生。所以，每一张亲情贺卡送出去，父母都会收到一份格外的惊喜。

如果说亲情贺卡还只是爱心的单向传递的话，学校家庭联系卡则是一种爱心的双向传递。印制精美的家校联系卡彰显了学校的服务意识，充满了浓浓的人文关怀，上面不仅有校长电话、副校长电话，还有各年级主管领导、年级主任、各班班主任、各班各科任课教师的具体联系方式。家长如果对学校有什么意见或建议，可以直接给校长打电话；如果想了解学生的思想或学习情况，则可以直接找班主任或任课教师联系。有了这样的联系卡，家长可以随时了解自己孩子的情况，学校可以及时听取家长、社会对学校的意见和建议。家校联系卡使学校、家庭和社会真正形成了一股共同育人的思想合力。

一个校长的仁爱之心，除包含对学生、教师的关爱和对家长的尊重之外，更重要的还体现在对人对事的宽容。孔子说："人之不仁，疾之已甚，乱也。"老子则认为，"圣人常无心，以百姓之心为心。善者吾善之，不善者吾亦善之，德善；信者吾信之，不信者吾亦信之，德信"。宽容不仅是对公平处事原则的最有力的守护，更是对他人的尊重与理解，是对仁爱的最好的阐释。而一个教育管理者若失去宽容之心，最容易收获的就是怨恨及他人的不宽容。社会学理论有一种"250人效应"，即如果亏待一个人，就会一传十，十传百，最后就有接近250人知道此事，并对之产生不满。如果一个校长对一个人或一件事不够宽容，也许就会使怨戾之气充满一所校园，这将是对爱心的最大的颠覆。

一般来说，任何一所学校都有自己的校规校纪，对违反校规校纪的学生可以采取开除的惩罚方式，但我们学校很少开除学生，对那些犯严重错误的学生也要做到仁至义尽，给一次机会，再给一次机会，最终让他们认识并改正错误，重新走上新路。宽容治校给了学校管理一个人性化的空间，学校并没有因对一个犯错误学生的宽容而影响治安，相反校园违纪现象倒是极大减少了。

不仅对学生，对教师我更是充满了尊重与宽厚。现任我校妇委会主任、全市"十佳"青年教师郑红缨来到实验中学的第一年，学校安排她当毕业班的班主任，由于她以前没当过，对学生的情况也不太了解，第一次月考成绩很差，当时她心理压力很大，惴惴不安地找到我说明这些情况。我知道她这是有点自我检讨的意思，就一笑了之，开导她说，"你以前没当过班主任，如果一开始成绩就好，这不说明我们实验中学的班主任也太差了吗？好好干，没什么。"郑老师紧张的心情顿时放松了下来。一个校长若因教师的工作不理想就不冷静，劈头盖脸批一顿，当时教师不说什么，或表现出心甘情愿的样子，其实思想上很容易形成疙瘩，很难解开。即使面对工作失误的教师，我们也要学会宽容，再给他们一个证明自己工作能力的机会。

2003年"非典"期间，两名学生因语言不和，矛盾激化动起手来，致使一名学生受轻伤。该班的班主任批评教育学生后简单处理了事，没想到这事惹恼了家长，还将战火烧到了校长室。酒后的家长对我兴师问罪，我赔着笑脸向家长伸过手去。"'非典'期间，不要随便握手！传染了怎么办？"家长的无理举止令我啼笑皆非，秀才遇到兵，有理说不清。

家长走后，我将该班班主任和级部主任请到校长室，想详细了解情况。看得出他们是抱着挨批的心理准备来的，面露不安和紧张的表情。讲明事情的起因、经过和处理过程以后，他们一再向我检讨工作的失职。我微笑着听他们讲完，平静地说："你们处理得很好，碰到素质不太高的家长不要和他们一般见识，也不能由着他胡闹。你们做班主任的也不容易……"后来，这名班主任老师在自己的教学随笔中记录了这件事：

"走出校长室时，我心情舒畅，一切的担心、顾虑已涣然冰释。校长的慈祥，校长的深明大义，尤其他关键时刻能公平公正地站在教师的角度上去看问题，让我深受感动。在以后的工作中，我多了一份自信，面对无理取闹的家长我便敢于大胆地去据理力争，因为我知道，只要自己做得正确，关键时刻李校长会为教师撑腰做主的。"

校长是教师的主心骨。教师什么时候找你？有困难的时候。教育专家李希贵曾提出"教师第一"的理念，我对此的理解是，在校长的心里和眼里，将教师高抬高搁，是一种深沉的人性关爱的体现，而这种关爱带来的良性回馈是互为因果的。所以说到底，我为教师撑腰，其实就是能信任教师、宽容教师，勇于为教师承担责任。

在"校长寄语"中，我曾写下这样一句话"成功＝热情＋远见＋行动"。我认为做任何事情都不能没有激情，教育工作者尤其需要激情。有激情才有自信，有干劲，才能焕发丰富的想象力和创造力。伟大思想家黑格尔曾说："我们可以肯定地说，世界上的伟大事物都是靠激情来成就的。"因此，我这样鼓励全体师生："步步是创业的冲动，时时皆创新的激情。一个充满激情的学校，才会像一个健壮的少年一样勃发生命的活力，洋溢青春的光彩。对每一个人来讲，工作和学习不仅是生存的需要，更是实现人生价值的途径。为了实现自己的人生价值，激情也便成为唯一的原动力。激情包括热情、活力、自信三要素。是激情，让我们对人生有完美的追求，对事业有蓬勃的冀望；是激情，让我们对每一个细节精雕细琢。愿全校师生都充满激情地投身工作、学习中，点燃工作和学习的激情，使人生从平庸走向杰出。让激情为工作和学习注入鲜活的生命，让激情创造精彩人生。"

基于这样的理解，我把激情也作为一个校长的个性魅力的重要内容。而要想把一个人的爱心与激情落实到具体工作中，付诸实践，则要靠真诚地服务。这也关涉如何正确定位并行使校长权力的问题。

不可否认，一个学校的校长是学校的第一责任人、法人代表，他的手中握有对学校整体掌控的权力。这权力是党和人民赋予他的，他是代表人民在行使权力。因此，权应为民所用，心应为民所系，利应为民所谋，而不是把权力当做自己谋利的工具。不少学校没能搞好，一个很重要的原因，即是校长用公权为自己牟私利，结果造成人心涣散，邪气上升，学校工作只能勉强运转，但没有了生气与活力，更不会有创造性。

我认为，既然一个校长手中的权力是人民赋予的，那么，他就是学校的第一公仆，他行使权力的最好的方式就是想方设法为人民服务，具体说来是为学校的师生以及学生家长们服务。这里所说的服务，主要是指校长利用他手中的公权，包括各种物质和文化资源以及人脉资源等，为学校师生创造努力学习、安心工作的条件、环境、氛围。从多年的实践中我认识到，一个校长服务得越好，他就会与师生越贴心，领导与群众的关系就越融洽，越容易形成共同的愿景。这样的服务有多种形式，一种可以称之为跟进式服务，一种是引领式服务。

所谓跟进式服务，即是说，发现师生有什么要求、愿望，他们凭自己的力量不可能办到，而需要学校帮助解决，那么校长应该坚决帮大家去办。在一次全校师生大会上，我向全体师生作出了一项庄严承诺："有什么事情找校长，因为你们的事就是我的事。"

一次，高一（1）班的高松同学找到我，说自己因学习成绩差，对学习丧失了信心，产生了辍学的念头。我随后多次深入他所在的班级了解情况，发现这个学生不是没有进取的愿望，只是缺乏实践愿望的行动，思想上压力过大。于是我就找他谈心，鼓励他说："你要敢于向惰性挑战，向自己生命的极限挑战，树立起信心就会走出目前的低谷，实现生命的价值。"并帮他制定了长期与短期两种学习目标。由于我的多次跟进式谈心与鼓励，这个学生鼓起勇气，奋起直追，一跃成了班里的前10名。

新实验中学组建后，学校硬件条件暂时不够理想。很多青年教师仍住在破旧的平房里，不少青年教师在外租赁房屋，新分配来的教师因为没有住所而不能结婚。看到这种情况，我非常着急，安居才能乐业，解决不好教师的居住问题就别想让他们安心工作。于是，我与周边居委会和房地产开发商联系建设住宅小区，并多次找市里分管领导反映情况，争取优惠政策。几经努力，最终在市区黄金地段又邻近学校的生产资料公司院内为教职工建设住宅楼3栋，一举解决了90户教师的住房问题。

有几位老教师的家属长年在外县工作，两地分居，生活很不方便，影响了教师的工作。我多方争取，最终将他们的家属调到本市，将多年悬而未决的问题解决了。还有几位骨干教师，长期分居两地，给工作和生活带来极大的不便。在现行人事制度下，两县之间的调动更是难于上青天，对此他们也是倍感无奈。我了解情况后，跑政府、跑教育局，争取政策，费尽周折，磨破嘴皮，将他们的家属调到本校，终于实现了一家团圆。几位老师谈到这件事，只有两个字："感激"。他们说，如此迅速地解决他们家庭团圆的难题，是他们从来不敢奢望的，要不拼命工作，对不住校长的关心。

每当有新教师来到实验中学，第一次见面会时，我一定强调，有了困难尽管跟我说，别不好意思。校长代表学校调控学校多方面的社会资源，老师们为一件事跑来跑去，劳神费力受委屈，也许校长的一个电话就能解决问题。这么说，不是标榜我有足够宽阔的肩膀能为教师包办百事，最起码表明我的态度：校长就是为大家服务的，教师的困难也就是我校长的困难。教师有困难不找校长，还能指望谁？这么说也不是给教师吃一颗廉价的定心丸，只要教师有困难，我总是发自内心地想方设法去努力解决。

我总是认为，比知识更重要的是素质，比素质更重要的是觉悟。只要把工作做到教师心里去，教师的工作觉悟自然就会有的。像我这样为教师们做了一点点力所能及的事情之后，他们自己都会说"李校长这样为我们出力，工作上再不努力就没人情味了"。

一滴水怎样才不会干涸？将它放进大海里去。一个校长怎样才能做好跟进式服务？我的体会是必须扎到师生里面去，以仁爱宽容的胸怀对待他们。这样大家有什么事才愿意跟你说，有什么话才愿意给你讲，你才能紧紧把握住跳动的时代脉搏，源源不断地从群众中汲取智慧和力量，永远保持旺盛的创造力。我的校长信箱一直涌动着学生对学校的热爱、对校长的信任，有那么多的学生愿意写信与我交流，其原因也正在于此。

永远与广大师生生活在一起，这是我的一贯做法。自进入实验中学以来，我总是每天早上五点半准时到校，和学生一起上操。吃饭时就与学生同桌就餐。我认为与学生同桌就餐，好处多多。能随时了解饭菜质量，学生有什么问题也可以直接向我反映，这就拉近了校长与学生的距离，增辟了一条沟通的渠道。所以，时间长了，如果我几天不与他们一块吃饭，他们还会挂念我呢。有一次我到北京参加一个会议，回来后在校长信箱看到这样一封信："校长尽到了关心师生生活的职责，就会得到师生的信任。"看了这样的信，我很感动。

2005年春节后，一名枣庄的学生前来就读，这个学生的父亲是枣庄城区某一大校的校长，母亲是枣庄人民医院的医生。听说实验中学高中部管理严格，升学率高，所以就托人转到我校来就读。由于他从来没有住过校，缺乏生活自理能力，又是寒假刚刚过完，周围还留着过年的氛围，特别想家。再加上眼看四个月后就要高考，自己的成绩和其他同学相比还有一定的距离，明显地感到时间上的紧迫，融入新环境又困难很大，他的思想也发生了动摇。在班主任反映这一情况后，我马上让他把这名学生找来，我跟他详细地谈了谈。第二天早晨，我又安排教导处主任和学生的班主任，与那名学生一起在食堂吃早饭，吃饭期间，我们一起谈心，大家一同做那个学生的工作。这个学生很感动，过后他在给我的来信中提道，李校长，您放心吧，我一定不辜负您的期望，放下思想包袱，在高考前好好地搏一番！后来他以优异的成绩考取了理想的大学。

我在这种跟进式服务中与师生广泛联系，深入沟通，自感受惠不浅，我们学校许多创造性的举措也都得力于这种跟进式服务。比如：

从一封渴盼能听到老师对他说一句鼓励话语的学生来信中，我感受到广大学生强烈要求上进、希望能更多地得到老师的指导的心声，我们便应学生这种要求，创建了责任教师制度。

收到学生要求星期天和假期也能开放图书室的来信后，我们开放了图书室，并在此基础上创设了每年一度的"百日读书节"。

从随堂听课中我发现了青年教师与中老年教师的差距，并从个别交谈中发现了青年教师愿意继续学习的决心及老年教师愿意帮助青年教师的真诚，于是我们用"请进来、走出去"的方式帮教师进修，并确立了导师团、首席教师、首席班主任制度，跟踪培养青年教师，为他们搭舞台、拓路子。如此等等，不一而足。

从这样的跟进式服务中，广大师生确实感受到了校长及学校领导对他们的关爱与支持、信任及鼓励，从而增强了他们工作的信心与干劲，全校逐渐形成一种心往一处想、劲往一处使、团结一心谋划发展的良好局面。

一个学校要有长足的发展，仅做好跟进式服务还远远不够，一个校长要想用高远的思想描绘学校未来，就必须在思想先行一步的同时，服务也先行一步。光有思想引领而没有引领式服务，人们往往会认为你的思想是空想，一些人也会以条件不成熟为由而等待观望，甚至会产生慢性对抗心理，最后致使思想引领落空。为了使广大师生在教学中充分展示自己的个性、发挥自己的创造性，我常对老师、同学们说，你有多大能耐，学校就给你搭多大的舞台；学校有多大的决心，就会有多大的服务。我们提出，要为广大师生的成长提供一个没有天花板的舞台。在落实思想引领式服务方面，我们做了大量的工作。

我们提出要给读书一个特权，为那些感到课堂学习已不能满足其愿望的高智商学生，开设了创新教育学习室，里面专门配备了图书、资料、计算机，还专门选定了指导教师进行一对一指导。比如你想学化学，我们就派我们首席教师、化学专家指导你，你想学奥数，我们就派数学首席教师指导你，从而为学生个性与才华的施展提供了广阔的舞台。

我们提出要培养科研型教师，通过科研带动全面促进教师教育教学素质的提升，我们设计了青年教师成长轨迹，创设了五大工程——岗位效益工程、创新时效工程、科研名师工程、自主成长工程、培植沃土工程。让每一个教师都选定自己的科研项目，将撰写读书笔记、教育随笔、教学感悟作为一项常规工作来落实。我们为教师的科研创造有利的环境和条件，如开通了学校网站，经常派教师外出学习、开会、出题、阅卷等，通过这些活动使教师开阔视野、提升水平。同时，我们还想方设法出版了我们学校教师的《教学感悟》系列论文集。这些教育服务性措施为教师们教育教学水平的提高起到了很好的推动作用。

按照新课程改革的要求，我们学校在全省率先实行了选课走班及学分认定制度，为充分发挥每一个教师的教学专长，充分挖掘每一个学生的个性特长，我们开设了体现地域特色的多种校本课程；为了使教学评价体系适应新课程背景下的新的教学形式，我们与有关软件公司合作，开发了多种学习评价软件，从而丰富了选课制教学的辅助手段。

管理是服务，也是教育。在我们学校制定的"文化立校"方略中，就特别强调人本化服务是文化立校的关键。我认为人本化服务首先是要关心教师、服务教师。我校要求学校领导班子成员增强服务意识，变管理为服务，学校各部门的负责人由管理者转变为诚心诚意的服务者，通过角色转换，把人本化管理的办学理念落到实处。

学校品位取决于教育者的品质，学校领导者的教育品质尤为重要。学校领导应精心营造教育环境，保障学校系统内部的平衡。作为学校的领头人，要认识到不同的教师其发展成长、心路历程不同，其道德水准、人格修养不一，其学业水平、工作能力、工作风格也会千差万别。具体到教师的教学工作，也会因学科不同、课型不同、授课对象不同而呈现出不同的教学姿态，也正是由于教师个性魅力而产生的不同的教学风格，使得课堂充满了生机和活力，教师才会在教育工作者这一生命的舞台上，八仙过海各显神通，最充分地服务学生，发展自我。学校对教师应做到"八分人才，九分使用，十分待遇"，因此，学校管理者要认真研究教师的心理需要、工作动机和发展需求，将学校建设成为和谐幸福的精神家园，激发教师对学校组织的认同感和归属感，从而主动自发地参与学校管理。

管理服务在关注教师的同时，还要着眼于学生。人本思想认为，管理就是服务，但在中国传统的师道尊严的影响下，学校领导、教师往往以知识技能权威的身份自居，在教育过程中，往往将自己看成一个管理者、领导者，而学生则是一个毫无自主权利的被管理者和被领导者。在对学生进行教育的过程中，学校开设什么课程、教材的难易、教学进度、教学方式方法等问题学生无权过问，只能是被动适应。事实上，教育的生产过程是每一个受教育的学生消费教育服务与学校生产服务的互动过程。在人本教育管理理念中，"一切为了学生，为了一切学生，为了学生的一切"的"以生为本"的教育理念就是向传统教育理念的挑战，教育工作者应坚决舍弃知识垄断的绝对权威地位，主动为学生的集体性、个性化成长提供教育引导和服务，要树立"学生至上、服务第一"的管理服务意识。在办学理念上强调对学生的人文关怀，充分体现以人为本的思想。学校要注意到学生的生理、心理的发育情况，以及其世界观、人生观、价值观的形成状况，只有抓住学生不同的发展个性，才会使学校的教育工作多姿多彩。

最后，我还想强调指出，学校管理的无为而治，绝不是无所作为，而是不胡为、不乱为、不强为。学校的发展壮大不能靠主要领导的随心所欲，更不能靠一套行政命令强硬推行。从某种意义上说，无为而治也就是文化立校，规章制度约束是让想犯错误的人不敢犯错误，文化引导则是让人有犯错误的机会而不愿犯错误。一所学校有了规章制度的机制激励、事业凝聚，还必须伴之以思想引导、人格感召和环境熏陶，才能使每一个人从他律走向自律，从自觉遵守规章制度开始，进行创造性的教育教学工作。一个学校才富有生气与活力，充满人性的温暖，真正成为师生共享的精神家园。

七、建设学校文化，让学校成为师生共享的精神家园

在人的一生中，学校生活无疑是最为美丽的一个阶段，最温馨美丽的人生驿站，是精神的圣地、成长的乐园。这里，没有商界的尔虞我诈，没有官场的明争暗斗，没有工厂车间的喧嚣，没有农田劳作的艰辛。这里，有满怀爱心且知识渊博的师长，有与自己一样心清似水的同学，有摆满了图书的图书馆，有歌声、琴声、读书声。一个个童心未泯、生气勃勃的青少年学子还没有担负起社会生活的责任，没有那么多沉重的生活负担，他们唯一的任务就是好好学习，健康成长，为未来作准备。他们可以忘我地吞食知识的琼浆，尽情地翱翔在精神的天空。如果说封建社会的教育还有着太多的清规戒律，束缚着孩子们的天性的话，那么人类进入现代社会以来，学校教育的主题已经完全转向保护学生天性，尊重学生个性，让学生学会独立自主地思考与生

活。学会合作、学会生存、学会学习等已经成为现代教育的基点，学校为学生的全面、健康、自由成长提供了优越的条件，学校真正成为学生快乐生活的地方。

在前面的讨论中，我认为教育的本质乃是由人的本质决定的，自由自觉的创造本性乃是人之为人的本质，而这一本质的获得乃是人类数千年文明发展的一个必然结果，教育不过是使人的这种本质得以实现及充分发展的手段而已，从某种意义上说，教育的本质就是人的文明化，人的"文"化。所以，教育往往被称为"文化教育"，学生的学习也被称为"学习文化"。文化既是学生学习的目标，也是学生学习的过程，更是学生学习的本质。

学校教育的最终目的是让生活在这里的每一位师生学会生活，学会创造，学会幸福地生活，创造有意义的人生。但如今，我们的校园生活中知识学习的比重越来越大，似乎道德、情感、习惯都可以通过认知来解决，已经没有给学校文化留下多少存在和发展的空间。学生的校园生活单调乏味，每天除了上课、作业、考试，还是上课、作业、考试。背公式、背概念、背答案、背范文是学习的基本内容，考试、分数、名次、升学成为了学习的主题。"早上起得最早的是我，晚上睡得最迟的是我，作业最多的是我，负担最重的是我，是我，还是我"，学生用改编流行歌曲的自嘲方式表达了对生活状态的困惑、痛苦、无奈和不满。许多学生对人世间美好的情感，如清纯的同窗谊、真挚的师生情、高尚的助人心等都缺乏深刻体验；甚至对大自然春去秋来、鸟语花香似乎也丧失了敏感。

当今校园学生群体普遍存在厌学情绪、逃学情结，这说明学校文化的内部出现了局部"败血症"或"坏死症"。我们的中小学校教育对学生太缺乏精神感召力。学校生活和教育活动机械重复、枯燥乏味、形式单一，学校没有学生喜欢的场所，学校没有成为一个"信息场"，学校不具有"家的要素和功能"，学校生活难以在学生的人生历程中留下积极的深刻印迹。学校关注的不仅是学生们现在做什么，更要设想他们15、20甚至30年后做什么；要为学生成才打下终生持续发展的基础，而不是把他们送去北大、清华等名校就算完事。十年树木，百年树人，中学阶段是为人才成长打基础的阶段，而不是培养职业人才的阶段。因此，要留给学生足够的时间和空间，让他们放开眼界，充分地吸收营养、获取知识和信息，成为知识面非常宽、素养非常高的人。多年后，让学生回忆自己在校园里的生活是幸福快乐的，情操是高尚的。

我们应该看到，目前学校文化建设的情况还不尽如人意，主要有三个方面的原因：一是校园生活的单调贫乏，使学校文化缺少存在发展的土壤；二是学校自主发展的意识、机制还没有真正确立，学校日常工作往往是应付上级下达的各项任务，致使长期、一贯、系统的学校文化建设很难得到保证；三是作为一种亚文化，学校文化在文化精神、文化倡导等方面都缺乏强有力的支撑，从而使其在面对社会文化时难以彰显其独立存在的价值。没有扎根于校园生活和师生心理的学校文化往往会成为一种标签，毫无生命力可言。因此，建设学校文化，首先必须提升校园生活境界。

我们提倡从关注校园生活开始建设学校文化，是基于以下几个方面的思考：一是文化来源于生活，生活是文化生长和发展的土壤；二是学校文化是以校园生活为客体展示的，学校文化的精神应该体现在校园生活的方方面面；三是学校文化的存在意义在于促进人的教育和发展，而学校文化对学校的影响不能仅靠认知来解决，需要全体师生参与到校园生活中来亲身感受。

学生在校园生活中展开其生命发展的过程，掌握知识只是其中的一个方面，生命发展的各种需要都应该受到重视。我们应从生命发展、知识认知、人际交往、审美创造等多角度、全方位地关注、思考提升校园生活质量，进而促进学校文化建设。

我认为，良好的校园生活应该从三个方面来理解。一是让学生身心舒展、思想活跃地生活，这是主体形成和发展的需要。学校教育有其规范性的一面，但这并不意味着要压抑学生的身心舒展、思想活跃。就如同法律和自由的关系，有法律并不意味着剥夺自由。在规范有序的条件下保证学生身心舒展、思想活跃地生活，这是高品质的校园生活应当做到的。二是充实而有成就感的生活。学生在校园生活中要获得发展，发展就意味着有收获、有成就，所以良好的校园生活，应该让学生有成就感，让学生感受到自己的收获和进步。三是随时可获得各种关爱和帮助的生活。陶行知先生说过，好的生活就是好的教育。就校园而言，好的生活就是好的教育、好的学校文化。

要提升校园生活质量，主要还是要还学生一个自主发展的空间，把学生从作业和分数的束缚中解放出来。我们在"轻负担，高质量"的宗旨指导下，尽量少布置学生的课后作业，让学生每天有时间和精力在完成作业后干自己喜欢干的事。我们布置实践性、研究性的作业，让学生走进社会，走进自然，让他们自己去体验，去感受。我们为学生搭建更多的成长展示舞台，让学生培养自己的兴趣，展示自己的才华。让学生在生活中学会求知，学会探究、学会合作；让学生在活动中体验成功，自主成长，还学生个体精神生命发展权。

没有学生参与的文化，不能称其为学校文化。培养个性完善、人格健全的学生，关系到学校培养人才的规格，学校应创造具有发展意义和教育价值的学校文化。文化注入教育的特色不在于追求知识和理论的高深，而在于一种文化氛围的滋养、熏陶和感化。让学生在文化和教化之间相互交融，在课堂和熏染之间互为体会，在意识和意志的转化中升华人格。以文化促知识，以质疑促成熟，以理论促伦理，从而提升境界和品格，陶冶性情和灵魂。

追求高质量的校园生活，我们就要重视和加强学校文化，让学生生活在一个充满浓厚文化的氛围中，健康和谐地全面发展。

许多人对学校的理解通常是进行知识传递的地方，其实教育的功能在于通过知识的传递实现文化的传递。把我们的文化遗产、文化精髓通过知识传播给下一代，启迪他们的智慧，发展他们的天性，使学生成为幸福完整的人、真正纯粹的人。就像德国哲学家海德格尔所说，要使人能诗意地栖居。这就是学校追求的境界，也是教育所追求的价值。

文化是看不见、摸不着的，但在历史长河中它是永存的，而且是一条奔流向前、永不停息的长河。学校文化是一种精神力量存在，正是它推动了学校的前进，铸造着学校的品牌。今天我们在研究未成年人思想道德建设的时候，在强调培养全面发展的人的时候，就更应该大力提倡加强学校文化的建设。一种价值观念、价值取向的形成，正是通过学校文化来实现的。学校文化是一所学校长期积累而形成的，这种文化无时不在，它弥漫在学校的每个角落，时刻影响和熏陶着孩子们。

学校文化的核心是关注学生的生存状态。学生应是一个什么样的生存状态？学生的生存状态应是自由的。生存状态的自由实质上是回归学生的原义和本义。学生自由生存的状态就是创造的状态，创造的状态将会缔造创造的文化。所以，学生文化建设的至高境界应是实现学生生存状态的自由。当然，自由绝不只是肢体的自由，更重要的是思维的自由、思想的自由，是敢想、敢说、敢问、敢探究的自由精神。正如伟大的革命导师恩格斯所说："自由的思维之花乃是人间最绚丽的花朵。"

当下，学校文化建设离这一自由之境还差得很远。这主要表现在：属于学生自己支配的时间太少，学生创造的空间太窄，学生围着考试转，为分数而生存；学习中追求唯一的标准答案，不敢也不会向文本提问、向标准提问、向权威挑战；即便是学生自己组织的活动，学生也不能成为主人，而受命和听命于教师的指挥。这种束缚学生自由发展的教育状态，禁锢了学生的思想，浇灭了学生创造的热情。所以，我们提出，必须解放学生，让学生有自己的生活方式，有良好的生存状态。学生真正得到解放之时即是学校文化的成熟之日。

当然，我们提倡学生自由并不是完全放任自我的绝对自由，自由总是与规范、责任、刻苦、严格要求联系在一起。除了可贵的自由，学生的生存状态还必须是规范的。学生生活中还必须有遵守纪律和践行责任的体验，还应有刻苦努力的体验。素质教育反对的是痛苦，但并不排斥刻苦。相反，刻苦的学习态度和精神，才能使学生向成功的彼岸顺利摆渡。自由、创造、严格、刻苦应该成为学校生活的主题词，共同打造着学生良好的生活方式和生存状态，充溢学生生活的每一个空间，让学生浸润其中，吸收文化的养分，滋长智慧，生成思想，进而形成一所学校的精神和品格。

我们所关注学生的生存状态，并不是空洞的口号和浮泛的形式，它有具体充实的内容，学校必须为学生创造条件、提供载体、搭建平台，组织活动，还要形成机制。只要我们把文化建设的目光投射在教师和学生的生活方式和生存状态上，学校文化就一定会沿着思想和智慧的山峰攀升。

历史终于迎来了新的转机，这就是素质教育的倡导及与此配套的新课程改革、选课走班制的施行。

新课程改革的一个最突出的特点即在于打破了过去课程的统一化、单一化局面，地方性教材及校本教材获得了存在的权力、发展的空间；同时，新课程倡导探究式、合作式和个性化的学习方式，这都为学生的个性自由、全面、健康发展提供了很好的条件。

新课程改革呼唤学校文化的转型。新课程理念主张学校是读书的地方，是学生幸福生活的地方，学校是传授文化、发展文化的地方。沐浴在学校文化之中，在学校文化引领之下，学生不仅完成了学业任务，而且在思想、行为、情感、习惯上受到感化和影响，这就是学校文化存在的主要价值。

学生文化是学校文化的主要组成部分，如果说学校教育是塑造人的事业，那么学校文化的转型最终也要归结为学生文化的革新。一般而言，我国传统学校教育造就的是一种精英主义、竞争的学生文化。精英主义的学生文化主要表现在，以分数论英雄，谁排名靠前，谁就是人才的苗子，就是学校重点培养的对象，而那些成绩不好的学生就成了学生中的弱势群体，是教师批评和抱怨的对象。这种精英主义的学生文化其实是应试教育的产物，应试教育不改变，精英主义的学生文化也难以改变。本次课程改革的最终目标在于求得每一个学生的发展，这意味着要从精英主义的教育转向大众主义的教育。这是以学生发展为本的教育，它关注每一个学生平等学习的机会及权利，它要求确立新的评价学生的标准和方法，以求得每个学生都能实现个性化的发展。

竞争的学生文化主要表现在，学生之间的关系是一种竞争关系而不是合作关系。学生一进入学校就开始了与同伴之间的竞争，只有在考试中打败了同伴才能胜出而成为佼佼者。在这种竞争的文化氛围下，学生很少有合作学习的机会，同伴之间也缺乏智慧的分享欲望。在这种竞争大环境下，学生对于自己的学习材料是保密的，一般不肯借给同学用，因为这样会增强对方的竞争能力；遇到有价值的问题也不会在课堂上当场提出来，而是在课下独自向老师请教。学生表现出来的这些所谓小聪明，可以找到根源，竞争的文化背景促使他们似乎不得不这样做。

新课程改革倡导自主、合作、探究的集体与个体相结合的学习方式。从文化的角度看，这一方面是试图对精英主义的、竞争的学生文化进行改造，另一方面也是在倡导建立平等、合作和交流的新型学生文化。新型的学生文化呼唤平等与参与，鼓励合作与分享，这是符合时代发展趋势的。学校教育应尊重每个人的个性差异，尊重每个人的人格尊严和学习的权利，努力冲淡紧张学习的氛围，让学生通过交流与合作而学会与他人相处，学会共同做事，培养尊重他人、乐于跟他人合作的态度。早在1996年，联合国教科文组织就把"学会共同生活"作为未来教育的四大支柱之一提出来，强调培养人在社会生活中的参与和合作精神。实际上，这也指明了未来学校教育职能的拓展：学校不仅要传递文化知识，还要让学生学会做人，学会做事，学会与他人共同生活。如果我们不改变精英主义的、竞争的学生文化，那么就不能与这种未来教育的精神接轨。

新课程改革需要学校文化的转型，这种转型的根本在于教师文化观念的革新，而最终的落脚点是学生文化的改造，学生文化的革新是学校文化转型的归宿。

正是在这样的背景之下，学校文化成为了人们关注的焦点。有人把学校文化与校园文化等同起来，其实这是两个不同的概念。所谓校园文化，通常是指校园环境文化，包括校园的布局、美化、绿化、知识化等。所谓"墙壁说话、草木劝学"的说法，指的也是校园环境文化，校园文化是个局部概念。而学校文化的内涵要丰富得多，它不仅包括所有校园文化的内容，更是指师生群体的精神风貌（包括价值观、思维方式及行为习惯等）。它是一所学校有史以来的全体师生在教与学及其他生活实践中共同创造的全部精神财富和体现人文精神的全部物质财富的总和，是个整体概念。如果我们走进一所学校，觉得校园环境优雅，富有园林特色，各种名言警句随处可见，各种文化教育活动开展正常，给人美和知识的熏陶，我们就说学校的校园文化搞得好；除此之外，我们还感到一所学校校风正、学风浓，师生关系和谐融洽，师生举止文明、有修养、有文化内涵，我们就说，该校的学校文化丰厚、有特色。如果说，校园文化只是一种外在的、表层的物质成果，那么学校文化更多地是指一种内在的、深层的、精神存在。

学校文化之所以受到重视，在于它的育人功能。教育是以心灵影响心灵、以心灵点燃心灵、以心灵塑造心灵的工程，而学校文化就是心灵和心灵相互碰撞出的火花的积淀，这种积淀越丰厚，学校就越具有育人的资本。学校文化是师生集体共同创造的，反过来它又以一种个人几乎无法抗拒的巨大力量、一种气候和氛围，影响、熏陶、塑造着该集体中的每一个人。它就像阳光和雨露，滋养、哺育着学校中每一个人的心灵之树茁壮成长。可以说，学校文化是学校的灵魂，是学校中最为宝贵的财富。

学校文化若从形态上分，可分为学校文化实践活动、学校客体文化和学校主体文化。学校中的教学活动及阅读、实验、文体宣传等活动都属于文化实践活动。所谓客体文化，是指由主体创造、但已物化到主体之外，以客体形式存在的文化。人所创造的一切体现一定精神的、以客观实体形式存在的物质，都是客体文化。学校客体文化又可分为学校实体文化和学校制度文化。学校实体文化包括学校建筑布局、校园环境美化、文化设施配备等；学校制度文化，即学校的各种规章制度，这是一种对学校成员具有强制力的特殊精神产品。所谓主体文化，又称素质文化，是由主体创造、又跟主体紧密结合、通过主体的言行得以体现的文化，人的行为中所体现的一切思想观念、人生态度和审美价值等，都属主体文化。主体文化又可分为个体观念文化和集体风纪文化。个体观念文化是指个体行为展现出来的思维方式、认知和审美理念、道德观念、进取精神等。如果某种个体的观念文化在校园中占据主导地位，以集体的风尚、习俗、规范、行为方式体现出来，就是风纪文化，即所谓校风。清华大学建校百周年，造福祖国、服务社会，享誉中外，与"天行健，君子以自强不息；地势坤，君子以厚德载物"这一清华之魂铭刻于每个清华学子心头是分不开的。

在学校文化所有表现形式中，学校文化实践活动是产生学校文化成果的源泉，它一方面吸纳社会文化中的先进成分，创造着学校中的主体文化和客体文化，一方面又促成这两种文化的相互转化。但要注意的是，文化实践活动的主体不仅是学校的领导层，更是教师和学生。

学校的客体文化是学校中一部分主体的素质文化的再现，是学校文化的基础成分，它表现为学校文化的一种积累。应当高度重视这一积累，但这种积累若不经过文化实践活动转化为另一部分主体的素质文化，将丧失应有的生命力。学校制度文化对学校主体文化的形成起着制约保证作用，但制度是由人在一定的道德基础上制定和实施的，带有主观色彩，若使用不当，往往会起相反的导向作用。

学校主体文化是学校文化的灵魂。只有主体文化占据主导作用，学校文化才能产生强大的育人功能，其中的个体观念文化是主体文化的基本成分。我们说学校文化活跃，主要是指个体观念文化活跃，只有个体观念文化活跃了，学校文化才有持续发展的动力；但个体观念文化活跃不是学校文化建设成功的最高标志，如果个体观念文化总是呈现出散漫无序的状态，如果在群峰并峙、百家争鸣背后没有一种核心的观念文化占据主导地位，那只能说明这所学校在思想上是一盘散沙，学校文化的育人功能还是大打折扣的。只有学校在个体观念文化活跃的基础上形成良好的集体风纪文化，才说明学校文化的最终成功。集体风纪文化是学校文化的核心，但风纪文化如果不是建立在个体观念文化丰富活跃的基础之上，而是过分地依赖于制度，则将是脆弱的，甚至是虚假的。

上面对学校文化的各种形态粗略梳理，建设丰富发达的学校文化，应当首先弄清上述五种形态文化成分的关系。现在，学校文化建设中存在着这样那样的误区，与搞不清各种文化形态的辩证关系不无关系。

许多学校从外层入手，美化校园环境，完善基础文化设施，营造一个良好的物质文化环境，发挥环境育人的功能，使人受到无意识的教育，主体方向无疑是对的。但有的学校热衷于此，一拿到资金就要盖高层的楼房、买名贵的花草树木、做豪华的装饰和宣传栏……这是学校文化建设误区之一，错误在于把校园文化建设当成学校文化建设的全部。应当明确，即使是完善校园文化环境，也需有个轻重缓急，完善基础文化设施远比美化校园文化环境重要得多。校园里可以没有漂亮的楼房桌椅，但不能没有图书、没有基本的实验设施和文体器材；或者虽有这些资源，却把它们闲置起来，不能成为学生学习、创造的工具。或者，只有漂亮的校园，没有严谨的师风、端正的学风，使漂亮的学校不能成为育人的地方，高明的校长决不做这种金玉其外、败絮其中的事情。在著名的帕夫雷什中学，苏霍姆林斯基是让全体教师和学生参与到改善和创造环境的劳动中去，把建设校园本身变成了伟大的文化实践活动。

有的学校很大，历史也很悠久，对校园文化建设也并非无知，但学校仅有的一些文化信息，也是当任领导、几名骨干教师的业绩而已，这是面向上级、面向外界的标榜文化，不是滋养全体师生的精神食粮。对学校历史这一重要财富的保存却是空白。学校历史上出现了哪些贡献卓著的领导者，哪些学识渊博、品德高尚的名师，哪些学有专长、品格高尚的学生，他们为建设学校和国家、为完善自身和培养后人留下了哪些动人事迹，尤其是艰苦奋斗建设学校所留下的可贵精神，等等，只流传于学校老同志的口头中，缺乏成文的校史。这是学校文化建设误区之二。俗话说，身边的榜样力量最大。把前人留下的精神忘了个精光，师生们失去了心灵的历史参照，也就难怪校风日下！所以，学校应当善于留存自己的珍贵校史，这是学校文化建设中极其重要的一个方面。

许多学校贯彻以法治校的思想，健全各种规章制度文化，使学校工作有章可循，方向是对的。但有的学校将制度约束发展到极端，不是正面引导，提倡奉献精神，而是图管理省事，无视教师脑力劳动的特点，把它与体力劳动简单等同，盲目把所谓工作量和教学成绩（确切地说，是学生分数）简单地与工资挂钩，这是校园文化建设误区之三。这实际上是把金钱效益思想引入学校这片圣地，违背国家教育方针，推行"应试教育"的糊涂行为。无疑，在对教师的考核中，工作量是重要的方面，但不应是首要的，首要的是教师的工作业绩。在工作业绩中，教学成绩仅仅是其中的一个方面。而且，教学成绩也不仅仅指学生的考试分数，还包括学生的学科能力，更应包括学生自觉运用学科知识和能力所进行的丰富多彩的创造。学校应当在教师考核制度中对工作量和工作业绩作出明确的规定，做到既看教学成绩，又看教育成绩（诸如学生是否喜欢某个老师，是否喜欢他的教学，有多少个学生喜欢，多么喜欢，老师在培养学生的学习习惯和其他行为习惯方面有何建树等），还要看科研成绩。只有确立起科学公正的制度，又注意教育引导，调动教师的主观能动性，学校文化和其他各项事业才能真正蓬勃发展。

许多学校认识到学校文化实践活动的重要性，积极组织广大师生开展各种有意义的集体活动，以此为途径，努力把外在的客体文化转化为师生内在的素质文化——在目前情况下，能认识到文化建设是学校的首要任务，应当说是难能可贵的。但这些学校也应审慎思考自己是否存在这样的误区，即是否认识到，创造学校文化的主体，不仅是学校的领导班子，更应是学校的全体教师和学生。有的学校的领导受传统习惯思维的影响，以为令出自上，下级只有执行的份，习惯于行政命令，这是学校文化建设的误区之四。学校文化首要的精髓就是民主。中国数千年的封建统治，缺乏的就是民主传统。目前仍有一些学校，班干部还不是学生自己选举出来的。可见，建立学校里的民主机制、培养民主作风是何等紧迫。校长应当首先注意这样一件事：全体教师和学生是否被充分发动起来，自觉自愿地投入到文化实践活动中去了？比如，学校中有多少教师在为学生的发展负责，密切注意学生心灵的细微变化；有多少学生在努力地进行着自我教育，有多少人敢于向权威挑战；教师和学生自己主动组织开展过什么活动。如果没有发动起来，应当怎样去发动他们，怎样把少数人的精神发扬光大？学校应注重发挥师生队伍，尤其是学生中蕴涵的巨大的创造力，建立机制，拓展学生自主活动空间，让学生自主学习、自主管理，在自我体验、评价和激励中，学会挖掘潜能、自我完善。让学生做班级的真正主人，自己议定班级公约，自己选举班干部，建立自主管理机构，自主处理班级、学校事务；让学生自己组建文化社团，自主开展文化活动；甚至让学生坐上评判席给老师打分……民主还意味着尊重和宽容，有的学校在总体问题上不强求一致，允许不同的见解存在，允许展开争论，相信真理愈辩愈明。他们充分尊重学生的兴趣、选择、要求、权利和隐私，为学生提供服务，鼓励学生冒险，让学生在实践中学会学习、合作和生存……这都是塑造有独立意识、团结合作、不唯上是从的健全人格的有效途径，也唯有这样发挥出每个主体的创造性，学校文化才能充分地发展丰富起来。

有很多学校，正是由于具备了自由民主的气氛，个体观念文化才丰富多样、异彩纷呈。在自由民主的状态下，研究和学习成为真正快乐和幸福的事情，学生调动生命的全部潜能去追求真理，而不只是追求单一的分数。正是这样无拘无束地学习和思考，真正促进了学生智力的迅猛发展和思想的迅速成熟，促进了良好浓厚而又稳定的校风的真正形成。但开放民主也会面临另一个问题：由于青少年的思想稚嫩，必然吸取了许多他们不能排除的精神垃圾，需要教师耐心细致地帮助清除。如果认为民主就是只放不收，或者帮助清除害处的办法就是一棍子打死，又走进了另一误区。师生应当展开热烈而又和风细雨般的平等的学术争论。除此之外，身教胜于言教，教育者群体要发挥好榜样系统和示范源作用，学高为师，身正为范，不断加强自身修养，使自己成为学生的表率，强化对学生的学术影响和人格感召力。校长是学校文化建设的排头兵，更应注意自己的一言一行可能对学校的影响，不断加强自身修养，通过自身高尚的道德情操、精湛的业务能力和超凡的人格魅力去感召带动周围的人，要追求不令而行的境界，而不是滥用权力，迷恋于刚性管理。要善于把教师群体凝聚成真正的集体，带领这个集体不断追求道德的完善；要不断开展师德教育，不断给教师注入精神活力。

总之，取得学校文化建设的成功，第一是坚持民主，第二是积极引导，第三是追求高远。古人说"取法乎上，仅得乎中"，要坚持高起点、高标准、高要求。不要以为过高的道德标准是人无法接受的，人类天性中实际包含着个人对社会的依赖。爱国是衡量人才的第一标准，学校文化建设要突出爱国主义的主旋律。爱国的精髓是多方面的，民主、科学、创新、进取等都可以统一到爱国上去。要让学生听广播、看电视、读报纸，从小了解国家大事，关心国家大事，培养"天下兴亡，匹夫有责"的精神。只有这样，我们的民族才能兴旺，个人才能"夫惟无私故能成其私"，实现自己的价值。

果能如此，稳定而又活跃的校风必能形成。这样，作为学校文化成熟的标志——"没有管理的管理，无意教育的教育"的到来，也就是自然而然的事情了。

建设我们的学校文化，使我们的学校像帕夫雷什中学那样，成为孩子们的精神乐园！建设我们的学校文化，使我们的学校成为社会文明的摇篮和发源地，让她源源不断地为文明社会发展输送崭新的种子和鲜活的血液！

八、实施文化立校方略，增强学校持续发展动力

美国教育家伯尔凯和史密斯曾指出，一个办得很成功的学校应以它的文化而著称，即有一个体现其价值和规范的文化、过程和气氛，使教师和学生都被纳入走向成功的教育途径。一个学校只有具备了浓厚且具有活力的学校文化，才能使学校每一个师生员工尽快融入到文化的氛围和空间中，产生持久不衰的工作热情，学校才能保持持续发展的后劲，并形成独有的学校特色。因为文化往往凝聚着热情、理性及张扬组织个性的具有号召力的特点，从更深的层面上还决定了文化圈中人们的行为准则、思维方式和价值观念，决定着一所学校的精神风貌、办学特色、外部形象和学校内部的意识。如果一所学校缺乏浓厚的文化内涵，往往难以超越应试教育的束缚，最终会导致人文精神的失落，亟须用文化的增强来挽回；如果单凭硬性的监督、检查，很难实现对学校主体——教师与学生的有效管理，必须借助文化的激励，调动起内在的自律性、行动的自觉性、观念的认同性和利益的共同性。作为教育者和受教育者个体，要抵抗外界的竞争的压力，且始终保持旺盛的斗志和积极进取精神，也必须借助于积极文化因素的感染与熏陶。

但建设内涵丰富、富有个性、充满生命活力且符合学校可持续发展要求的学校文化是一个系统工程，应统筹规划，科学设计，既要注重学校传统文化中积极文化因素的继承，又要与时俱进，富有创新性。

（一）确定学校文化建设的原则和目标，创造富有个性的学校文化

学校文化建设作为一项系统工程，它具有多侧面、多角度、多层次的特点，它的建设和发展应结合学校特点，确定自己的文化建设原则和目标，进行文化特色定位。

现代学校文化建设必须遵循以下几个基本原则。

共性和个性相统一的原则。学校文化的建设都具有共同的育人特性，但由于学校类型不同、发展历史和学校人力资源状况不同，学校文化的内部规划和建设内容必然会有各自的特性，也就必然要求学校文化建设在体现共性

的基础上，要突出各自的特色，做到共性和个性的统一。

继承性与创新性相统一的原则。继承是基础，创新是关键。学校文化建设必须与时俱进，在继承的基础上进行丰富与发展，形成具有时代特点而又符合学校实际的文化建设方略，体现文化的先进性。

主体性与主导性相统一的原则。在学校文化建设中，校长是文化建设的倡导者，是学校文化的主要的信息源；教职员工是学校文化信息的接受者，同时又是学校文化建设的主导者；学生是学校文化建设的主体，一切文化建设的成果都要在他们身上得到检验。所谓主体性与主导性统一，即是指校长的各种文化理念、治校思想、方针政策必须坚持从群众中来，从学校实际情况中来，从广大师生的要求中来，而不可仅凭自己的主观想象和良好愿望行事。学校领导与师生形成共同的愿景，同心同德，协调一致，整个学校的发展才会充满生机与活力。

封闭性与开放性相统一的原则。学校文化的独特性就在于它的建设必须立足于学校的教育、教学和管理活动，对外界的一切消极文化要有意识地鉴别排斥，对社会文化的精华则要有意识地积极吸收。有的学校采用封闭性管理、开放性办学，实际上是一种静态控制、动态管理理论的应用。

诸城实验中学根据以上原则，在建设学校文化方面进行了有益的探索。在原有的优良传统和浓厚的文化积淀基础上，确立了"用心思考未来"的校训，"创办优质教育，创造成功人生"的教育理念和"引入 ISO9001 国际化标准管理体系，创办实验性、示范性、现代化品牌学校"的奋斗目标等一系列战略决策，构成了我校学校文化的核心内容，并在此基础上确立了文化立校方略。

（二）实施文化立校方略，为学校文化发展奠定坚实基础

如果一所学校没有文化，这所学校严格意义上还不能算是一所学校。如果一所学校不能形成属于自己的积极向上的学校文化，这所学校就很难有长久的生命力和核心竞争力。基于此，我们学校将核心教育理念确定为"实施文化立校方略——人本化管理、研究性教师、创新式学生、学习型校园，把学校建设成富有人文情怀、师生共享的精神家园"。建设学习型校园，打造学习型组织，用学校文化塑造学校品牌，不断提高学校的核心竞争力。

人本化管理是实施文化立校方略的关键。这里所说的人本化管理的"人本"，是指具有独立自主意识的生命个体，人本化管理即是以每一个人的自由

健康全面的发展为目的，尊重每一个人的人格、权利及各种生理心理之需要，以使他们的个性、特长都能得到充分的发展，为他们快乐幸福的生活创造环境和条件。

人本化管理中的人本思想最初来自我国古代儒家的民本思想，它的对立面是君本主义，即以封建君主的意志愿望、利益要求作为国家的根本。原始朴素的民本思想主张应尊重普通百姓的利益诉求，并把这种诉求视为天意（实际是指历史的内在要求），在此基础上儒家提出"民为贵，社稷次之，君为轻"的观念。这样的民本思想说到家仍然不过是君本思想的补充和修正，而绝不是现代意义上的以人为本。现代社会的人本思想又谓之人文主义、人文思想，产生于西方文艺复兴时期，其对立面是封建时代的神本主义思想，即把神（如上帝）视之为万物的主宰、灵魂的归宿、价值的源泉等，而人，特别是每一个活生生的生命个体不过都是匍匐在神的脚下的奴隶、羔羊而已。现代人本主义主张恢复人在世俗社会生活中的本体地位，这一思想与自由、平等、民主、博爱及社会契约精神等联系在一起。由于资本主义社会存在阶级对立，一部分人压迫剥削另一部分人，这样的人本思想事实上也只成了一种摆设。到了20世纪后期，由于现代科学技术的飞速发展，人所创造的价值远远超过资本、物质的作用，所以有些现代企业家提出了人本管理的观念，主张尊重职工利益及人格，以充分发挥其创造性。

在学校管理中引进人本管理观念，是现代教育观念的重大改革，也是对应试教育的一种纠偏归正，应试教育事实上已经走向另一种物本主义，即以一种虚化的物——分数当做教育的目的与归宿，因而偏离了教育要为学生的健康成长、一生幸福服务的要求。

人本化管理教育理论认为，学校是由管理者—教师—学生组成的一个互相支撑的结构系统，它的起点和归宿始终是"人为"和"为人"。学校的一切硬件、软件设施都是为人所用，一切教育教学活动都是为了调动人的主观积极性，促进人的发展，归根结底，学校教育就是要以教师为本，以学生为本。

人本化管理并不排斥科学管理，科学管理是人本化管理的基本方法，也是人本化管理的保证。从2002年9月1日起，我校开始建立并运行符合我校自身发展特点的ISO9001质量管理体系，经过多年的运行，有效地促进了学校管理水平的提高。目前我校已成为省级规范化学校、潍坊市重点中学，学校被确定为中央教育科学研究所、山东省教育科学研究所实验学校，是中国西部教育顾问单位、全国普通高中发展性评估首批三所试点学校之一。

决定一个学校发展水平的关键，是完善的管理。ISO9001 国际标准化质量管理体系为学校的发展提供了一个制度平台。我校根据这一标准体系的要求，结合自己的特点，制定出了能够满足顾客（学生、家长、社会）要求和持续改进承诺的质量方针和质量目标，并将其分解到各个部门和环节，使学校所有人员都能明确自己的职责目标。

我们实施的质量管理体系蕴涵着以下八项原则：

以服务对象为关注焦点的原则。我们将学生与家长视为我们的服务对象，学校工作以学生为中心，建立起以教育教学效果、学生多元评价为主体的教职工评价机制，使全体教职员工从根本上改变观念，以提供教育服务为己任，改变工作作风，实现了"服务对象"与学校发展期望的统一。

领导作用原则。以校长为核心的学校领导层在形成统一的学校精神和学校文化，建立信任、和谐、相互支持的工作环境方面发挥着更大的作用。

全员参与原则。我们制定了责任教师制度，使学校每位员工都参与到学校管理中去，增强了教师的工作责任心，促使他们积极主动地分担学校的目标和责任。

过程方法原则。改变只重视结果的教育方式，将管理视为一个持续改进的过程，增加内部审核、管理评审与第三方审核的环节，依靠严格的管理制度调控整个教育教学服务过程，增强自我纠正和预防改进机制，杜绝了随意散漫现象，做到工作有程序、管理有依据、评价重证据。

管理的系统方法原则。学校在强调明确各部门、各管理过程的职责基础上，更注重各部门、各管理过程接口的管理，实现系统的优化和管理的网络化，避免学校管理上普遍存在的后勤与教学、初中与高中、级部与级部衔接上的漏洞，实现学校管理的"无缝隙"。

持续改进原则。学校制定出富有挑战性的战略规划和改进目标，并实施教育过程、教育产品和教育体系针对"顾客"满意度进行有效测量和分析基础上的持续改进措施，提高教育、教学、科研服务质量，增强学校的文化竞争力。

基于事实的决策方法原则。学校注重收集、积累有价值的数据和信息，使用包括统计技术在内的有效的分析方法，促进学校科学、民主决策方法和作风的形成，提高各级领导正确决策和评价决策的能力，为学校教育教学质量的提升提供有力保障。

供求互利原则。在学校与学生、家长、社会之间建立起有效沟通的桥梁，形成共享成功、共同发展的责任机制，为学校发展提供广阔的空间。

（三）利用有效文化载体，实施文化立校方略

我们根据学校的特点和学校发展的要求，对原有文化进行扬弃，做好文化载体的定位，制定出有操作性的文化建设方案，并把文化建设纳入学校发展规划，以促进学校主体文化、文化实践活动、学校客体文化的繁荣，为学校的发展、教师的成长、学生的成才创造一个良好的环境和氛围。

1. 发挥校长的主信息源作用，形成引领时代潮流的学校文化内涵

学校文化的形成，关键在校长。校长的办学思想是学校文化的核心，校长必须不断用哲学的思维和科学的眼光审视社会发展对教育提出的挑战，在传承原有文化传统的基础上不断超越，不断创新，使其办学思想具有洞彻历史趋势、引领改革潮流的文化内涵，并能够选择合适的载体，传达给学校的每一个师生，学校文化才能持续发展并保持旺盛的生命力。

我们主要通过以下途径加强对文化的整理与创新，加强对师生员工的文化教育，使学校文化内化为全体教职员工的内在需求和发展动力。

首先，把学校办学思想整理形成"学校文化系列"，分发到每一个教职员工手中，让他们在学习中领悟、内化并上升为自觉的行动。我们开发的"学校文化系列"具体如下。

文化系列之一，将校长的治校思想、名师的经验集锦、学生的智慧火花，如格言、警句、座右铭等进行整理，再融合现代教育理念、管理理念，形成我校《学校文化锦言》。

文化系列之二，整理形成《建设学习型学校，人人进行五项修炼》，更新学习观念，不再把学习看做是一劳永逸的事情，让师生树立终身学习理念，必须学会在工作中学习，在学习中工作。

文化系列之三，整理形成《文化立校方略》，其核心是继承老校传统，融合现代教育理念，激活自身文化的创新机制和发展机制，用文化提升教师、学生的素养，用文化提升管理的品位，把学校推进到以文化立校的高层次境界中去，开拓出一条充满生机与活力的学校发展之路。

文化系列之四，整理形成《知识方法新视角》，引导教师以新的视角看待

知识，看待方法，正确理解在知识经济背景下创新教育的真正内涵；培养学生根据自己的发展目标去探索知识、积累知识、处理知识的能力，让学校成为培养创新人才的摇篮。

其次，形成"校长按语"系列，推介诸如《折得东风第一枝》《师德说》《关键在于落实》《尊重比爱更重要》《谈话先请学生坐下》《判作业不打红叉，行吗?》《你是不是语言杀手》等一系列蕴涵先进教育教学理念和管理服务理念、能够对广大教职员工有着具体指导意义的文章，让大家在学习中获得教益。

这类浸染着崭新教育理念的文化教育内容，在诸城实验中学校园内的宣传栏里，在办公楼的厅廊里，在教室的文化系列展示台上，以及在教师的办公桌上随处可见。它们时时冲击着师生的思想观念，触动着每一个人的灵魂。通过学校文化的熏陶，把师生员工引导到实现学校目标所确定的方向上来，让教师善于接受新的教育教学理念，让学生善于主动学习，以达到一种适合学校发展目标的理想状态。

此类学校文化系列的整合生成不是静态的、一劳永逸的，而是动态发展、常集常新的。我们会根据学校发展的实际情况，特别是实践中产生的新情况、新问题、新经验、新想法，不断地搜集整理，同时也要进行必要的修改调整，以使之成为促进我校发展的一个持续的文化动力系统。

2. 确立有效文化载体，全方位实施文化立校方略

学校文化的形成，是对文化构成的要素全方位进行整合的过程，是教育教学改革不断向纵深发展的过程。任何学校一旦形成自己特有的学校文化，就会对学校管理形成巨大的影响和制约作用，形成一种无形的精神力量，使学校全体成员在共同的办学理念、行为准则和工作作风统率下，个性化地为贯彻党和国家的教育方针而努力。

我们学校围绕学校文化创新系统的三个子系统——教师、学生和物质条件，全方位实施学校文化建设方案。

（1）利用教师这一有效的文化信息源，实现师生在文化场中的良性互动

教师是学校文化信息的接受者，同时他们的价值观、思维模式、行为方式对学生来说，又是有效的文化信息源。教师的文化观直接影响学生群体文化的质量和方向，为学生群体文化的形成提供了参考体系。我们学校为充分利用好教师这一信息源，规定全体教职员工在校内必须佩戴有姓名、照片、

职称、职务等内容的校牌，以增强教师的自律意识，促进教师不断加强自身修养，为学生作出表率，并通过师生课堂交流、课外联系等各种文化场中的良性互动，发挥对学生的学术影响力和人格感召力，为实现教师文化对学生文化的良性引导奠定基础。

（2）让学生参与文化建设实践，成为学校文化建设的主人

我校努力创造条件，让全体师生参与到改善和创造文化环境的实践中，如在教室设置"学校、班级文化系列展示台"，让学生创造属于自己的班级文化，形成班级文化特色；在教学楼走廊设置信息板，让学生轮流提供有益信息，设计自己的学习文化；通过宿舍命名、舍风展示、床铺整理等活动，让学生自己设计宿舍文化。通过以上文化建设活动，增强学生的文化体验，产生诸如满怀喜悦的成功体验、基于自己内心需求的情感体验和对于自身潜能充满自信的实践体验等，从而使学生在文化实践中真正获得收益。

（3）设计有效的文化活动，扩展文化的传播舞台

定期举办恳谈会，使团队成为共同学习的演练场。现代知识的综合化特征，需要教师与更多的人、在更大的空间、用更加平等的方式从事工作。教师单靠一个人的力量解决课堂里面的所有问题已不可能，教师之间必须更加紧密地进行合作，充分发挥集体智慧，学会与他人合作。可以说，现代教育增强了教育者之间的联系，引发了教师集体行为的变化，并在一定程度上改变着教学的组织形式和教师的专业分工。因此，教师必须具备合作素质，学会如何共同学习。我校在教职工中定期召开恳谈会（如学海尔恳谈会、学洋思恳谈会等），通过交流各自的学习收获，把个人收获变为集体智慧。

强化集体备课，通过深度会谈使教研成为教学智慧的汇集场，凝聚集体智慧为个人价值实现和学校文化发展提供条件和可能。在集体备课中让每一个人的想法自由交流和碰撞，发现别人更深远的见解，这是深度会谈的优势。我校始终坚持集体备课，要求首先确定好主备人，指出教学重点、难点，提出教学思路；集体中的每一个成员都要善于倾听，每人都有坦率提出问题的义务，也都有权衡建议并进行选择的权利。形成集体备课教案之后，用同课题听课与互动式教研等形式深化集体备课的内涵。每人以开放的心胸进行这种深度会谈，就会充分发挥教师群体的智慧，使集体思维的结果超过每个人的想法，更快地提升教师素质，提高教育教学水平。

举办每年一度的读书节，使学校成为文化之船起航的港湾。打造宽厚的

智力能力背景、实现自我超越的最好途径是读书。为此，我校每年从 12 月至次年 3 月都举办为期 100 天的读书节活动，要求学生在活动期间，每人写一篇推介文章，建立一本读书笔记；学校举办各种读书讲座，师生开展座谈讨论，开展各种与读书有关的活动，如知识竞赛、课本剧表演、征文比赛、讲学比赛、读书交流会等，让学生用心灵和书进行交流，用平等的心态与大师进行对话，在遨游书海中让学生获得自我超越的动能。通过读书活动的开展，我校在校园内大兴学习之风，营造了浓厚的学习氛围，把学校建设成为一个自由开放、便于信息交流共享和知识传播的信息平台。

进行亲情激励，大力开发家庭教育资源的潜力。没有各个家庭与学校形成的合力，师生工作、学习积极性的开发与调动几乎是不可能的。我校充分开发家庭这一教育资源，关注教职员工和学生的家庭，了解他们的需求，力所能及地帮助他们解决一些实际困难，激发他们超乎寻常的工作积极性。在教师亲情激励方面，我校开展了争创"温馨家庭"活动，促使每一个教职工家庭温馨上下两代人，以此升华我校的师德教育；开展学校领导与困难职工"一助一"活动，用温暖凝聚了人心，激发了动力。在学生亲情激励方面，主要是通过学校精心设计活动，搭建学生与家长沟通的桥梁。如元旦佳节，我校统一制作了精美的贺卡，让学生写一段对父母感谢和祝福的话并将贺卡送给父母，学生报答了一份真情，父母得到了一份感动，学生从中也体会到了一份亲情、一份责任。小小的活动，却激发起了未曾预想到的学习动力。

利用"校长信箱"，构筑情感沟通的连心桥。我校教学楼里有一个"校长信箱"，这是学生经常光顾的地方。学生有什么问题和建议，便去告诉"信箱"；校长想听听学生的呼声，也来询问"信箱"。"校长，建议学校星期天开放图书馆""校长，伙房的饭菜质量又有些下降""校长……"学生的每一封信件，我都认真阅读和批示。校长或分管人员在操场上面对学生公开答复——哪些是马上可以解决的，哪些又是不能立即落实的，给学生以解释，求得学生的理解。"校长信箱"拉近了师生之间的心理距离，也成了校长进行决策的重要依据。

"班主任寄语"——培植班级文化环境的肥沃土壤。中学生处于心理、生理的急剧变化期，表现为独立性强、逆反心理重，这就要求班主任必须根据学生的年龄特点和心理需求开展工作。通过"班主任寄语"来管理班级，无声地进行引导、鼓励，学生从中领悟到班主任对他们无私的爱、细致入微的关怀、真诚的期待和良好的祝愿，就会点亮学生心中的明灯，燃起每个学生的上进之火。

另外，我们学校还以社团为载体广泛开展了主题鲜明、内容丰富、形式多样的科技文化活动，成立了九大学生社团：学生书画院、学生艺术团、学生体育训练中心队、广播电台、电视台、《实中天地》报社、《现代》文学社、学生科学院、记者团。这些社团由学生组织定期开展活动，有力地促进了学校学风建设以及学生动手能力和综合素质的提高。

学校还通过家长会、家长学校等形式帮助家长认识到家庭文化对学生个体文化形成的作用，并通过请家长观摩学校举办的文艺会演、艺术节展览，设立校园开放日、家庭访问日等形式发挥学校教育文化对家庭文化的正面导向作用。

（4）利用有效的文化内化时机，让学生在文化的环境中自主成长

一所学校的教师长期在学校工作，对本校学校文化的感受时间长、体验深，但如何让学生在三年或更短的时间内，就产生对学校的高度归属感，融入到学校文化的氛围中，这是一个值得探讨的问题。

我们高度重视新生入学教育，新学年伊始，就开展形式多样的迎新宣传活动，如举办迎新晚会，举行盛大的开学典礼，利用学校广播电台、电视台、校报、校刊、宣传栏进行宣传等，让学生了解学校的校史、最近取得的成就、出现的名师名生，向学生宣讲学校的校训、教育理念及奋斗目标，宣传学校的有关规章制度，让学生一走进学校就感受到四面八方的文化韵味，从而缩短学生对学校的适应期。

捕捉学生教育的切入点，利用学校文化的作用，提升学生的学习境界。如在每次临近考试时，学习量加大，有些学生会明显感到了身心的疲惫，个别学生甚至觉得绝望。这时学生最需要鼓励和支持，我们及时跟上宣传教育工作，把校训融合到文化宣传口号中去，形成了一句对学生有鼓舞作用的话："当你感到苦累的时候，请用心思考未来。"并将此制成一个横幅，挂在教学楼门厅，让学生了解到学校对他的关注、教师对他的关爱，从而减轻学生对学习的推拒力，减少学生对学校文化的接受障碍。只有及时抓住有利的文化内化时机，才能增强学生对学校文化的接受度。

一个学校建立了强大的学校文化，让每一个师生员工无时无刻不置身于这种强大文化的氛围中，融化在每个人的心灵深处、流淌于每个人的周身血

液，外化于做人方式中，内化成思维习惯，规范人的精神取向，学校就会焕发出持久的发展动力。

　　经过多年的努力，我校所确立的文化立校方略，已经转化为全体教职员工的内在需求。一踏入实验中学的大门，你就会感到一股浓厚的文化气息迎面扑来。在实验中学这个大家庭中，全体师生有理想、有追求、有干劲、有信心，形成了学校奋发向上的强大动力，学校也以高质量、高效率的日常工作和卓著的教育教学成绩得到了社会的一致认同和广泛好评。

第三章　学校何为？

九、实行人本化管理，点亮人性光辉，
回归生命的价值（上）

20 世纪 80 年代初，改革开放不久，大批的工厂厂长取得企业管理的一些权力，却发现自己缺乏管理企业的有效方法。于是在政府的策划组织下，大批管理者纷纷到发达国家参观学习。他们发现，日本的员工忠诚心、责任感、积极性和奉献精神都很强，在日本企业的管理者介绍经验时，很多企业都谈到他们如何关心员工、尊重员工，在员工生日时上司甚至企业老板会送鲜花、贺卡表示祝贺，员工生病时，企业会派人到医院看望……于是，我们的厂长经理们以为找到了日本企业管理的绝招，将其命名为感情投资。回来后也在企业推广。但是一位经理说，"我们国家的员工素质太低，有一次，我的一位下属过生日，我去给他送鲜花，但是我刚转身走出房间，就听见他把鲜花扔在垃圾桶里了……"这位企业管理者大为恼火。

后来有专家与那个员工聊天时，谈到了此事，没想到那个员工比经理还生气："他前一天还没把我当人看，对我态度极为恶劣，过生日送鲜花，纯粹作秀，我没有把花扔到他脸上，就给他留足了面子了。"显然这位经理学到的是管理的技术、手段，但是支撑这种技术手段的深层次理论却没有学会。日本企业管理者去看病人、贺生日更多的是出于对员工的尊重，这些做法可以看成是真情实感的流露和表达，而我们这位经理只学会了表达尊重的技术和手段，骨子里却没有真心尊重员工，难怪员工把这种方法看成作秀了。人性化的管理绝非作秀，需要每一位管理者——特别是天天与师生打交道的校长们用真情去做。

　　著名管理学家陈怡安教授把人本管理提炼为点亮人性的光辉，回归生命的价值，共创繁荣和幸福。

　　人本管理的教育理论认为，学校是由管理者—教师—学生组成的一个互相支撑的结构系统，它的起点和归宿始终是"人为"和"为人"，动力和活力来源于此，成功和失败也取决于此。学校的一切硬件、软件设施都是为人所用，一切教育教学活动都是为了调动人的主观积极性、促进人的发展。具体说，学校教育为以教师为本，教育要以学生为本。

　　在实施管理的过程中，学校要勇于创造绿色生态管理环境，实行多向多维的互动管理模式，学校与教师、教师与学生应是互为管理的对象与主体，以此体现人与人之间关系的平等、民主、和谐，彼此联合互动，合力促进师生与学校的持续发展，营造宽松和谐的管理氛围，使全校师生都成为学校的主人，使学校成为师生依恋的精神家园。

　　人本管理研究近几年取得了很多成果，号称实行人本化管理的学校和单位也越来越多，但综观人本化管理的理论与实践，都存在一个现象——人本管理似乎成了一个什么都可以装的杂货筐，主要表现在以下两个方面。

　　第一，在理论研究上，大部分研究者把人本管理定位为以物为本的管理的对立面。论述的主要思路是：人是最重要的因素，要把人当人看，实行人性化的管理。在指出一大堆不实行人本管理的严重后果之后，开出的药方无非是尊重人、理解人、满足人的需求等。有的从儒学爱民的角度，引用儒家思想论述人本管理，有的从西方管理思想演变的角度，从美国与日本的管理思想的比较等角度进行了论证。当然，我们不能说这些结论是错误的，事实上他们确实指出了一些问题。但是，就像许多朋友与我谈起这些理论时所说的，看了这些书之后的感觉是，不实行人本管理真的不行，但是究竟人本管理是什么样，并没有人给出一个完整的框架，甚至没有一个系统的理论。

　　第二，在管理实践上，很多学校都称自己一贯实行人本管理，其实深入了解就可以发现，有的是在喊口号，有的是采取了一些很好的措施，也取得了一些成效，但还远不是系统化的操作，所以经常遇到一个问题：措施刚推出来时效果很好，可后续效果很微弱，其根本原因就出在非系统化操作上。靠管理者的灵感，靠先进的经验，靠管理者的点子，企业可以推出一些很好的措施，但是由于没有管理理念的转变，没有相互联系、相互支持的各管理子系统的呼应，任何个别措施都只能起到暂时性的作用。

人本管理特有的理论逻辑如下所述。

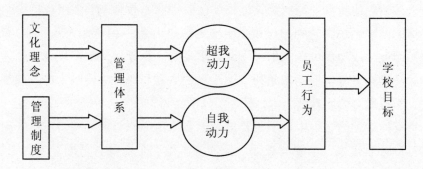

在实践中我们发现，人的行为受两大动力体系驱动。一是自我动力，二是超我动力。这两大动力的平衡关系，决定了人的行为的方向。组织中对人的管理，就是想办法将两大动力维持在较高的水平并协同指向员工与学校的整合目标。自我动力的启动，主要靠个人利益的吸引。具体方式就是提供三个激励：报酬激励、成就激励和机会激励。超我动力的启动，主要靠事业理想、企业宗旨、企业精神、核心理念与价值观。人本管理，就是建立自我与超我结合、制度与文化并重的管理环境。用各种奖励性的制度构造利益引力，使渴望获得更多利益的人出于利益的需要做出有利于学校目标的行为，行为对学校目标越有利，得到的利益就越多，可以称为上不封顶。用惩罚或责任制度构造利益底线，一旦员工的行为越过底线，员工就要受到相应惩罚，从而使害怕惩罚的人将行为保持在一个底线之上，可以称为下有保底。制度体系的功能就是为员工行为提供利益引力和利益底线的约束力，依靠员工对自我利益的追求达到对员工行为的控制。用教育宗旨、使命、理想与价值观，构造一个人格和文化的向上引力，使具有相同理想追求的人做出相应的行为，这种行为可以无限接近理念，可以称为上不封顶。利用职业道德构造一个员工道德的底线，使做出明显违背教育核心理念的人产生内疚感，感受到其他员工的疏远甚至排挤。这种内疚感和来自其他员工的文化压力会使员工将自己的行为保持在一个底线上，可以称为下有保底。因此，人本管理体系就是以三个激励为功能目标，设计管理制度体系，以理想、道德的灌输和理念与价值观的认同为功能目标，设计文化理念体系，形成系统化的运作环境和上不封顶、下有保底的行为空间。这种行为空间除了具有把员工行为聚合到学校目标上来的功能外，还有一个非常重要的功能，即满足员工对利益的追求，同时提升员工的人格和道德，从而达到自我与超我结合、文化与制度并重的目标。

人本管理不是管理制度，不是管理技术，不是调动职工积极性，不是关心职工的生活，甚至也不是提高职工的素质。事实上，人本管理是从管理理念、管理制度、管理技术、管理态度直到管理效益的全面转变，它是涉及管理者和全体员工心理与行为的彻底的思想革命、观念更新和理念提升。

在人本理念指导下，管理者不再把员工作为管理的对象，而是战友和同盟军。管理者对员工的态度将发生根本的转变，真正从心底尊重员工，相信每一个员工都能把工作做好、都具有做最佳员工的内在原始冲动。而影响员工达到此目标的主要因素不是员工自身，而是管理者提供的管理环境和对员工的正确了解和恰当使用。为此，学校管理者将致力于管理环境的优化，致力于教职员工思想的沟通，致力于学校文化的塑造，致力于职工需求的满足。这种情况下，职工的行为将发生根本的改变，职工不再因为怕惩罚而被迫工作，也不再因为期望奖励而向管理者展示积极性，蕴藏在职工心里深处的价值实现感、成就欲、事业心、自尊、自爱、自强心理与主动性、创造性将自然地倾泻出来，他们将自觉地与管理者一道，把工作做得尽可能好，教师与学校将得到共同发展。

对于学校来说，人本化管理的核心即是服务，为教师与学生服务，因而它的一切举措都要围绕这种服务来开展。

首先，要关心教师，服务教师。

学校领导班子成员要增强服务意识，变管理教师为服务教师，学校各部门的角色由管理者变为诚心诚意的服务者，通过角色转换，把人本化管理的办学理念落到实处。学校品位取决于教育者的品质，而一个领导者的教育品质尤为重要。学校领导应精心营造教育环境，保障系统内部的全面平衡。

作为学校的领头人，校长要认识到不同的教师，其成长发展经历、心路历程、道德水准、人格修养、学业水平、工作能力及个性会有千差万别；教师的教学工作也因学科不同、课型不同、个性特点不同及授课对象不同而涌现出不同的教学风格，正是由于不同的教学风格存在，才使得学校工作充满生机和活力，教师才会在教育工作者这一生命的舞台上，八仙过海各显神通，最充分地服务社会，实现自我。学校对教师应八分人才九分使用，十分待遇，因此，学校管理者要认真研究教师的心理需要、工作动机和发展需求，建立起和谐幸福的精神家园。激发教师对学校组织的认同感和归属感，主动参与管理，从而促进教师发展。

除此以外还要关心并满足教师的成就需要。

关注教师需要，是感情沟通管理的基础。美国心理学家马斯洛把人类多元的需要分为由低到高的五个层次，即生理、安全、社交、尊重和自我实现。教师的这五种需求是否得到满足，一般取决于学校待遇的高低。待遇包括两部分，即物质和精神，物质待遇主要指报酬待遇，精神待遇主要指工作的胜任感、成就感、责任感、受重视程度、影响力、个人成长和富有价值的贡献等。所以，管理者在努力提高教师的物质待遇的同时，要关注了解和把握教师的精神需求，千方百计地提高教师对精神待遇的满意度。在规范管理中，突出以人为本，以情暖人，实施人心工程，即以情感人，以诚待人，以待遇留人，以事业凝聚人。在教育实践中学校管理者与教师的沟通不局限于嘘寒问暖，而是领导和教师一起讨论学校的工作目标，教师参与学校的各项具体目标的制定和落实。民主治校，可以让教师评议学校的各项制度的落实情况，评议校长和中层干部及非教学人员的工作态度及业绩，参与财务运作，审核收支情况，充分体现教职员工在学校的主人翁地位，增强学校凝聚力。严格实行校务公开制度，对学校改革与发展规划和实施方案、财政支出、基建项目预算、招生、人员评聘、职称晋级等有关学校发展和教职员工切身利益的事宜一律予以公开。

其次，要着眼于学生，促进发展。

在人本教育管理理念中，"一切为了学生，为了一切学生，为了学生的一切"的"以学生为本"的教育理念就是向传统教育理念的挑战，大胆舍弃教育垄断者绝对权威地位，主动为学生的集体性、个性化成长提供教育引导和服务。具体说要做好以下几点。

1. 树立学生至上、服务第一的管理服务意识

人本思想认为，管理就是服务，但在中国传统的师道尊严的道德影响下，学校领导、教师往往以掌握教育权威的身份自居，在教育过程中，往往将自己看成一个管理者、领导者，而学生则是一个被动的被管理者和被领导者。因此，在对学生进行教育的过程中，学校开设什么课程、教材的难易、教学计划进度、教学方式方法等问题学生无权过问，在这些问题上学生只能是适

应者。事实上，教育的生产过程是每一个受教育的学生消费教育服务与学校生产服务的互动过程。因此，学校要坚持以人为本，树立"学生至上、服务第一"的管理服务意识。在办学理念上强调对学生的人文关怀，充分体现以人为本的思想。学校要注意到学生的生理、心理的发育成熟情况，以及世界观、人生观、价值观的形成情况。他们对学校所进行的思想政治教育、品德教育、纪律教育和法制教育，有不同的认知和认同，会表现出各不相同的年龄特征和个性差异，只有认清这点，才能使学校的教育工作多姿多彩。

2. 尊重学生个性，树立个性化教育理念

每个学生的个性得到自由健康全面的发展应是学校管理的终极目标。在教育中，我们一定要充分尊重每个学生的个性。但事实是，在教育管理过程中，我们往往忽视了学生个性。在教学内容上，更多强调学生专业技能的学习和培养，学生大部分是应付考试，而那些无论对于个人还是对于社会至关重要的境界培育、感情陶冶、道德生成、意志磨砺、科学精神等人格方面的训练和追求则备受冷落。在对学生的管理上，则表现得过于严厉和缺乏宽容，以管代教、以管代启，借用各种制度及处罚条例来约束和限制学生的行为，把学生培养成循规蹈矩、唯命是从、唯书、唯上，唯独没有独立、自由和个性的人。

3. 尊重和维护学生的消费权益，树立依法治校的意识

学校的规章制度近年来成为各方争论的焦点，这个争议反映出当代学生权利意识的变化及其对学校管理制度和管理观念形成的冲击。因此，尊重和维护学生作为教育服务的消费者所应当享有的各项权益，依法治校是当今的热点。第一，学校制定规章制度首先符合行政合法性原则，即行政权力的设定、行使必须依据法律，符合法律，不能与法律抵触。第二，坚持公开、透明原则，保障学生对教育服务的知情权。如招生阶段，学校应力求详尽而非模糊、准确而非虚假、全面而非笼统地向考生传递各方面的信息；在收费上，让学生知道收费的标准、依据；在教学内容上，让学生对师资、专业、教学计划、所开设的课程有所了解。第三，完善教育服务体系，保证学生对教育服务的自由选择权和消费安全权。第四，完善学校教学管理配套制度，强化学生对教育服务的监督权。

现代社会是一个多元平等的社会，是一个民主与法制的社会。以人为本的教育管理思想已经渗透到社会的各个层面，传统的"制度化管理"模式的

"统一规格"的人才已经不能适应飞速发展的多元社会的需求，强调以人为本，注重人文关怀，尊重个性发展的人本管理思想日益成为主流。我们应该在实践中继续探索学校规章制度建设与人本化管理的最佳结合点，共同推动人，包括领导、教师和学生的全面发展。

十、实行人本化管理，点亮人性光辉，
回归生命的价值（下）

人本化管理的目的是人的自由健康全面的发展，幸福快乐的生活。那么，如何达到这一目的，实现这一目标，实现教师、学生的健康成长呢？这是人本化管理中最具有实践意义的话题，更是人本化管理能否落到实处、取得成功的关键。下面，我想就这些问题谈谈看法。

（一）人本化管理与教师成长

在学校的诸项管理中，教师管理是最根本的管理，对教师管理的认识与实践也应与时俱进，不断吸纳新的理念、内容和方法。传统化的教师管理，是上对下的线形单向行为，学校对教师、领导对教师的管理是使动与受动的关系。现代化的教师管理，虽然不排斥使动与受动的关系元素，但大力倡导和践行的是多向多维的互动。学校与教师、领导与教师是互为管理的对象及互为管理的主体，由此才能真正体现人与人之间关系的平等、民主、和谐，彼此才能互相联动，合力促进教师与学校的持续发展。

1. 教师人本化管理的实质

要理解教师人本化管理的实质，首先要把握好几个概念：人、人本、人本化管理、教师人本化管理。

关于人。理解人应从人性切入。有学者综合当代心理学的动机和系统科学的有关成果从系统动力论和人的生活价值与意义的角度，提出了一种新的人性假设，即目标人假设。其基本观点是：人生活的意义在于不断地实现心中的目标，即与生存有关的目标。在人的心理世界中，存在三个层次的目标，三者之间相互关联，相互作用，构成一个有机的功能整体，即目标结构。就人而言，人有一种固有的全面实现自身目标并形成新目标的内在动力。人生的价值与意义在于不断地实现心中的目标，从而不断地促进自我的发展。由此可知，无论是学校领导，还是教师、学生，其个体的自我概念都具有社会性，其自我概念的发展既是学校发展的一个重要方面，也是学校发展的源泉。

关于人本。从本质上讲，以人为本实际上是人本主义的一个必然要求。随着资本主义生产方式的不断进步，尤其是 20 世纪 50 年代以后，人对企业生产率的贡献越来越大，从而将企业中的人提升到一种比物力资本更为重要的地位上来。于是，"人本主义"逐步取代了"资本主义"在企业中所占的主导地位，以人为本的管理方式也就应运而生。而学校管理中的人本，是在借鉴现代企业管理中的人本理念的基础上建立起来的，其核心是视教师与学生为人本身来看待，而张扬其人性、尊重其人格、善待其人为、开发其人智、释放其人道等，则是以人为根本的最好体现。

关于人本化管理。人本化管理就是以人为本的管理，是确立人在管理过程中的主导地位继而围绕着调动人的主动性、积极性和创造性，以实现组织目标和促进人的全面发展的一切管理活动。

学校人本化管理的含义应包括以下几层：

（1）依靠人（教师和学生等）、发展人——全新的学校管理概念。

（2）开发人的智力——最重要的学校管理任务。

（3）尊重每一个人——学校行为的最高标准。

（4）打造高素质的教师队伍——学校发展的基础。

（5）凝聚人的合力——学校工作有效运转的重要保证。

（6）人的全面发展——学校管理的终极目标。

关于教师人本化管理。对教师人本化管理可以从两个层面去理解：其一，从教师本体来讲，首先在于教师对自身的发现，对人性的自我唤醒。教师把自己视为管理的主体，努力改变受动者的角色；其积极主动参与学校管理的过程，就是人本化的一个方面。其二，人本化管理高度重视人的作用，将人（教师和学生）的因素放在管理的诸因素之首，因而从教师外部层面来说，人本化是外控管理因素（学校、领导、学生、社区、学生家长等）对教师在管理中地位的承认形式和程度。以人为本既是现代管理的一种概念，也是管理的手段和目的。人本化的教师管理，就是凭借人本的手段，实践人本的理念，实现人本的目的。

2. 教师人本化管理的层次

人本化管理在管理实践中有不同的形态，并且这些形态具有层次性。从教师的外部因素看，教师的人本化管理一般分为四个层次：情感沟通管理、教师参与管理、教师资源开发管理和学校文化管理。这里先谈谈前三个层次。

（1）情感沟通管理

这是教师人本化管理的最低层次，也是提升管理层次的基础。在这一阶段，学校领导与教师不再是单纯指示或要求的发布者和指示或要求的实施者，领导和教师有了除工作要求以外的其他沟通。虽然教师还没有就工作中的问题与管理者进行决策沟通，但它为决策沟通打下了基础。因此，学校管理者认真研究教师的心理需要、工作动机和发展需求，共同建立起和谐幸福的精神家园，是激发教师对学校组织的认同感和归属感、主动参与管理，从而促进教师发展的基本因素。

尊重和欣赏教师是情感沟通管理的前提。尊重、理解、宽容、欣赏等，是精神待遇和精神需求的内容。其中尊重需求，被认为是一个人的基本需求，人的这种渴望尊重和欣赏的需求是否得到满足，将直接影响到一个人的生存状态。尤其是尊重教师的个性，认可教师对生命价值的独特追求。因为作为一个生命体，每一位教师都是独特的，有着不同的家庭背景和生活环境，有独特的成长经历与心路历程，在道德水准、心理素质、学业水平、工作能力乃至个性爱好等方面，都是千差万别的。所以在管理中，要承认教师的这种差异，尊重教师的个性，尊重教师的人格，而且要身体力行，理解教师的思想情感，宽容教师的过失，欣赏教师的进步，让每一位教师都有心理安全感。

构筑良好的人际关系，是情感沟通管理的关键。人际关系也是精神待遇的重要方面，体现着人与人之间的信息与情感的交流传递过程。良好的人际关系，和谐的人际关系环境，会使每一个身处学校组织的人都产生心灵的安全感与归属感。重视人际关系的营建，是将管理从注重工作转到了注重人这一方面，实现人本化管理的重要体现。而在人际关系场中，最基本的环节是信任，信任是理解与尊重的基础，是建设性人际的柱石，如果信任这一环节出现松动，将会挫伤教师工作的积极性。所以，学校应努力构建以信任为本的人际关系和精神家园，让每一位身处其中的教育工作者彼此享受到真诚的温暖与和谐，迸发出无比强大的工作热情，从而为学校的发展增添动力和活力。

（2）教师参与管理

教师参与管理也称决策沟通管理。在这一层级，学校领导者与教师的沟通不再局限于嘘寒问暖，而是学校领导与教师一起讨论学校短期或长期的教育教学工作目标，教师开始参与各项工作目标的制订与落实，或者学校注重发挥每个人的特长，创造机会使其成为某个项目（或分项目）的直接管理者。同时，由于教师能参与分析—计划—决策—组织—落实—检验等各项工作的每一个环节，抑或每个教师都有可能成为某一项目（或分项目）的管理者，教师才能真正成为参与学校决策沟通的管理者，学校的教师管理由此才能进入人本化。

教师参与学校管理，不仅能丰富教师的工作内容，提升能力素养和工作境界，而且能促成教师的工作目标由生存需求向发展需求的转变。为了激励教师参与管理，学校必须建立起以人为本的有效的激励机制，提高教师参与管理的意识和能力。

一是组织激励。学校要在组织制度建设上为教师参与管理开辟空间、提供条件，要为每个岗位制订详细的职责和权利，让教师参与到工作目标的决策中来，在教育教学与管理工作中，让教师对自己的工作过程享有较大的决策权和自主权。

二是榜样激励。通过满足教师模仿和学习的需要，引导教师的行为走向学校所期望的方向。学校可以将参与管理的积极分子树立为先进典型，用榜样的影响力和示范作用带动教师工作风气的改善。

三是荣誉激励。参与学校管理工作且成绩突出的教师，在先进评选、职称晋升上不仅优先，而且要授予相应的荣誉称号，以此标示学校对其工作的充分肯定。

四是绩效激励。即在教师绩效考核中增加参与管理工作的权重。

五是目标激励。为那些工作能力较强的教师设定一个较高的目标，以此向他们提出工作挑战，激励他们更加积极地参与学校管理。

学校还可以通过能力激励、环境激励和物质激励等措施，为教师人本化管理的实施和实现提供保障。

（3）教师资源开发管理

教师资源开发管理是学校实施教师人本化管理的较高层次的管理。随着社会的变迁和教育的改革、创新与发展，在要求教师角色转变的同时，教师专业化已成为教师发展的新趋势，这就为教师资源的开发管理提出了新目标、新要求和新举措。而以学校为本提高教师专业化水平的途径有三个：创建学习型学校、实施校本教师培训、开展校本教育科研。

创建学习型学校。在学校学习不仅是学生的权利和义务，更是教师的一种责任和义务。创建学习型学校，不仅能激励教师树立"终身学习""学习为本""学习工作化、工作学习化"等先进理念，而且对于教师理解教育工作的生命意义、提升学习力（指学习动力、学习毅力、学习能力三要素）、勇于创新、实现可持续发展，均意义重大而深远。

美国学者彼得·圣吉在《第五项修炼》一书中提出的系统思考、自我超越、改变心智模式、团队学习、自我实现的修炼艺术，为我们建设学习型学校组织提供了有力方向。而教师作为学校的主要元素，只有人人成为具有学习力的学习型教师，且合力锻造形成学习型的优势群体，才能建立起学习型学校；并且随着学习型学校的创建与形成，教师人力资源和能力资源开发管理的效能才能趋向最大化和最优化。

实施校本教师培训。校本教师培训，是一种由学校有计划地实施的有助于教师学习的有关教育教学知识、能力、技能和行为方式的活动。实施校本教师培训，是学校人力资源开发与管理的一个重要方面，也是学校创造智力资本的途径，通过培训能有效地更新教师的教育教学思想，提升教师的专业知识水平、教学技能和教学行为，促进教师的专业发展，从而使其创造性地从事教育教学工作，以促进学生和学校的发展。而且作为教师继续教育主要渠道之一的校本培训，已显示出较多的优势。一是针对性强。校本培训以学校和教师的实际需求为出发点，紧密结合校情、教情和学情实施培训，且培训结果可以直接转化为教师的教育教学能力。二是培训目标和培训内容明确具体。无论是针对教育教学中出现的问题，还是教育科研新成果的应用推广，抑或是教师的专业技能培训，都直接服务于本校的个性化教改工作，直接服务于学生、教师和学校的发展。三是培训方式灵活。校本培训可以采用专题讲座、学术沙龙、经验交流、案例分析、课堂研讨等形式，使理论对实践的指导作用得到充分的发挥，并使教师在教学与研究中认识到先进理论的重要性。四是经济实用。由于培训时间具有机动性，避免了培训与工作的矛盾；培训场所在校内，大大节约了培训经费，并且扩大了受训教师的覆盖面。五是能实现资源共享。可以充分利用本校的教育资源，有利于学校内部信息的分享与沟通。既可邀请学生家长、社区成员参加，也可就近借助兄弟强校的优势，有利于加强学校与校外教育资源的结合。

开展校本教育科研。校本教育科研是本校教师培训的一个特殊形式。其一，教师积极参加教育科研，努力成为实践研究者，已是当今教师基本素养的一部分，是教师新的职业生存和生活方式。事实上，也只有在这种生活方式中，教师才能发展自己的理性，体会到自己生存的价值与意义，成为自己的主人，真正把自己和自己服务的对象紧紧地联系在一起，并与学生构成互助相长的生活世界。其二，学校要通过营造活动氛围、提高认识，健全运行机制、提供保障，打造骨干队伍、示范带动，确定研究方向、提高实效等手段，引导教师结合实践和实际开展课题研究与实验等科研活动，以此引领教师不断学习吸纳新的教育理念，自觉内化为自己的教学行为，在活动中进一步加强交流与合作、总结与反思、发展与创新。

3. 自主管理：教师人本化管理的一种选择

自主管理是人本化管理的一种方法。所谓自主，是个体通过意识与能力表现出来的认识、支配外界环境的主体状态，通常所说的了解、理解、探索、获得、控制、改变等，都属于自主参与下的个体意识和行为活动。在这里意识与能力是自主的内部载体，言语与行为是自主的外部表征。

自主管理就是自主意识与能力内化为自导自控行为，并达到自我理性成长的活动过程。教师自主管理一般有两个要义：一是教师能按照规定和要求有序运行，并在有序运行过程中依靠自身的"常规"动力自动运行。二是教师在各自的岗位上能创造性地工作，自我加压，自行加速运行实践和探索。教师自主管理的依据是，教师和所有人一样，有自然属性、社会属性和精神属性之分，而充分坚持三种属性的辩证统一，是教师自主管理的哲学依据。其理论依据是，学习型组织理论认为自主管理是使组织成员能边工作边学习，并使工作和学习紧密结合的方法。通过自主管理，组织成员可以自己发现工作中的问题，自己选择伙伴结成团队，自己选定改革、进取的目标，自己进行现状调查，自己分析原因，自己制定对策，自己组织实施，自己检查效果，自己评估自己的团队成员。在自主管理的过程中，能形成共同愿景，能以开放求实的心态互相切磋，不断学习新知识，不断进行创新，从而增加组织快速应变、创造未来的能力。而"自我实现人"和"X理论"认为，人生来就是勤奋的，一般人不仅学着去承担责任，而且寻求责任、争取责任，人人都蕴藏着聪明才智，有相当的想象力、思维力和解决问题的能力，在工作、学习中能够自我指挥、自我控制。自我实现需求的满足实践依据在于，教师的中心工作是教学，教学又是高度自主的专业，教师履行职责也就往往比较自主。所以教师的发展就是通过自主管理追求一种境界：既自我约束，又自我上进；既遵守制度，又展现自我；既自我评估，又自我激励；既发展事业，又张扬个性，在自主管理的自信中与工作达成一种和谐，由此改变自己的心智模式，实现自我超越，从而把工具性工作转变为创造性工作。

教师实践和实现自主管理，需要把握两点：一是要有自信，相信自己；一是具有二元意识，掌握自主管理的思维要素。

其一，自信是自主管理的关键。耶鲁大学的理查德·汉克斯通过多年研究得出结论：人如果没有一定的自信，那么他就不能充分利用其手头丰富的工作条件，创造出出色的业绩。教师缺乏自信，自主管理就会成为一句口号。而教师的自信，不是靠辛勤劳动、精益求精，就可锻造而成的，它需要在自主管理的实践中不断地磨砺自己、反省自己、教育自己。教师要在自我管理中培植自我评价、自我调节、自我激励、自我进步的自信，使自主管理成为自己的一种自觉行为，学校更要给教师营造自信的环境，培养一种开放自主的学校文化，引导教师进行有效的自主管理。

其二，树立二元意识，掌握自主管理的思维要素是自主管理的重要一环。教师头脑中必须时时考虑几个基本问题，即做什么、怎么做、做得怎样，我们把它称为自主管理的一般方法的思维要素。可以说，教师自主管理的全过程就是在这两个思维要素的基础上延伸开来的。所谓二元意识就是指，做什么——自定任务，目标意识；怎么做——自我计划，实行意识；做得怎样——自我检查，总结意识。一段时间或一个项目完成后，教师通过自我检查和总结来评估自己的表现，并利用所得的自评材料激活下一个自主管理循环。而且自主管理循环是自我推动的，在此循环里，教师会留意自己的缺失或优势，以便在完成工作时更有灵活性及适应性，自主管理的结果无疑会使教师个人得到自我教育及自我更新。

（二）人本化管理与个性培养

1. 人本化管理与个性培养的价值认识

人本主义心理学认为，教育对象是健全的、完整的人，人的认知行为和情感是紧密联系、不可分割的统一体，教育必须把人作为一个有思维、有情感的统一体加以研究，强调培养"充分发挥作用的人"，重视人的价值、情感和潜能。罗杰斯的一系列主张，诸如学生是教育的中心、学校为学生而设、教师为学生而教等，就是这种理念的体现。班级人本化管理是指班级管理者首先要确立学生在管理过程中的主体地位，继而围绕调动学生的主动性、积极性和创造性，以及培养学生健全个性而展开一切管理活动。

个性是指一个人的意识倾向性和稳定而独特的心理特征的总和。其中，稳定而独特的心理特征是指人的情感、意志、性格、爱好、气质等心理品质。要承认人的个性差异，明确人的智能呈现方式的多样性，在教育中要关注学生的个性差异，利用差异，发展差异，使每个层次的学生都能得到最大程度的发展。个性培养的目标也就是帮助每个学生在各种素质综合、协调发展的基础上，形成有别于他人的一种独特性，显现出自身优势，其中重要的是要促进学生形成与社会发展相协调的需要、动机和兴趣，对人、对己、对环境的正确态度和以能力为中心的心理特征。

人本化管理与传统管理的理念和意义有诸多不同，表现为：一方面，教育是智力活动，学习是一种心智活动，这其间人是能动者，教育是否以人为本直接关系教育效果；另一方面，学生面临的时代将是以人为中心的时代，这个时代将人力作为最重要的资源。所以，人本化管理就是要让学生在以人为本的活动中成长，充分张扬其个性，使其全面地发展。牢固树立人本化管理的理念，尊重学生个体，以学生为本，以学生为中心，是个性培养的必要条件。只有以人为本，个性才能健全发展。反过来个性品质、个性能力发展了，又会促进人本管理的顺利进行，这就是两者的结合点，也是两者相辅相成的辩证关系。

2. 人本化管理与个性培养的实践探究

营造人本化管理气氛，明确个性管理目标。人本化管理的主题是以学生为本，以学生为中心，以学生为管理工作的出发点。为此，必须营造一个宽松、和谐、民主、平等的气氛。

（1）达成共识，营造良好的人本化管理气氛

①切实改变教育观念。班主任作为班级管理的组织者和决策者，要改变传统的教育思想。班级是由个性化的学生组成的集体，良好班集体的形成有赖于班级每一个学生的健全发展。共性与个性的发展是相互作用的，同时，只有培养个性才能有创造力的发展。为此，班主任要充分尊重学生的主体性，尊重学生的主动精神，为培养学生良好个性创造条件。

②提倡以人为本的民主思想。班主任要认识到自己在学生个性培养中的角色和地位。首先，要建立新型的师生关系，要深入学生、了解学生、关心

学生，增进师生情感。其次，要树立服务意识，当好学生个性培养的配角和参谋，把人本化落到实处。

③增强学生的主体意识。班主任要有意识地对学生进行主体教育，让学生认识到学习的基点在于自身的主动精神，要变被动为主动；认识学生个性的特点，让学生真正做学习和管理的主人，在人本化管理中自觉地锻造自己的良好个性。

④争取社会和家庭的配合。个性培养是多维的，班主任可通过开家长会、家访、发信函等形式，使社会和家庭了解学生个性心理特征，明确人本化管理和个性管理的关系，从而理解、支持并参与到人本化管理与个性培养的教育活动中来。

（2）启发引导，明确个性培养目标

有了人本化管理的条件和氛围，还要做好学生个性培养的启发工作。学生的个性特征正在发展和形成，但是人在这一时期的个性发展往往是不平衡、不稳定的，所以做好启发引导是必不可少的工作。

①进行调查摸底，搞清学生个性状况，如个性心理、个性特点等。通过学生填表、他人提供信息等方式，让每一个学生都表露现存的或正在形成的个性差异。

②针对学生个性实际，对学生进行个性心理教育，在充分尊重学生自主性的前提下，对学生的个性进行纠偏引导、培养工作。

③制订个性培养计划，如在培养个性心理方面，可将不同意志、兴趣、爱好的学生在排座位、分小组时加以有意识的统筹考虑。这样，使学生人人有个性培养目标，人人有努力发展个性的动力，形成民主竞争、人本化管理的良好氛围。

（3）创设人本化管理平台，多维培养学生个性

学生个性只有在班集体环境中才能得到比较和体现，也只有在班集体活动中才能形成和发展。学生有了个性发展的意向和目标，并不等于有了良好的个性。要培养学生健全的个性，还必须创设活动平台，给学生以培养个性的机会和场所，让学生在班级多维的人本化活动中得到充分的锻炼。

班务管理的人本化。学生要求自治的心理是个性培养的最佳基点之一。①实行班干部民主选任制。学期开始，以推荐加自荐的方式民主选举班干部，让学生充分发挥自主性，做班级管理的主人。②实行班干部轮任制。从班长

到组长、科代表实行有比例地学期轮换任职，并实行副班主任值日制，让每个学生都有机会在不同的岗位上接受锻炼，都有个性培养的活动平台，并使个性得到充分的展示和自主健全的发展。③实行班级学生督查制。由非班干部学生组成 5 人左右的督委会，以一月为一任，对现任班干部的工作进行督查和记录。这样，既提高了现任班干部的管理效率，又使更多的人有锻炼管理能力的机会。

班级活动的人本化。班级活动是学生个性培养的主载体，活动开展得如何，直接影响学生个性的培养和发展。因此，班级活动要最大限度地调动全班同学的积极性，应让同学普遍感到，这是我们自己的活动，要自己动脑筋想办法，把活动搞好。①活动决策的人本化。学生是活动的主体和主人，所以无论是课内活动还是课外活动，都应体现人本精神，在促进个性发展的总目标下，调动学生的主动性。为此，活动前，班主任可先抛出活动方案，让学生讨论并修正，从而确保活动的有效性。②参与活动过程的人本化。具有共性的活动，应让每个学生参与，如某一专题的讨论、献爱心活动、社会调查、郊游等。展示个性专长的活动，也应尽量让更多的学生参与，如演讲、辩论、征文等活动。组织活动班主任要放手，只作适当的引导即可。

课业管理的人本化。学生课业的个性差异是显而易见的，这些差异主要表现在学习动机、学习兴趣、学习意志、学习方法等方面。这些差异都要求课业管理的人本化。一方面，要使学生成为学习的主人，就必须引导学生多参与教学，即不仅参与学，而且参与教。另一方面，要使学生认识到人本化是学生课业的自主发展的需要，是共性与个性协同发展的需要。①班主任要全面及时了解学生课业发展情况，要经常对学生进行个性心理教育，让学生自觉地调控好学习心理，并认识个性发展的最终目标是形成人的全面素质的发展。在学习中，要处理好各课业之间的平衡关系。②要指导学生处理好必修课与选修课、理论课与技能课的关系。要针对学生的学习心理和课业专长，协同各任课教师，建立各类学习小组，给学生提供发展个性专长的活动平台，并指导调控好活动过程，使学生的心理品质和学业专长协调发展。③要发挥具有良好个性的学生的影响作用，使没有专长或心理有问题的学生在专长生的帮助下，培养自己的良好个性。④建立课业个性培养管理档案。使学生的课业专长学习心理的特点和过程在档案中有详细的记录，以便更好地认识、分析和协调学生个性的培养，同时使课业人本化管理得到不断完善。

（4）引进人本评价机制，强化个性培养动力

高尔基在《论美学》一书中指出："美化人、赞美人是非常有益的，它可以提高人的自尊心，有助于发展人对自己创造力的自信心"，"青少年们渴望从同伴对自己的反映中发现自我、认识自我，进而完善自我"。学生个性发展的主动性来自他们自身，引进人本评价机制是学生个性培养的重要驱动力。

评价机制的人本化。学生是个性培养的主体，评价机制也应是人本化的。①评价形式的人本化。从对象看，可以是自评或他评。从时间来看，可以是月评或期评。②评价内容的人本化。应让学生参与制订评价的细则和办法。同时，要注意并及时修正评价内容和方法。只要学生有某方面的进步，都要及时加以肯定。③评价过程的人本化。要把全员参评和评价小组参评结合起来，坚持评价的公开、公平原则和以正面引导为主的原则。

运用人本化的激励策略。评价的目的是为了激励，激励的依据也应是人本化的。①目标——理性激励。学生个体发展自始至终是有明确目标的。如《成功之路》一书所说的，只有当人们认为某一任务本身是值得从事的，他们才能真正地把它视为己任。在个性培养中，班主任要依据中学生的个性心理特征，洞察学生的心理，关注个性发展轨迹，让学生有强大的精神支柱，这就是民主确定的班级奋斗目标和由学生共同建立的良好班风。②评优——光环激励。通过经常性的评优和评级，促进学生的个性培养。树立典型，以个体荣誉或集体荣誉来肯定学生的每一点进步，促进学生个性和共性的协调发展。③互励——情感激励。学生个性发展是不平衡的，如果一个学生的个性得到健康发展应该看做是集体成员相互作用的结果，同时也应该成为集体进步的推进器；如果一个学生在个性培养上有问题，集体成员要互相帮助，相互激励、情感互投是人本化激励策略的具体表现，也是个性培养的重要内动力和根本保证。

3. 对人本化管理与个性培养存在问题的思考

人本化管理与个性培养是创新教育的重要课题，它既涉及教育领域，又关联心理领域，加之我国教育管理中惯于运用行政管理及外控式管理模式，因此，在现实中运用人本化管理的模式，还存在这样或那样的困难与问题，有待于进行深入的思考与探究。

（1）存在的问题

①管理者管理观念落后，认识不到位，以教师为中心的集权思想还相当

严重。人们总认为管理者是主动的，而受管理者是被动的，师生平等也是说得多，做得少。一句话，没有把学生当做真正的主人看。②大环境还没有形成以人为本的气候。学校领导、学生家长还没有还权于学生，把学生交给班主任、交给学校管的思想还司空见惯。许多人认为班主任搞人本化管理会出乱子，人本化管理合力不足。③在人本化管理过程中，一些关系没有得到理论上的解释，如人本与民主、人本与个性、个性与共性、个性与创新等，具体操作缺乏计划性、连续性和系统性。④由于教育管理的理论和实践研究相对滞后，人们普遍缺乏探究精神，从事这一领域的系统研究和大胆实践的也不多，所以，人本化管理面临缺少理论指导和实践借鉴的尴尬局面。

（2）对问题的思考

①加强现代教育理论的学习，更新观念，深刻认识知识经济社会对人才的要求，树立以人为本的教育理念。②努力处理好人本化管理与个性培养的深层关系。在人本化管理中更加灵活地变换操作程序和方法。如运用分层管理、目标管理来弥补人本化管理的不足，学会综合管理的能力。③做好人本化管理与个性培养的调控工作，把学生的积极性调动起来，让学生在自我管理中学会自我调节，同时针对不同学生的心理问题，分别采用行为启发、暗示、激励等多种方法提高学生的自我调控能力。④营造人本化管理的环境。学校领导要为人本化管理创设必要条件，为人本化管理出谋划策。要了解、分析、解决人本化管理与个性培养中出现的问题，不断地总结经验，不断地充实和完善人本化管理。

实践证明，只有在管理中真正把学生当学习的主人看，把学生看成发展中的人，把学生看成独立发展的人，才能使学生的自主性、独立性、创造性得到有效的培养和健全的发展。

（三）人本化管理与学校管理模式

提及学校管理模式，作为学校管理者以往更多注重的是如何建立一整套行之有效的规章制度，去约束教职工。这当然是必要的，因为一般情况是，校长管理教职工，教职工管理学生，即校长—教职工—学生，这需要一定的规章制度去约束。但随着传统教育机制向素质教育机制的转变，规章制度的约束已经不能成为学校管理模式的重心，因为我们看到了人在整个学校管理系统中的中心地位。人有七情六欲，所以学校管理尚需以人为本，用人文精神管理学校，做到以情感人、以情育人。学校领导者要善于把建章立制的

"硬"管理与人文精神的"软"管理相结合，既"管"且"理"，重"管"更重"理"，实现制度管理的三个结合，即科学管理与人本化管理相结合、权力经验管理与学术管理相结合、校内资源管理同校外资源管理相结合，这样才能使一定的管理行为收到预期的效果。

曾经读过这样一段文字：一个装了一半水的瓶子，有人说它是半满的，有人说它是半空的。两种说法都正确，却反映了两种心态、两种理念。前者习惯于看到已有的资源，后者习惯于看到还没有的资源。前者更容易使人利用好现有的资源，后者可能使人更多地想如何占有更多的资源。在很多情况下，二者会导致不同的结果。这显然是理念不同的原因。以人力资源管理为例，认为半满的人，会致力于激发现有人才的积极性，充分发挥已有人才的作用，这多半会导致比较好的结果；可惜大多数的领导者都是半空的理念。他们天天抱怨没有人才，缺乏人才，但是实际上企业现有的人才却在抱怨没有人重视他们，没有人研究如何发挥他们的作用。领导者的精力主要花在了如何引进高级人才上，等到真的把人才引进企业，领导者们又看不见了，他们继续关注企业还缺少什么人才。被引进来的人才长期被搁置、被冷落，又受到原有员工抱怨情绪的同化，积极性也没有了。半年后，领导者看不见引进人才的成绩与水平，又要抱怨没有人才了……我们身边有多少这样的领导？其实，企业不是真的没有人才，而是领导者缺乏使用人才的理念。由此来看，把人放在首位至关重要，那么又如何从理论落实到实践中呢？

1. 科学管理与人本化管理相结合

在创新教育过程中，科学管理与人本管理运用应互相结合。学校管理是学校领导在正确认识管理对象的基础上，运用计划、执行、检查、处理职能，有效地利用学校的人、财、物等管理对象，确定并达成学校目标的社会实践过程。人是管理的核心要素。对于人，仅用制度、计划、监督来管理，尽管体现了科学管理的规范性、实效性，却忽视了人的本质特征，即人的个性需要及人的发展，甚至容易窒息人的创造性，使人退化为制度的奴隶，即仅知道服从。而创新教育要求教师向探究型、学者型、专家型转变。转变的基础是教师个性的张扬，主体性的充分发挥。苏霍姆林斯基认为，"人的心灵深处有一种根深蒂固的需要，就是希望感到自己是一个发现者、研究者、探索者。"作为一名教师，他的职业角色决定了他的价值追求取向，得到别人尊重与承认远甚于物质利益。因此，对教师的管理必须树立以下新理念。

（1）人格魅力

人格是一个人性格特征的核心成分。高尚的人格，使人产生敬佩感，能吸引人、促进人模仿，给学校决策者带来极大的影响力。孟子曰："以德服人，心悦诚服也。"因此，决策者必须具有令人信服的思想品德修养。作为决策者，坚持严于律己，以身作则。凡是要求教师做到的，自己首先做到；凡禁止教师做的，自己首先不做，以实实在在的行动给教师树立榜样。即使只是看见地上一片纸屑，决策者也当着师生的面捡起，以此来带动影响全校师生。坚持公正无私，不带偏见地、平等地对待每一位教师。特别是在分配工作、考核评优、晋级升职等教师关注的敏感问题上，一视同仁，不搞厚此薄彼。决策者事先制订并提出标准或准则，交由行政班子或全体教师讨论通过后再实施，以同样的标准来衡量每位教师的德能勤绩等方面的情况，使整个教师群体有一种大家都是"自己人"的感觉。孔子曰："其身正，不令而行。"实践证明，只有具有高尚人格的决策者，才能使教职工内心信服而自愿接受影响，才能确立起稳固的权威，有效地领导管理好学校。

（2）信任就是力量

教师是学校的主人，是办好学校的关键因素之一。随着时代的发展和社会的进步，教师对民主的要求越来越高、越来越迫切，他们最不喜欢盛气凌人的训斥和简单粗暴的管理，也不喜欢领导不负责任、让教师我行我素、放任自流的管理。他们希望和欢迎领导能以民主的作风，为学校创设出一种和谐民主宽松的环境，大家心情舒畅，和睦相处，自我约束而又自我完善。第一，在学校掀起"骨干教师是学校最有价值的主人"的舆论氛围，将骨干教师的素养内核框定在教学成绩、科研能力、师德修养三个方面，引领教师用高尚的人格魅力和学术力量吸引学生。第二，向教师承诺"教师能翻多大的筋斗，学校就搭多大的台"，在各方面向优秀教师倾斜，"给教师搭建一个没有天花板的舞台"，鼓励教师建功立业。第三，将业务管理的权限下放，把创造还给教师，让教师充满智慧地迎接挑战；把责任还给教师，让教师创造性地整合、补充、调整、拓宽课程；把时空还给教师，让教师将活动与学科教学衔接起来，将学校教育与家庭、社会相联系起来。第四，充分挖掘教师中隐藏的资源，尤其是信息、人际关系等方面的资源，为学校所用，学校对提供资源的教师给以奖励。

（3）无情决策，有情操作

人本管理的实质是保护人的自尊，激励人的情感，彰显人的价值。叶澜教授说过，教育是一项直面生命事业，对教师而言，课堂就是教师的职业生活，要让教师的职业生活丰富多彩，就必须鼓励教师追求精益求精的自我挑战。在人事安排上应遵循机会均等的原则，冲破任人上的"晕轮效应"。古人云"士为知己者死"，这是中国知识分子传统的价值取向。当前，社会正处于转型时期，教师的价值取向、道德观念发生了多元变化，知人善任尤为重要。知人善任重在知人，难也在知人。知人的过程是一个双向了解、交流的过程。决策者要知教师，教师也要知决策者。知人要知心，决策者要放下架子，对教师主动关心，坦诚交心，教师才能对决策者付出真心，对学校树立信心。学校决策者通过谈心、交心，达到知人、知心，从而把广大教师凝聚在领导群体的周围。知人目的在于"善任"。"尺有所短，寸有所长"，决策者应根据教师的学术个性、爱好特长、能力水平，合理配置，优化组合，人尽其才，整体高效，最大限度地发挥每位教师的聪明才智。首先，摸清管理对象在性格、经验、工作实际、生活状况、社会关系等方面的特征，并倾注于积极的期待，鼓励教师尝试风格不同的教学方法和不同的教育对象，然后对工作岗位进行招聘并公示，最后将教师的分担安排、目标及研究任务同时下达。目标分层，体现弹性；研究任务要有针对性，指向提高教师的教育教学水平；研究考核的方式是提高分减去过去的基础分，重在促进教师的自我成长。

（4）活动融情

传统的教育管理中，管理者惯用榜样激励法、谈话交流法、物质慰问法，不可否认，这些管理手段仍有很大的价值，但仅有这些是不够的。活动是理念信仰和实际关怀的中介，人与人是互相支撑的，人与人的相互理解贵在沟通、接触。活动能创设便于沟通的情境，优化交流的氛围，让教师切身体会到学校的关心与温暖，浓化干群之间的人情味，强化学校各阶段的工作重点。学校文化建设沉淀的精髓是学校发展的沃土，特色学校是众多学校决策者毕其一生于一役的追求目标。教师活动是学校特色的一个重要方面，没有教师富有个性的创造性活动，学校的学生特色活动就不会稳定长久，因此，我认为教师活动的特色是一所学校长期形成的无形资产和宝贵财富，是维系、规范、凝聚全体教职工的纽带。

（5）尊重、理解、激励教师

教师从事的劳动，是最需要发挥人的聪明才智的劳动，因此，最有效、最灵验的管理方法就是学校领导对教师劳动的理解和对教师人格的尊重，是领导对教师的感情投入和思想沟通，是领导与教师之间的同事之谊、手足之情。教师作为特殊的脑力劳动者，普遍具有强烈的自尊心和强烈的自我表现欲望。他们对尊重的需要高于对物质的需要，对实现自我价值的追求高于对金钱的追求。他们最大的愿望是精神上的鼓励，事业上的成功；他们最大的苦恼是精神上的创伤，能力上的压抑。根据美国心理学家马斯洛的人类动机理论，学校决策者在工作实践中应努力构建教师激励机制，尽量满足教师的不同层次的需求，以此来调动广大教师的积极性。一是关心教师的物质生活，想方设法为教师解决实际困难，让教师亲身感受到集体的温暖。二是关心教师的精神生活，与教师建立起志同道合的同志关系，互相支持和帮助。三是为教师创造一个施展才华、实现自我的良好条件，培养他们成为教学骨干、学科带头人，特别优秀者提拔到领导岗位，让他们发挥更大的作用。

十一、营造书香校园，给读书一个特权

教是为了不教，这是教育的最高和最终目的，那么，为了达到这一目的，须教会学生读书，让学生在学校阶段即爱书恋书，喜欢读书，能够自己从书中学习必需的知识，汲取智慧，涵养性情，应当是学校教育的重要内容。但是由于种种原因，不少学校背离了这一教育目标。学生除阅读应试所必需的那些教材之外，很少读书；教师除阅读教参及各种辅导类材料外，也很少读书。这是典型的功利主义教育，是教育的短视主义。

在中考、高考的双重压力和传统教育观念的影响下，"重课内，轻课外；重讲授，轻阅读；重死记，轻能力；重分数，轻素质"的现象一直比较严重地存在着。为挤占学习时间，许多学校不给师生提供足够的读书空间和良好的读书环境，于是，教师也变得懒惰起来，读书成了一种负担，对于中学生来讲，读书似乎成了他们的奢侈享受。本应一年四季书香洋溢的校园乃至家庭，也就难觅其芬芳了。其实，这种把"书与人""读书与人的发展""教学与教育"严重割裂开来的现象有着严重的危害。

读书为学生打造宽厚的智力和能力背景。叶圣陶先生讲过："学生读得好，才能写得好。"阅读，在学生面前展现了一个闻所未闻、见所未见的奇妙世界；它指导学生认识人生，热爱生活；它召唤学生张开思维的风帆，在书海中遨游；它启迪学生仰以察古，俯以观今，寻求信仰的力量、精神的支柱；它引导学生获取知识、发展个性，建立自己的知识结构。何况阅读的意义不仅仅在于为写作提供可借鉴的范例，还因为这是一个多方面吸收的学习活动，可以开阔视野、积累知识、发展智力、陶冶情操，对学生的思想品德、人格气质、审美修养及精神世界起着潜移默化的影响。从这个意义上来说，阅读是促进学生全面发展的一个重要手段，阅读能力是当代中学生必须具备的素质之一。任何忽视和轻视阅读能力的看法和想法都是不足取的。有人说学生不热爱阅读是教育的失败。办好一所学校的突破口，是培养学生的阅读能力，使每一个教师和学生都让生命充满阅读的喜悦。那么，作为一名教育工作者，我们还为什么要办失败的教育呢？

教师应当是身体力行的读书人。我们教师面对的是渴求知识、需要塑造的学生，在学生眼里，教师是"无所不知，无所不晓"的"圣人"，其实这就是对教师读书的一种鞭策和压力。苏联著名教育家苏霍姆林斯基曾说，"学生的智力生活的一般境界和性质，在很大程度上取决于教师的精神修养和兴趣，取决于教师知识渊博和眼界宽阔的程度，还取决于教师到学生这里来的时候带来了多少东西，教给学生多少东西，以及他还剩下多少东西。对一个教育者来说，最大的危险就是自己在智力上的空虚，没有精神财富的储备……如果你的学生感到书籍永远是一种新奇之物，如果年轻人总是单独地躲起来去享受这种瑰宝，如果青年当中有许多这样有读书癖的怪人，那么，我们的社会目前还不能应付的许多棘手问题就会迎刃而解。"可见，教师的阅读行为是多么重要和必不可少，善于读书的教师对学生有多么重大的影响。引导和鼓励教师读书理应是学校工作的一项重要内容，教师主动读书、善于读书应该成为自己的一种生活和品质。同样，一个好校长本身应该是一个好读书、博览群书的校长。

读书是建设文化的载体。在谈到读书的作用时，曾任中央教育科学研究所所长的朱小蔓教授有段很精彩的论述："人为什么要读书？知识分子为什么渴望读学术精品？究其主要原因，是因为学术精品中具有强大的文化的力量。我们为什么需要学术中文化的力量？是因为人活着太需要支撑我们生命的东西，太需要为我们每一天的生活得到鼓励和依据的东西，所以我们需要寻找自己为人做事的原则、信念乃至方式。"营造校园读书环境在学校文化建设中有着重要作用。有知识、没文化的学校不是一所真正的学校,有知识、没文化的人是可怜的人,校园里没有一个求真的丰富的知识世界,文化就没有了载体,就像空中楼阁、海市蜃楼。我们在精心构造知识世界的过程中,制度文化、校园文化等固然重要,是必须努力建设好的;除此以外,更重要的是要为文化寻找载体,为文化构筑氛围,那就是提倡读书。一个人的精神发展史实际上就是一个人的读书史,一个人的成长过程就是不断学习的过程。一所学校一个民族的精神境界,很大程度上取决于阅读的水平。

我们学校的图书楼,蔚为大观,借阅图书的学子无需借书凭证,即可随心所欲地取其所爱。藏书13万多册的阅览中心可以供300多人同时阅读。每个教室的图书柜为学生提供阅读快餐;每周两节课外阅读课,学生可以集中时间到阅读中心读书,取心仪之书,入书香之乡,很快沉浸在乐而忘返的精神天地里。即使是在正式的课堂上,有的学生如果认为老师所讲已经学会或听而无味,也可以拿出喜欢的书来读。这是留给学生读书的一份特殊权利,是学生应该拥有的特殊幸福,任何人都不得制止或批评。因为他们既然从课堂上获取不到优质的文化资源,只有通过自我阅读来另寻生命成长之路。而且,爱书人怎么会不愿意学习呢?我们就是要通过这种极端的方式,让书香弥漫于整个校园。

在我们学校有个美丽的节日——读书节。每年的12月至次年3月都举办为期100天的读书节活动,读书讲座、读书知识竞赛、课本剧表演、开办图书超市、建设家庭书架、营造书香班级等每一项活动都大受学生欢迎,学生尽情徜徉在书海中获取自我超越的动能,"读书""教坛感悟"和"成长驿站"等师生共写随笔亦成为实验中学一道道亮丽的风景。每当谈起这些,初一(12)班潘雪同学总是激动不已:

> 读书节、"图书超市",别出心裁,独具匠心,给人以温暖的感觉。有卖的,有买的,有换的,喜欢看书的同学一摞一摞地买,欣喜之情溢于言表。令同学们更为惊奇的是,老师和家长竟然也来购书。这里是我们的梦想之地,这里是我们人生的"购物"处。我们把梦栽在这里,盼望着它发芽,明年的读书节什么时候到来呢?

为读书设置一个节日，无疑是一个伟大的创举。全校师生像过其他节日一样，隆重而又幸福地度过快快乐乐的 100 天，尽情地在书海中遨游，汲取智慧的营养，感受人生的幸福。

怎样才能使读书节办得有声有色而又不流于形式呢？我们充分注意了以下几点。

(一) 赏析与心得唱出春华秋实

读高品位之书，不但使师生"不行而知"，文化升值，还可以使他们感到情感愉悦，品格高尚。所以，读书节里学校要求各班每周向学生推荐一本或一批好书，并附带图书简介和推荐理由。学生从这种优质的阅读资源中，选取自己的最爱，于是，乐在其中之读与有的放矢之学就构成了一种自然和谐的文化风景。我还进一步强调，读书不但要有一个个体内化的过程，还要彼此交流，提升群体的认识水平。为此，要求各班利用班会、语文课等，经常举行读书赏析、读书心得交流等活动。赏析既要透视内容，剖析形式，还要求文辞优美，吸引听众。比如高二 (6) 班的张晓磊同学赏析《草叶集》时，就写下一段很美的话语：

> 一时间，蜜蜂、燕子、翠鸟、丁香、杨柳、紫罗兰全都热热闹闹地挤进我的心房，让我忽然对眼前的这个世界涌起诸多爱的情怀——为丁香花开的季节而歌唱。去年冬天心底积蓄的几分颓废倏地没了踪影，眼眸已被《草叶集》擦亮，生命从此被惠特曼式的乐观真诚填满。

在读书心得交流中，同学们深悟了塞缪尔"雕像会朽败，书籍却长存"的深义，莎士比亚"生活里没有书籍，就像大地没有阳光"的哲理。高二 (9) 班赵虎芳同学的读书心得提道：

> 不为黄金屋，不为颜如玉，不为千钟粟，更不为那一纸荣誉，只是为了增知生智，在人生道路上采撷生命的音符，酝酿出一首岁月之歌，唱出春华秋实，落英缤纷。所以，开启书的扉页，缕缕书香如醇醇杨柳风、杏花雨，在心田上萦绕，让心花悄然绽放，演化出无数感悟的诗行。

我认为，赏析文章是学生从读到评的升华，心得体会是学生从读到悟的外现，个体在全班同学面前口头赏析作品与谈说心得之时，群体认识也在文化资源共享中有了进一步的深入。

（二）读书笔记成为提升生命质量的载体

在读书节中，每一个学生都要向大家介绍一篇文章或一本好书，写一篇赏析名著或名篇的文章，这并非率意而为，而是学生在广读博览之后的优中取优，精中选精，或收集了思想的硕果，或震撼了自己的心灵。介绍显见个人的水平与品位，同时也从他人的介绍中共享精神美餐。

在读书节中，每一个学生都要建立读书笔记，写阅读好书的收获，抒心灵之旅的感受。于是，美文佳作纷至迭出。现选几篇，以飨读者。

> 当生活的创痛刻骨铭心时，不妨寄情于书香，让它缝合带血的伤口；当忧郁的心情替代了欢颜时，不妨留恋于书香，让它驱散胸中的乌云；当泪水浸泡你的生活时，不妨偎依于书香，让它擦干苦涩的泪滴。
> ——初四（1）班　钟岩

> 书，是一杯苦涩的茶，是一杯浓烈的酒，亦是一场清凉的雨，品透了它，也就品出了人生。 ——初四（1）班　张书梅

> 难怪女作家叶文玲把书说成是她的"长生果"，现在我才感受到有书的生活正如她所讲"恰似一幅流光溢彩的画面，也似一曲跳着音符的乐章"。没有书，生活就失去光彩，我们自然也就享受不到与书聊天的那股乐劲。 ——高二（7）班　王佩佩

> 霍金——一位与时间赛跑的坚强者，在黑洞世界中寻找突破性的创建，轮椅上产生的新智能，使他解开宇宙之谜，他说："疾病是可怕的，但更可怕的是人心的失望与绝望。"比尔·盖茨——一代微软大帝，神奇的创造力使他陷入"苹果陷阱"不能自拔，他那惊人的智能细胞和商业头脑，使他成为世界首富，而他却说"财富可以靠手去赚，但更要靠脑赚"。 ——初四（3）班　颜秉政

以上几个学生的读书笔记片段，不仅文辞清丽，更有思想的跃动，情感的流淌。文化对他们是一种生命提醒，他们则在这种生命提醒中拥有了提升生命质量的独特感悟。看到这些读书片段真使人感叹："后生可畏，焉知来者

之不如今也。"

与此同时，读书笔记的外延也在不断地扩展，读书随笔是相伴而生的最佳载体之一。这一贯串学习始终的练笔活动，让学生充分感受到书香人生的美丽。持之以恒的读写结合，收获的不仅是品位的提升与文笔的流畅，也是为终生学习和文化的发展奠基。所以，购书、读书、写文，就成了诸城实验中学学生追求的共同价值取向与终生受益的事情。购书几百本、读书数十本、撰文数百篇者，不乏其人。如购书 800 册的李海洋，1100 册的阎劲帆，1500 册的赵增益；一年读书 260 册的白杨，400 册的李含露、王文博、王楠；与父母同背《三字经》的初一（12）班的全体学生，潜心研读着《诗经》和《离骚》的张超，一口气能背诵近 300 首唐诗的闫广斌，一个学期撰文上百篇的张婷婷。

佳作纷呈，就要给予展示的载体。一个学期三次的文学大赛，给学生提供了一个展示才思的舞台。参赛佳作大都发表在我校的自办报刊《实中天地》和《现代》上，这一方面让作者感受到成功的喜悦，为今后的写作鼓足了后劲，另一方面也为同学之间的互相交流、互相学习、共同提高提供了机会。"七彩梦幻""人生感悟"、"心灵驿站"、"读书花絮"、"秋日私语"等栏目中的学生佳作，总让人流连忘返。我作为校刊顾问总是顾而又看，往往在夜静更深时品尝学生的创作之果，忘时光之流逝，以至"不知东方之既白"。

（三）"图书超市"培育现代儒商经营思想

为把读书节办得有声有色、卓有成效，让读书走进人生，最大程度地唤起学生参与的热情，我们还在读书节期间办起了"图书超市"，由政教处具体负责，各级部主任、班主任和语文教师具体组织。为突出文化内涵、淡化营利思想，学校专门规定，"图书超市"上出售的图书，不论是新是旧，一律最高五折销售。"图书超市"上，一个班级设一个摊，专售内容精美的打折图书，买主有学生，也有教师。卖主"求善价而沽"，而买主则希望物美价廉。于是，师生之间讨价还价的现象并不鲜见。这并不是学生六亲不认，而是学校着意要求，以期培养学生的交际能力。师生真正意义上的平等以及买卖场上的公平竞争，就在这超市上同时展现出来。同时，为了扩大书源，学校还邀请市内各大小书店在校园内设摊打折售书。所以，"图书超市"开业之后，总是人头攒动，热闹非凡。

大凡参加过"图书超市"的学生大都感到收获甚丰，这不仅因为他们在超市获得了自己喜爱的书籍，在种种交流活动中学到了平时学不到的知识，更重要的是他们每个班都有属于自己的"书店"，"老板"和"员工"也都是他们身边的同学甚至是自己的老师。亲切熟悉与讨价还价并存，买卖成交与忍痛割爱同在，快乐洋溢。

我校的"图书超市"与一般图书市场最大的不同，即要进行优秀图书及优秀班级评比，在图书售价不超过五折的前提下，交易的图书最佳、数量最多、交易额最少、价格最低的班级与学生才能评为先进集体与优秀学生。因为学校在培养学生的交际能力与交往水平的同时，更加注重培植学生的质量第一和客户至上的意识。

事实证明，"图书超市"深受广大师生的欢迎，借助这一形式，我们让互通有无、资源共享、以诚为本、利己也利他的现代儒商经营思想悄无声息地走进学生的心里，为其未来人生奠定了基础。更主要的是这种活动还渗透着一种人文关怀，那就是让那些家境贫寒的学生也能得到自己喜爱的图书，圆了自己的读书梦。

总之，读书节期间活动丰富多彩，有诗歌朗诵比赛和讲学比赛，也有结合读书的社会实践活动，有"读书和人生"作文竞赛，也有读书节的成果展、综合评估和检查。在各种与读书有关的讲座与沙龙上，既有教育大家与师生的直接对面交流，也有学生与老师之间"当仁不让于师"的切磋与争论。

事实证明，读书节已成为我校最盛大、最美好、最难忘的节日，是一个影响深远的创举。每当读书节来临，全校师生以一种类似宗教的神圣和虔诚，沉浸在巨大的欢欣与喜悦之中。每年从 12 月至次年 3 月，隆重而又幸福地度过快快乐乐的 100 天。师生们在书的海洋中尽情地遨游，忘我地汲取知识的营养，感受人生的幸福。读书节的创设，提供了足够宽广的时空，不但让学生爱读书、读好书，而且净化了学生的心灵，陶冶了学生的性情。读书节期间开设的"图书超市"，也使学生享受到一次物美价廉的精神大餐。

连续几届读书节就这么红红火火地办下来。有品位、有情趣的百日读书节，已成为学生最向往的节日。如今，我们形成了独具特色的十大"读书新理念"：

打造宽厚的智力能力背景；学生不热爱阅读是教育的失败，也是教学的失败；办好一所学校的突破口，是培养学生的阅读能力，使每一个教师和学生都能让生命充满阅读的喜悦；读书——让生活更和谐；得阅读者得天下；阅读改变人生；让读书走进人生；改变，从阅读开始；读书，让知识、生活与生命产生共鸣；一本好书，一生财富。

这些崭新的读书理念，已逐步融入我校每一个师生的心中。

十二、开展丰富多彩的校园活动，为学生成长搭建广阔的舞台

在我们的文化立校的治校方略中，创建学习型校园是重要目标之一。有人可能会说，学校本来就是学习的地方，哪个校园不是学习型校园？难道还有非学习型校园不成？如果从传统的教育观点来看，当然所有的校园可以说都是学习型校园，因为传统教育中的学主要指的是知识的学习，甚至主要是指对教科书的学习，为了应付考试的学习。但新的教育理念（如素质教育理念、创新教育理念）中，这样的学习观念显然是很偏颇的。新教育理念中学习型校园中的"学"，不仅是指学生的学习，还指教师的学习。仅就学生的学习来说，指的也不仅是学知识，还包括学能力，学智慧，培养素质，学习生命的意义，等等。对于这样的"学"来说，不仅需要智商，也需要情商，更需要身体记忆——即实际动手操作的能力及在此操作中而形成的能力、涵养、人格等。凡是学生未来在"不教"时所需要的一切基本知识和能力，都在学校学习的范围之内。因此，这样的"学"，仅靠课堂学习是无法完成的，它需要在课堂之外，开辟多种途径，运用多种方式，开拓校园生活，扩大学习空间，满足学生成长的需要，丰富学生的情感体验和心智生活。

为了创建好学习型校园，把学生的课外活动搞得有声有色、卓有成效，办出学校特色，我们在继承传统的基础上，充分尊重广大师生的愿望和要求，发挥广大师生的创造性，成立了以九大学生社团为主的各种学生社团，设立中华少年写作园和山东省当代文学院潍坊分院，突出文学特色；创办艺术节、体育节，让学生在尽情张扬个性中收获对美丽生活的别样理解；开展采风活动，突出活动特色，让学生真切地感受"读万卷书，行万里路"的魅力；举行"校园吉尼斯"评比，鼓励和培养学生的创新意识；开办外国语学校，突

出外语特色,努力让学校成为学子们尽情丰富人生、张扬个性、展现才华的舞台。

(一)创建学生社团,让每一个学生都能在自主管理中学会自主创造、自主成长

新教育理念认为,"没有教育不好的学生,教不好是老师的责任"。这样的人才观是建立在新的评价体系的基础之上的,传统的教育评价只是把知识,甚至是分数作为评价学生的唯一依据。新的评价体系则以学生的全面发展、健康成长为依据,尊重学生的个性和特长,在充分发展学生个性和特长的基础上,激发学生学习兴趣,促进学生的全面发展。因此,善于激发学生兴趣,发现学生个性和特长,并使之健康发展就成了现代教育的一个重要课题。而学生的个性特长仅靠他人的认定是不行的,重要的还得靠自己来展示、来表现。成立学生社团就是学生展示自己、表现自己、发展自己的最好的方式。为此,我们学校成立了九个主要的学生社团:学生书画院、学生科学院、艺术团、体育训练中心队、广播电台、电视台、报社、《现代》文学社、记者团。

除这九大社团外,只要会员达到20人以上,符合组团条件,经过申请都可以成立学生社团。因为有了九大社团的成功经验,学生组团兴趣高涨,现在我校已有各种学生社团80多个。如体育社团,除拥有学生体育训练中心外,还有足球、乒乓球、羽毛球、散打、跆拳道等社团;再如艺术社团,除有学生艺术团之外,还有古琴、吉他、地方戏等社团。尤其值得一提的是我校的爱心社团,如"壹基金"义工社团、红十字会、天使之翼,以及由诸城市省团代会代表、荣获诸城市2010十大道德模范殊荣的我校肢残学生李福娟与同学发起成立的实验中学志愿者协会。这些学生爱心社团在汶川地震发生后不久的5月16日就发起了社会捐款,校外组织捐款行程20多里,从南走到北,火车站和汽车站都有他们的身影,连午饭都没吃上,一天就募集善款5000多元,交到了红十字会,极大地推动了诸城市的爱心捐助活动和志愿者活动,在诸城影响很大。

对于学生组建社团,我们做到精心组织、严格把关、具体指导、热情服务,此外就是放手让学生自己管理、自己开展活动。具体组织由校团委和政教处负责,由学生会成立的社团联合会具体负责社团建设和活动,保证让每一个学生都能选择适合自己兴趣和特长的社团,每周定期在周日下午组织社团活动。学校精心安排，聘请指导教师。社团联合会领导成员，一般选班干部或那些有责任心且热心公益事业的学生担任。为便于组织和联络，每个社团设社长一人，副社长则每一个级部一人。为保证社团健康发展，学校每月对社团培训一次。对那些成员太少及普及性太小的社团，我们也严格把关，如有人要求成立街舞团、爵士乐团，我们认为条件尚不成熟，就未予批准。

为给学生社团开展活动提供广阔的天地，我校还在王尽美纪念馆、诸城市中医院、诸城市移动公司、诸城市博物馆、密州酒业有限公司等地挂牌成立了13处学生社会实践基地。

（二）授牌"中华少年写作园"，让学生爱上文学

"中华少年写作园"活动自2003年10月启动，由人民文学出版社、北京大学中文系、中国教育学会中学语文教学专业委员会发起，在全国重点中学建立"中华少年写作园"。聘请特级语文教师、教育专家、著名作家和大学教授联合成立中华少年写作园专家组。文化部原部长、著名作家王蒙为"中华少年写作园"题写了匾额。

入选"中华少年写作园"条件严格、程序严谨。由中华少年写作园专家组考察推荐参加学校，考核学校作文教学成果及学校校报、校刊的层次水平（诸城实验中学校报《实中天地》与校刊《现代》分别被评为全国最佳校报、校刊）等因素，并且一个省内在数量上严格限制不超过3个单位。首批入选的学校有北京清华附中、广州深圳育才中学、山东诸城实验中学、湖南长沙第一中学、江苏扬州中学、浙江杭州萧山第十中学等全国20家重点中学。

"中华少年写作园"花落诸城实验中学，可谓实至名归。在诸城实验中学这块到处散发着浓郁文化气息的校园里，曾孕育出了无数杰出的校友——中共中央组织部原副部长王照华，当代著名作家王希坚，原全国科技协会书记处书记王东年，中共一大代表王烬美之子、吉林军区原副司令员王乃征，原《山东文学》主编、现任山东当代文学院常务副院长五良瑛，美国哈佛大学博士、微软公司研究员王铮……可谓英才辈出，举不胜举，这里历来就是培养人才的摇篮。

"问渠哪得清如许，为有源头活水来。"我们在继承传统的基础上，开展了各种创新活动，以使我们学校的"中华少年写作园"真正成为一个百花盛开的园地。我们主张语文教学应是突破课本与课堂局限的大语文教学。在这种大语文教学思想的指导下，我们主张写作教学同样也要突破课本与课堂的局限，深入社会、社区、家庭，深入工厂、农村，到大社会中去，到大自然中去，去感受、体验、观察、思考，扩大视野、了解社会、亲近自然，胸中有万千气象，笔下才会有如花妙文。为此，我们组织写作园的学生随我校记者团开展"读万卷书，行万里路"活动，随各学生社团参加社区活动，教师还经常带领大家游览诸城及周边地区的名山大川，从而掘通了写作的"源头活水"，心中有说不完的话，笔下有抒不尽的情，文章也就越写越多，越写越好。

为了使学生文章的发表有一个阵地，以便使创作进入良性循环状态，我们除办好校报、校刊外，还充分利用墙报、黑板报及各班的壁报发表学生作品，还不定期地选择优秀作品出版。所以有人说，作为全国首批20家"中华少年写作园"之一的诸城实验中学，已经成为众多文学爱好者实现其作家梦想的一个摇篮。

（三）"读万卷书，行万里路"，采风硕果累累

2005年1月，诸城实验中学学生团体组织——记者团成立。这支由160名学生组成的记者团，是我校为培养校园文学人才、记者人才而成立的学生社团。在山东省作协和山东省当代文学院为他们开设的讲座上，小记者们不但聆听了全国著名作家毕淑敏、山东省作协副主席左建明等专家、学者、文化名人的专题报告，还与他们进行了面对面的交流对话；不但在学校及市内进行了采访，还走出书斋，到诸城附近的名胜常山、马耳山体悟苏东坡"老夫聊发少年狂"的逸兴，感受我市积淀千年的文化气息。

学校开展的"读万卷书，行万里路"的采风活动，又为小记者们走向全国提供了契机。经过志愿报名和公开竞争，一行70人的记者队伍于2005年2月15—17日的赴南京采风活动中个个收获了丰硕的果实。

外出采风不但要有严密的组织，还要有明确的价值导向。为了让学生真正受到爱国主义教育与人文主义熏陶，首次出省采风路线确定为青少年爱国主义、人文主义教育专线。通过参观南京雨花台烈士陵园、中山陵、侵华日军南京大屠杀遇难同胞纪念馆、中共代表团梅园新村纪念馆、总统府旧址、静海寺《南京条约》史料陈列馆等青少年爱国主义教育基地，让学生真正了解到这一由自然风光、历史遗迹、革命遗迹、重大基础设施组成的专线上所涵盖的南京地区近现代史上发生的重大事件，进而增强爱国强国的责任感和使命感。人文主义教育专线是南京秦淮河和扬州瘦西湖文学实践基地，通过

走出课本，亲历在课堂上熟稔的《桨声灯影里的秦淮河》赞歌和"烟花三月下扬州"的优美意境，体现中国文学教育担当的"弘扬先进文化、树立民族精神、构筑成长家园"的重要功能，培养学生的审美能力和欣赏水平。

一路走来，小记者们激情满怀、感慨多多，他们采风采来的有对历史屈辱的极大悲愤，有对中华崛起的热切向往，有对旖旎风光的热情咏叹，也有对文化名人的无限仰慕。而翻阅他们的一篇篇随行笔记，总感到有一股爱国热血在奔涌，美好的情愫在流淌。

> 最令人震撼的就是南京大屠杀纪念馆了。这里有30万生命流淌的鲜血，有妇孺垂死的悲号，有壮丁挣扎的面孔，有日军贪婪邪恶的眼睛，有他们杀人比赛后狂妄的笑声。一件件血淋淋的实物痛斥着日军的暴行，一具具活生生的白骨倾诉着同胞的屈辱。投足其间，你会觉得那里的花是不会开放的，那里的鸟是不会欢叫的，因为那里的空气叫人窒息，因为那里记录了中华民族最屈辱的时光，记载了一个泱泱大国面对一个弹丸小国的无力和懦弱。 　　——孟　新

> 在南京，我能够找到一种历史和现实、浮华与沉重、传统和前卫相结合而产生的美感，这些形似矛盾的东西居然可以交织得那样光怪陆离而又自然而然。 　　——初二（6）班　宋立倩

> 柔柔的瘦西湖水就这样荡漾着，它流过了动乱，流过了奢靡，流出了美丽动人的故事，流出了如诗如画的风景…… 　　——初一（1）班　赵　晗

组织这次活动的王元磊主任讲，小记者采风归来后，在校内外引起了强烈的反映，学生震动，家长高兴，社会赞叹。根据大家的强烈要求，学校隆重推出了"南京，你好！"的采风活动摄影展，在校内外产生了巨大的反响。为进一步深化文学特色和社会实践活动特色，对学生进行爱国主义教育和人文主义教育，经与山东省作协和山东省当代文学院协商，近年来，记者团大型采风活动又先后赴延安、韶山、井冈山等地参观，并与当地学校开展了"手拉手"活动。

"读万卷书，行万里路"不单单是读写结合，更重要的是让学生在"走"中受到教育，学会思考、关注社会和人生。这是课外之"课"，可以促发学生的写作激情，更能提升他们的思想品格和历史使命感。我想，只有做到了这些，才能保证我们教育出来的学生真正成为国家未来的栋梁人才。

（四）创建校园"吉尼斯"，为学生开发潜能、展示才艺加油助推

自由自觉的创造活动乃是人作为人类的本质，正是为了能更充分地开发、展示、提升人类的这种本质力量，人类才创造了各种各样的竞赛项目，从国际社会、国家组织，直到民间团体，这样的竞赛活动都屡见不鲜、数不胜数。最为著名的竞赛活动就是四年一度的国际奥林匹克运动会，它是对人的躯体运动能力及心智能力所能达到的极限的考验，"更高、更快、更强"是这一赛事的基本口号；最具有广泛性及大众性的竞赛活动则是吉尼斯纪录，它为个人或团体生命能力及才艺的开发和展示提供了最为宽广的舞台。我们学校把开发学生潜能，保护学生天性，发展学生个性，使每一个学生都向着至真、至善、至美的境界前进作为教育的目标。为了充分开发这种潜能、个性，使学校文化建设搞得更加有声有色、卓有成效，各种赛事连年不断，除像其他学校一样有各种各样的运动会、歌咏比赛之外，我们还创建了"校园吉尼斯"活动。同时，我们注意到，由于国际吉尼斯活动从它诞生之日始就涂抹上了太深太浓的娱乐化、商业化色彩，也产生了一些弊端，甚至产生了危害生命的不良导向，我们的"校园吉尼斯"活动则用其所长、避其所短，使之符合青少年学生的特点和教育的基本规律，把竞技性、趣味性、健康性有机地结合起来，确实收到了鼓励学生向着真、善、美的极致前进，为学生德、智、体、美的发展加油助推的作用，受到学生的欢迎。这一活动从 2006 年开展以来一直持续至今，创造了不少可喜的纪录，如智力竞赛方面，出现了能背诵唐诗宋词 600 首、背诵《唐诗宋词选读》整本书、背诵一本《现代汉语词典》、1 分钟打字 100 个、15 分钟拼出中国地图等新纪录；个人才艺方面，凡在文学创作、音乐舞蹈、书法绘画等方面确有特长，一时成为学校之最的也都进入"校园吉尼斯"纪录；体育竞技方面，凡是我校运动会出现的最新纪录，如铅球能抛出 6.25 米、百米跑 11.20 秒、背越式跳高 1.8 米，自然都成为"校园吉尼斯"的纪录，就连那些有助于身体健康的非运动会项目，如跳绳、棋艺等，也都可进入"校园吉尼斯"纪录。

"校园吉尼斯"活动创建五年来，每年评选两次，每次都有新纪录出现。

今后我们打算进一步扩大评选范围，使每一个有专长的学生都能得到展示的机会，使每一个人都能在一个特殊的群体中成为杰出人物，成为该群体3%的人。

事实证明，只要方向对头、引导得方，学生的潜能、才艺就会像雨后春笋那样崭露出来并茁壮成长。他们的自信心也会建立起来，从而使德、智、体、美各方面都能得到自由、健康、全面的发展。几年来，由于我们的学校文化建设搞得扎实，各种校园文化活动开展得有声有色，学生的积极性日益高涨，人才也正在成群落地出现，各方面都取得了骄人的成绩。仅以2010年为例，这一年，我校高考、中考成绩再创新高，荣获潍坊市人民政府成果奖集体奖；这一年，我校在高中学科奥赛中成绩优异，占诸城全部7项成果中的6项；这一年，我校高中学生参加全国作文大赛荣获骄人成绩，18名同学获得27处全国重点大学自主招生报名资格；这一年，我校成为北京大学少年素质教育与才能培养基地和清华大学社会实践基地，我校被诸城市教育局确定为特殊才能学生唯一招生单位；这一年，我校被确定为山东省三所"教育部基础教育精品课程建设实验学校"之一，荣膺"山东省语言文字规范化示范学校"称号，被确定为潍坊市普通高中实施新课程十大示范学校之一；这一年，我校课题"学生自主选课、走班制教学与学分制管理的探索与实践的研究"荣获教育部基础教育课程改革教学研究成果奖，荣获潍坊市普通高中重大教育教学问题研究成果奖一等奖第一名，并荣获潍坊市人民政府成果奖一等奖；这一年，我校单独成集进入全国第一部学校文化大型电视系列专题片《育人之魂》，是潍坊市唯一入选学校；这一年，我校荣获"2010中国行·中国实力百强中学"提名奖，中国文联副主席、美协主席刘大为先生为我校题写了校名。

更为重要的是，我校的学校文化建设不仅促进了学校各项事业的长足发展，同时也取得了很好的社会效益。2010年开始的"书香校园"建设已经辐射全社会和广大学生家庭。营造书香家庭、做学习型家长、创学习型家庭成为时尚。每年的寒暑假组织学生到社区做义务图书管理员、指导员。2008年，我还作为市政协常委提出了设立诸城市全民读书日的提案，这一提案得到市委、市政府的高度重视，并于2010年正式启动全民读书活动。2004年，我校将瓦店镇万家庄小学作为本校的希望小学，在办学资金、师资等方面给予大力的支持和帮扶，为进一步推动学校各项工作的发展、促进城乡教育的均衡发展作出了表率。在搞好学校文化建设的同时，学校不断寻求多种方式开展与地方的文化合作活动，实现学校和社会文明素质共同提高的双赢目标。多次开展"街头错别字清理"活动、"送书下社区"活动、"大舜文化节""国际烧烤节"选派文明使者活动、老年大学义务送课活动、开办"家长学校"普及家教知识等活动。这些丰富多彩的文明活动在社会各界产生了良好的反响。学校特别鼓励学生走出校园，走向社会，通过社会实践活动服务社会、传播文化和文明新风。

我校在职和退休的老教师，发挥专长，以自己的实际行动为社会作贡献。他们分别以举办书画展、音乐会、剪纸艺术作品展、舞蹈专场晚会等形式展示自己的才华，带动和启迪他人。他们纷纷将自己收入的大部分或全部捐助给社会，还有的兼任老年大学教师。在书画方面有所造诣并闻名全市的匡仁里、邱业春老师，在绘画方面有突出成就的刘直飞老师，在剪纸方面有所成就的马志琴老师，在文学方面有所造诣的郝洪喜老师，等等，都为服务社会作出了表率，他们的老年生活也因此而更加丰富多彩。

第四章　教师何为？

十三、面对基础教育课程改革，教师怎么办？

在传统教育理念中，对教师的价值及作用有多种美丽的定义或定位方式，最著名的当属以下三个。

一是唐代文学家韩愈的定义："师者，所以传道授业解惑也。"可简称之为"传道授业论"。一是西方流行的一个比喻性定义："教师是人类灵魂的工程师。"此论可简称之为"工程师论"。一是我国近年流行的一种说法："要给学生一杯水，教师必须先有一桶水。"后来又有人对此加以修正，认为教师有的那一桶水必须是纯净水，此论可简称之为"水桶论"。这几个定义，虽然美丽而高尚，但以现代教育的眼光及现代教育实践对照来看，却可以发现，这些认识都是非常偏颇甚至是错误的。如果再仔细考察这些定义背后的理论先设，这偏颇或错误就更为明显。

首先，这些定义对师生关系的认定是不平等的、等级式的。三个定义几乎都设定教师是高高在上的思想传道者、唯我独尊的知识拥有者。如"工程师论"甚至暗暗设定教师就如同万能的上帝，独立于人类之上，负责人类灵魂的设计与铸造，而学生不过是知识的被动接受者，是灵魂等待塑造的卑下的芸芸众生。在这样的师生关系中，学生不可能主动质疑发问，与教师开展民主平等的对话；学生不可能主动创新思考，全面发展自己的个性与特长。

其次，这些定义中所设定的教师教的内容是单一的知识，并不包括其他内容。且不说韩愈《师说》中提及的"道""业""惑"都指向知识，"水桶论"中水的比喻也是知识，就是西方教育理论中所谓的"灵魂"也主要是指经由人的理性获取的知识。这些显然与现代教育所要求的使学生在德、智、体、美等诸方面都能得到全面发展的目标是相背离的。

再次，这种定义中所设定的教师教的方式是单纯地传授、灌输，而不是现代教育所要求的引导、启发以及双向互动。

自20世纪下半叶始，人类逐步认识到传统教育的种种弊端，提出了一些新的教育理念，推动了现代教育的发展。近年，我国实行了基础教育课程改革，为快速冲出传统教育的藩篱提供了新的思路。我们认为，要想搞好新的课程改革，必须革除传统的教育理念，对教师的职能、作用等进行新的角色定位。

基础教育课程改革实现了学习课程在传统教育基础上的跨越，新课程体系在课程功能、内容、结构、实施、评价等方面都较原来的课程有了重大创新和突破。新的教育形势和新的课程任务，对教师职业发展提供了前所未有的机遇，也提出了前所未有的挑战。当务之急是教师要转变角色，加快、加深对新课程的理解，提高实施新课程的能力和水平。

(一) 教师走下传统教坛，重新进行角色定位

新课程强调，教师是学习的合作者、引导者和参与者，教学过程是师生交往、共同发展的互动过程。合作意味着学生不再是知识的被动接受者，而是有了自主求知、自主发展的权利。教师要充分调动学生的积极性，在师生的共同参与、平等对话中，创造性地完成整个教学过程。传统意义上的教师教、学生学的教学方式，需让位于教学互动方式，这样就改变了教师长期以来形成的"传道、授业、解惑"的高高在上的教学形态。

当然师生互动、平等对话并不意味着教师主导作用的削弱，反而有所加强。因为新课程背景下的教师不仅要传授知识，更重要的是着眼于挖掘学生的学习潜能，致力于学生思维品质的形成，促进学生的可持续发展。教师通过帮助学生制定适当的学习目标，并确认和协调达到目标的最佳途径，指导学生形成良好的学习习惯，掌握科学的学习策略。体现在课堂教学上，教师要用心创设教学环境，激发学生的学习动机，培养学生的学习兴趣，营造一种具备接纳性、支持性且宽容和谐的课堂气氛，从而激活学生自主求知的热情和欲望，为学生的终身发展奠基。

走下圣坛的教师，与学生一道作为学习的参与者，去分享学生创造的、学习的快乐。教师只有适应新的课程任务，重新调整师生关系，准确进行角色定位，才能使新的课程改革达到预期的目的。

（二）教师要丰富素质内涵，重新进行形象定位

传统教育是"遗传"式的，主要功能在于传承人类文明，这是以传授知识为基础的。新的课程功能正在发生着深刻的变化，创新教育、人本教育已经成为教育思想的主流。在这样的背景下，教师仅有书本知识和教育热情是不够的，我们必须清醒地面对未来教育的需要，理性地认识教育的本质，破除教育教学中的诸多理念误区，做鲜活理念的先行者、完美人格的感召者和知识能力的创新者，重塑教师崭新形象。

（三）教师要具备创新素质，成为教育理念的先行者

掌握最新的教育理念是实施课程改革方案的前提，但在当下的教学活动中，我们却随处可见充满矛盾的景象：教师手中握着新课程新理念统编的新教材，课堂上所采用的却是一些传统的陈旧老套的教学模式，新教材本应带来事半功倍的效果，却变为"事倍功半"。

《基础教育课程改革纲要》对课程改革的目标体系进行了明确的定位，指出："继续重视基础知识、基本技能的教学并关注情感、态度的培养，充分利用各种课程资源，培养学生收集、处理和利用信息的能力；开展研究性学习，培养学生提出问题、研究问题、解决问题的能力。"新的课程定位，体现了新时代的发展价值观，更加强调人文精神，倡导教学方式、学习方式的转变，为学生的终身发展奠基。同时，促使每一个教师自觉主动地实现专业化发展，促使教师与学生共同成长。教师必须掌握这些全新课程理念的本质内涵，并转化为教师的外部教育教学行为，方能形成全新的课程改革方案实施能力，成为课程改革的设计者、参与者和实施者。

（四）教师要具备高尚的人格修养，成为学生健全人格形成的感召者

台湾平溪中学校长李惠玲在海峡两岸21世纪学校经营与教学创新学术交流会上说过："成绩不是我衡量教师的主要标准，一个教师可以影响学生一辈子。我更看重是不是拿一片真心、一片爱心对待学生，以及他是不是愿意不断地提升自己。"这句话可谓一语道出了教育视野中教师人格修养的重要性。

新的课程改革方案，更加注重学生情感态度的关注与培养，注重学生个性的自主发展与完善。因为非智力因素如个性品质、思想道德、意志品格、情绪情感、人际交往能力和社会适应能力等，往往对一个人的成功起着决定性作用。而在学生个性培养的过程中，教师的人格魅力的感召无疑是培养和塑造学生健康人格的重要因素。

教师的人格魅力首先来源于渊博的学识和教书育人的能力。新课程呼唤综合型教师，需要学术型、研究型、创新型的教师。所以，新时代教师必须具有强烈的求知精神，博览群书，深入思考，能从人类生活和科学发展中汲取一切优秀的东西来丰富自己的头脑。这样在课堂上才能做到高屋建瓴，才能满足不断提出各种问题的学生的求知欲，从而唤起学生的进取心。

教师的人格魅力还表现在对学生的理解、宽容与尊重上。在师生矛盾产生时，教师情绪的调适最能表现教师的人格魅力。如一个学生的一次冲动，顶撞了老师，令老师很难堪。如果老师不是大声呵斥，而是适当地加以引导："老师也曾年轻过，也有冲动的经历，但我曾因冲动而后悔过，我相信你也会后悔的，会改变这种冲动而逐渐走向成熟的。"学生则会因老师的理解、宽容与尊重而自责，从而逐渐走上人格的健全之路。教师对学生的错误发自内心深处的宽容，为学生提供充分表达自己的机会和空间，才能有针对性地开启顿悟，对学生进行有效的教育，并培养他们判断是非的能力；教师对学生充满个性思维方式的宽容，可以激发学生思维的火花，培养学生的创造精神；教师对学生独特行为方式的宽容是尊重个性发展的特点，鼓励学生在宽松自由的环境中大胆展示自我。对于教师而言，宽容地对待自己的学生，在非原则问题上以大局为重，意味着教师的教育思想走向深刻，教育手段走向成熟。教师宽容地对待学生，就是科学地看待教育过程。教师在理解、宽容中会更容易走进学生的心灵，向孩子的心灵播撒阳光，从而赢得最强有力的教育力量。

（五）教师要具备开放型和研究型素质，成为学生研究性学习的指导者

新一轮课程改革在继承传统的接受式学习的基础上，增加了研究型学习、探究型学习、体验型学习和实践型学习，实现了学习方式的多样化。这一改变，自然对教师提出了新要求。有人说，学生学习方式的改变是对未来教师最大的挑战。比如研究型学习，学生要进行有效的研究，就要求教师首先应该成为在研究状态下的学习者，然后才能成为学生研究型学习的指导者。指导学生开展研究型学习活动对教师来说是一次学习，也是一次挑战。一方面教师进一步发现了学生的潜力，重新认识了学情；另一方面也发现了自身的不足，从而反思自己的教学。比如文科教师在指导学生开展课题研究时，可能会发现自己懂的还不如学生多，急需扩大更新知识面。而理科教师在指导学生写论文或调查报告时，就可能感到自己的人文素养有所欠缺，需要丰富自身的理论素养，提高自己的研究型素质。

在新的学习形势下，教师的职责是帮助学生确立活动课程内容，活动课程内容的选择与组织，要以学生为中心，围绕三条线索进行：学生与自然的关系；学生与他人的关系；学生与自我的关系。教师要引导学生不断地提出问题，使学习过程变成学生不断地提出问题、解决问题的探索过程；指导学生收集和利用学习资源；帮助学生设计恰当的学习活动；并能针对不同的学习内容，选择不同的学习方式，比如接受、探索、模仿和体验等，使学生的学习变得丰富而有个性；营造支持学生学习的积极的心理氛围；帮助学生对学习过程和结果进行评价，使教师成为构建学生学习体系的得力助手。教师指导学生结合学校实际、生活实际、课程实际，开展探究型、研究型课程的实践与研究，积极开发具有"研究性、开放性、自主性"特点的学习资源，使教师和学生在研究型学习的实施过程中实现同步成长。

（六）教师要强化合作竞争意识，成为时代发展的推动者

著名教育改革家魏书生曾说："有作为的人，每天都在塑造着新我，每天都从一个新的角度认识世界，认识自我，设计自我。他的心灵像电闪雷鸣，不断放射出新的光芒和声音。"这应是每一个教师永不止步的追求和应该具备的品质。新的课程体系，强调加强课程的纵横联系，强调自然科学与人文科学的整合。在新课程背景下，单靠一个人的力量解决课堂里面所有问题已不可能，需要教师与更多的人、在更大的空间、用更加平等的方式从事工作，教师之间必须更加紧密地合作，充分发挥集体智慧，学会与他人进行合作，与不同学科的教师打交道。可以说新课程增强了教育者之间的关系，将引发教师集体行为的变化，并在一定程度上改变教学的组织形式和教师的专业分工。因此，教师必须强化合作竞争的意识，以教师群体的力量推动新教育发展的步伐。

十四、严师未必出高徒，以爱启灵育英才

在我国教育史上，历来有这样一句教育名言，甚至已经成了教育思想中铁的准则，那就是"严师出高徒"。也许正是因为有了这样的教育名言的引导，呵斥、辱骂、体罚以至逐出校门的暴力教育行为就屡见不鲜了。那么，严师真的一定就能出高徒吗？是否应重新审视这句历来被教育工作者奉为圭

枭的名言呢？

综观我国历代教育，其实大致可分为两类：一类是从教育启蒙直至教育青年读书人的常规学校教育，其目的在于引导学生的全面发展；一类则是各种手工业者及民间艺人传授技艺的职业教育，这种教育采取的是师傅带徒弟的封闭方式，以学会某一种技艺为最终目的，师徒之间的关系如同封建社会不同阶级的上下尊卑关系。而"名师出高徒"论大多出自第二类教育。此论在中国教育史上影响甚大，这种观念也移植到了常规教育之中。其实常规教育着眼的是人的全面发展，特别是健全人格的培养，所以严师往往出不了高徒，倒是容易出"怨"徒的。为什么这样说呢？因为"严师高徒论"如同"传道授业论""工程师论"一样，在其理论先设中是没有教育双方平等的，而且它所持的教育标准也极为狭窄单一，那就是"严师"所持有的那点技艺、经验和行规，学生稍显不满，老师就会发脾气，甚至拳脚对待，严重伤害学生的人格自尊，所以容易产生"怨"。

趋利避害，人之本能。马斯洛的需求层次理论告诉我们，学生天性中有自律一面，也有放纵一面。让人自律，必有他律。教师的人格感召、严格要求，以及学校的制度约束，目的都应是为了促进学生的自律、自尊、自爱、自信、自强，这一切都离不开对学生的爱。如果教师的严格要求是以挫伤学生的自尊心、自强心、自信心为代价，那就与爱背道而驰了。所以，我们应重新审视、反思"严师出高徒"之类的强制性教育名言，高度警惕打着"爱"和"严"的旗号实施对人性的伤害。

细察我国传统教育，有关爱之心、宽厚之心的"仁师出高徒"大有人在。我国常规教育的祖师，也可称之为"教师之教师"的孔子，一生都在大力提倡一个"仁"字，他的教育也可称为仁爱教育，他奉行的即是仁师出高徒，爱师出高徒。古人说，亲其师，信其道，乐其学。有了这种仁爱之心，甚至"凡"师"鲁"师也能出高徒。《论语》说："参也鲁"，即孔子认为曾参是有些鲁笨的，脑子不那么灵光，不会急转弯，然而孔门之学却大都由曾子所传，就因为他是个仁爱之师。由曾子杀猪的故事即可看出他对孩子的那种真诚和爱心。

现代教育特别强调爱在教育中的作用，强调以爱启发引导学生的灵性，促进学生的全面发展。胡锦涛总书记在2007年8月31日接见全国优秀教师代表时提出四点希望：希望广大教师爱岗敬业、关爱学生；希望广大教师刻苦钻研、严谨笃学；希望广大教师勇于创新、奋发进取；希望广大教师淡泊名利、志存高远。在这里，总书记从政治高度把关爱学生看作一个优秀教师的首要品德。我国现代教育家陶行知先生也曾说过："把孩子交给学校，等于把一个家庭的希望交给了学校。""你的教鞭下有瓦特，你的冷眼里有牛顿，你的讥笑中有爱迪生。"夏丏尊先生则认为，教育没有情感，没有爱，如同池塘里没有水一样。没有水，就不能称其为池塘。没有情感，没有爱，也就没有教育。特级教师李镇西说，爱是永恒的教育主题，一个真诚的教育工作者必定是一个人道主义者。

在反思当代基础教育中的几个核心问题时，我也特别强调要走出"严格管理是中心，人文关怀成边缘"的误区，提倡校长要有仁爱之心，教师要有仁爱之心，以爱治学，以爱启灵。

何谓一个教育工作者应该有的仁爱之心？我认为这既不神秘莫测，也非高不可攀，说到家它不过就是一个教育工作者起码应有的师德而已。具体说来，要点有三：一是管理中的民主平等意识；一是对学生的尊重、理解与宽容；一是做学生工作的细心、耐心和热心。

民主平等意识是仁爱之心的基础，没有这个基础，就没有对学生的尊重与关爱，有时严格要求学生，也是为学生好，却往往不能收到应有的效果。这是为什么？原因无他，因为这种关爱没有建立在平等的基础之上，是居高临下的爱，甚至还是建立在偏见之上的强迫性的爱。因此要想真正收到效果，教师必须首先调整自己的心态，或者叫做改换角度。不少教师出于"恨铁不成钢"的初衷，受"严师出高徒"论的影响，而有过以爱的名义伤害学生的教训。我们学校的《教学感悟》中有一些生动鲜活的案例。

如王树平老师在《换个角度寻找答案》中说：

> 面对学生那一张张稚嫩可爱的笑脸，心里那一份喜爱难以言表。很多时候，把他们当成自己的孩子，发自内心喜欢他们，爱他们，想教好他们，但却遇到了很多不顺。
>
> 那是开学两周的事情，四班大多数学生都喜欢我的课，但也出了几个让我闹心的学生，阎鹏飞就最让我头痛。他学习的热情已经丧失殆尽，在课堂上不是自己玩就是搞恶作剧，作业从来不做。有一次我狠狠批评了他，后来与班主任聊起来，班主任也批评了他，

自此以后，我从他的眼神中发现他开始恨我了，开始了更大的逆反。对此，我很凉心。经过一段时间思考，我决定与他交朋友，谈心，鼓励他，变着法子找他的优点，表扬他，希望他能树立起学习的自信心，看重自己，尊重自己。慢慢地，他在课堂上的表现逐渐好了，能坐住了，在月考和期中考试中都取得了好成绩。

以爱的名义造成的伤害往往是在不经意间造成的。特别是当学生的面子与教师的威信不可调和时、课堂纪律与学生的自我表现矛盾时，教师往往先考虑的是纪律与自己的威信，而忽视了学生的面子与天性，伤害也就在对立冲突中造成了。我们的教师在遇到此类问题时一定要学会控制情绪，缓和气氛，寻找从容处理矛盾的契机。

王海老师在《学会探寻学生的内心世界》讲了这样一个感人的故事：

> 我们班有一个调皮而机灵的小男孩，有时显得异常顽劣。一天早巡视，我看到了这样一幕：科代表上黑板抄作业，他则在班上做鬼脸，惹来一阵阵哄堂大笑。我刚要发火，看到几十双眼睛正看着我，教室里鸦雀无声，小男孩马上意识到自己错了，脸涨得通红，头一直低着而不敢抬起来。我的怒气也渐渐地消失。我把他领到办公室，让他坐下，和风细雨地与他交谈，我看到他的眼泪一串串落了下来，我用毛巾擦干了他的眼泪，摸了摸他的头，对他说："承认错误并能改正的就是好孩子。"从此，他性格改变得好多了。我想假如当时让他当面认错，那会刺伤孩子的自尊心。那样虽然维持了班级纪律，却伤害了一个学生。

吴卫东老师在《班主任，给自己留个座位》中写道：

> 学生没有高低贵贱之分，没有等级差别，只有个性的差异。可是，教师的"有色眼镜"硬是把孩子分成了三六九等，还有意无意地把等级观念灌输给了学生。苏霍姆林斯基说过："教育教学的全部奥秘也就在于如何爱护学生。"高尚纯洁的爱，是开启学生心智的钥匙，是点燃学生心灵的火种。

有了教育的平等民主意识，教师才会设身处地地为学生着想，理解学生，尊重学生，宽容学生。没有理解、尊重与宽容，爱就无法落到实处。相反，很容易造成对学生的伤害。

有这样一个故事：古代有位老禅师，手下有一群小沙弥。一天晚上，禅师正在院里散步，发现有人不守寺规，翻出寺院的墙出去游玩了，墙角还留有一把翻墙用的椅子。老禅师想了想，把椅子拿开，蹲在原处等小和尚们回来。不多久，果然有人翻墙而入，在黑暗中踩着禅师的脊背跳进了院子，落地时才发现踩的不是椅子而是自己的师父，顿时目瞪口呆。禅师并没有责备他们，而是语重心长地说，夜深了，快点加件衣服去吧。从此，再没有人翻墙出去玩了。

我想，这个老禅师就是个很有仁爱之心的人。他知道佛门的清规戒律对于还是孩子的小沙弥们来说是一种约束，也是一种伤害。他当然也可以用另外的方式处理这次"破戒"事件，比如对小沙弥们严厉处罚，却无法起到既令人改错，又不伤害感情的效果。

教育要严爱结合，用严培养学生严谨治学的态度，用爱心赢得学生的信任，而理解、尊重和宽容是对学生关爱的具体表现。

孙友红老师在《宽容的台阶》中讲了这样一个故事：

在尴尬面前，懂得给自己找台阶下的人自然是明智的。然而作为教师，更应该给犯错误的学生一个台阶。人总是爱面子的，你的冷漠无情就像一把刀子，它会伤害学生的尊严，让那稚嫩的生命疼痛甚至流血。……记得一次数学考试，也许是题目太难，也许是学生太在意这场考试了，离考试结束还有 5 分钟的铃声刚刚响过，教室里便开始躁动不安。这时，我发现班上成绩一直不错的一个学生正四处张望，神情紧张地把一纸条压在卷子下面，小心翼翼地抄着，直觉告诉我——她在作弊。当我出其不意地把手按在她卷子上时，我看到一张极度恐慌而扭曲变形的脸，她的身体颤抖着，双手紧紧地握住手中的笔，用近乎哀求的目光怔怔地看着我，一刹那，我不由动了恻隐之心，灵机一动，将卷子和纸条一起拿起来，装着看她答得如何的样子，并迅速将纸条收走。然后我说："好好检查。"听了我的话，这个学生慢慢低下了头。后来，我收到一张贺卡，上面有一行清秀的字迹："老师，真正让我难忘的不是您的循循善诱，也不是您的诲人不倦，而是您的宽容。您宽容地呵护着我的自尊，让我在愧疚之后还能平静而从容地抬起头来。您的宽容是一份厚爱，让我感恩至今。"时至今日，我仍庆幸自己不曾在刹那间做出鲁莽的事来。

宽容、爱心才能使学生感到平等、受到尊重，从而达到自尊、自律。《老子》中说："圣人常无心，以百姓之心为心。善者吾善之，不善者吾亦善之，德善。信者吾信之，不信者吾亦信之，德信。"对犯错误学生的宽容并不是宽容或放纵错误，而是对爱心、善心的一种恪守。只有爱才能唤醒爱，点燃爱。正因如此，在诸城实验中学，当学生犯错误时，总是想办法给学生一次改过的机会。一次，一个学生因校园抢劫被劝退，已经办好退学手续，后来还是本着教育未成年人的原则，让他继续在学校反思改过，家长、学生都没有想到，非常感动，后来那个学生痛改前非，各方面发展良好。

有了宽容仁爱之心，不仅能促进学生求真、向善、尚美，也会促使教师不断地改进自己的工作，提高自己的品位和威信。我校教师李德田对此就有极深的体会，他在一篇文章中说：

金无足赤，人无完人。教学中难免会出现差错，这时应坦率地面对学生，给他们一个诚实可信的形象。记得有一次我在学生的一篇日记里看到一篇骂我的文章，认为我待学生不公平。一开始，我既委屈又难过，但冷静下来以后换位思考，发现学生的批评并非没有原因。原来我每个星期都给四个人调换座位，虽然动机很好，但没有得到学生的理解，学生思考不通怎么能接受强行加给她的决定呢？假如我是学生，不同样会不痛快吗？周一的班会上，我读了这篇日记，赞扬了她的勇气，解释了换位的原因，并诚恳地告诉大家，教师有许多地方不可能都思考得很周全，无法让每个人都满意。我理解大家的不满，但老师只想让大家都能健康成长，对任何人没有偏见。希望大家理解老师。说过之后，全班同学报以热烈掌声。为了及时接受学生的批评和建议，我在班里设立了一个小意见箱，鼓励同学监督老师。就是通过这个小小的意见箱，我发现了许多被自己忽略的毛病，如上课太严肃、处理问题有时主观臆断、有时控制不住自己而发火等。从这些意见书和建议中我充分感受到来自学生的爱。当我有所改正之后，学生立刻告诉我："老师，其实你笑起来很好看的，你为什么不常笑呢？"

老子曰："合抱之木生于毫末，九层之台起于累土，千里之行始于足下。""为难于其易，为大于其细。天下难事必作于易，天下大事必作于细。"海尔企业文化中有一句话说得好："把每一件小事做得更精彩。"古人也说，勿以恶小而为之，勿以善小而不为。量变会引起质变，小善积累到一定程度会成大善，教师的仁爱之心必须体现在对学生无微不至的关爱之中。没有无微不至的细心、耐心与热心，对学生的关爱将成为一句空话。

刚到实验中学不久，我遇到一件小事，至今令我感慨颇深。有一次，我在晚自习的时候到初四各班巡查，看到一个班教室里有一根灯管不亮了，询问学生说已经坏了很长时间了，不亮也凑合着学习。我立刻打电话给班主任，问灯管坏了怎么也不修理，并让他抓紧时间到总务处换一根新的。班主任说，一根灯管不亮也影响不了学习的，所以也没急着换。我一听这话就有些不高兴，说："一根不亮也不行！"

此后，班主任找到我说："李校长，不是我不早换，以前发生过这样的事，我找有关领导申请换灯管，他们说一根不亮也不碍事，算一算，一年该替学校节省多少电费呀！真没想到你的意见是一根不亮也不行。"

这其实是两种完全不同的思想，我们绝不能只算为学校节约钱财的细账，更应注意的是学生的身心健康。在学校财务预算一事上，我历来强调只要用到该用的地方，花再多的钱也舍得。以灯管一事为例，学生健康受到伤害，是少用一根灯管能弥补得了的吗？岂非抓了芝麻，丢了西瓜？

自此之后，我特别强调细节体现关爱，对学生的爱一定要切实体现在这些看起来不起眼的小事上。慢慢地，我校形成了一种好的风气——关爱学生，把每一件小事做精彩。王春凤老师在《教坛感悟》发表了一篇短文《小事真的很重要》就很能代表我们学校的这种风气。文中说：

> 教师的一言一行，都会直接影响到学生的行为。当你在学生面前捡起一片纸屑的时候，学生会模仿你，每人都捡起地上的纸屑，

地面就会变得干净。对学生的关心，不是非得在他们生病时才去送水送药，不是只有在学生没钱时才给他们送钱买饭，而是平时不经意的一个眼神，一句善解人意的话，一个优雅的动作，都会在潜移默化中影响学生，使他们感受到善的力量，美的力量。

我班有一个男同学，有一段时间上课精力不集中，很多教师都严厉地批评了他，他却依然如故。我叫他到办公室，看他忐忑不安的样子，我微笑着请他坐下，以为要受到严厉批评的他，感激地流着泪对我说，最近父母不和，经常拿他出气，所以心情不好。他还说，我对他的尊重使他找回了自信，发誓以后要好好学习。此后他进步很快。

胡希娟老师在《用心雕刻心灵》中这样总结自己的教学经验：

要关爱学生。教师对学生的爱应该是真诚的，发自内心的，它流露于教师的举手投足之间，表现于教师的一颦一笑之间，师爱应该倾注于每一个教育细节中。我们一直呼唤人文教育和素质教育，很重要的一点，就是在细节中体现对学生应有的尊重。教师要从爱心出发，这即是进行教育的前提。班主任要关心爱护班级的每一个学生，使学生感受到老师的批评教育，要预防"恨铁不成钢"可能带来的负面作用，我们真心希望学生一个个都能健康成长，真心希望学生个个都能成才。老师有爱心学生才能爱戴老师，这有利于加深师生感情，以充分发挥情感教育作用。

罗卫华老师在《关注小事，感动心灵》中也说：

海尔企业文化中有一句话很感人："把每一件小事做得更精彩。"生活中有一些小事会在不经意间感动着我们，感染着我们身边的许多人。做了班主任之后，我更深切地感受到了这一点。记得一天下午放学的时候，天一直下着雨，放学之前我到教室嘱咐学生路上要小心，然后我也匆匆往家里赶。走在路上，电话响了，是一位家长打过来的，问学校放学了没有，他的女儿还没有到家，我告诉他放学了，让他再等等看。回到家里，孩子正写作业，问她是否淋雨了，她说是跑回家的。忽然想起那位家长的电话，也不知道那个学生到家了没有。发个短信问问吧。不一会儿，有了回复，是那个家长发来的，说孩子已安全到家，谢谢老师的关心，言辞间洋溢着感激之情。看着家长的短信，我心里忽然有一种莫名的感动，无心插柳的一件小事，换来的却是一份发自肺腑的感激，这也使我想起了另一件事。有个我教过的女生，聪明、任性，上课总喜欢左顾右盼地说话，找她谈话，她总有一堆的理由等着你。有一次在课堂上她又一次扰乱周围的同学，我盯着她看了一会儿，她只是瞟了我一眼，没什么收敛。下课后，我把她叫到了办公室，她嘬着嘴，一副爱理不理的样子。我让她先坐下，发现她的衣服领子塞进毛衣里了，可能是穿衣服过于仓促造成的，便顺手替她理了一下。这时我发现她的眼神变了，变得温顺了。接下来的谈话气氛很融洽，她还调皮地告诉我，说她小时候由奶奶照顾，自己连一分钟也坐不住。那次，我们谈了很多，有关她上课的表现，还有一些与学习无关的事情，说得挺开心。以后再上课的时候，她完全变了，学习成绩提高很快，毕业时顺利考上了重点高中。元旦时她寄来一张贺卡，上面写道："老师，我永远不会忘记您给我整理衣服时的表情，在那一瞬间我被感动了，这个简单的动作胜过千言万语……"

教师的这种仁爱之心，这种"把每一件小事做精彩"的工作精神，最重要的还是要表现在课堂教学上。我们提倡教师的教学应向着风格化、审美化的层次演进，因为风格化、审美化不仅充分尊重了教师的教学个性和特长，同时也是对学生个性的尊重，唯有如此才能使每一堂课都能给学生提供一份精美的教育盛宴。目前，我校不少优秀教师和教学骨干都正在向着教学风格化、审美化的目标迈进。比如，刘金美老师在尝试寓教于乐的方式。

我的教学风格是充分利用45分钟，全面调动学生积极性，重能力，轻负担，寓教于乐。下面，仅以我的一堂公开课做分析。

这堂公开课讲的是 Family Tree，这篇课文的重点是介绍家庭成员之间的关系。我在讲课中克服了当前教学上存在的"重知识传授、轻能力培养，重教材灌输、轻教法改进和学法指导"的弊端，把重点放在了正确处理传授知识同发展智力与培养能力的关系上。智力的核心是思维，在英语教学中，要重视发展学生的思维，促进语言与思维的统一发展。我在课堂上把着力点放在了积极培养学生的思维能力上来，着力营造一个愉快、和谐的课堂气氛，让学生在学中乐、乐中学。为了让学生理解家庭成员之间的关系，我让学生分别扮演爷爷、奶奶、爸爸、妈妈、姑姑、叔叔，以及他们的子女，然后爷爷找奶奶，爸爸找妈妈，依次类推。学生在学习中不仅分清了家庭成员之间的关系，还激发起了学习英语的兴趣与积极性。

在平日教学中，我总是采取灵活多样的教学方式，充分利用听、说、读、写、唱、画、游戏、表演、猜谜、竞赛等多种形式调动学生积极性。如在导入 Family Tree 一课时，我选了一首歌曲 Family Tree，歌词中用英语介绍了家庭成员之间的关系，学生在优美的乐曲中很轻松地学会了爷爷、奶奶等单词，学生们情绪高涨，真正做到了寓教于乐。在教学中，我特别注意使用教具，以增加大家的直观感受，如 Family Tree 一课，我还让同学带来了他们的全家福照片，向同学介绍家庭成员，实物激发了学习热情，避免了死记硬背，达到了空前的效果。(刘金美《在寓教于乐中实施教学》)

赵青老师的化学课则尝试趣味性、实验性、开放式的教学风格。

化学是一门以实验为基础的学科，每一个规律的发现，每一个定律的得出，都与实验有关。因此，化学教学必须以探索发现的过程为线索，以实验为基础，进行探究性教学，让学生体验科学探究的乐趣，分析推理的严谨性、逻辑性和飞跃性。我在教学过程中，有条件做实验，一定做，没有条件做，创造条件也要做。例如在讲授"铁的生锈与防锈"一节时，实验室里根本没有配套的器材，为了上好这节课，我用试管、水、花生油和铁钉，引导学生体验了科学探索的全过程，圆满完成了教学任务……像对待自己的孩子一样对待学生：严格、公平、民主、关心。严格要求学生养成专心致志的学习习惯。课堂上给学生发言、讨论的机会，在平等的基础上教学。虚心听取学生的建议，只要正确就采纳，决不摆架子。发现问题，通过谈心及作业上的批语，指明存在的问题及努力方向，关心学生的身心健康。(赵青《我的教学风格》)

我校物理学科教学能手、诸城市先进教育工作者高升强老师还创新了学生过生日的办法。

现在的学生零花钱多了，过生日互送礼物成为普遍现象，然而这一行为不但浪费，占用学生精力，而且不利于团结。我和班委会商量后，决定在全班改革过生日的办法：同学过生日时，我出钱买生日贺卡，全班同学与任课教师在上面签名，在过生日的当天，利用早晨值日班长点评时间，请这位过生日的同学到讲台上去，团支书将贺卡送给他，全班同学为他唱生日快乐歌，最后，这位同学发表生日感言……学生普遍反映这一做法使他们感受到了家庭的温暖。

总之，教育教学活动是一种教人求真、向善、尚美的文化活动，是一种极富个人灵性的精神实践活动，必须以爱来点燃爱，以真来启示真，以善来引导善，以美来唤醒美。爱心是教育的根本，如果缺少了爱，仅靠严来施教是不够的。严师未必出高徒，以爱启灵育英才。

十五、坚持科研带动，加快名师培养

我总喜欢于繁忙的工作之余在校园里转转，这是发现问题、静心思考的最好的方式。

一天下午，我看到下班回家的教师，有的车筐里、包里带着教科书或学生的作业，这不用问，肯定是准备回家加班的；有的年轻教师车子上、手中则除了孩子的衣服、书包，就没有别的了，而且精神状态也不振奋。于是我又特别接连观察了几天，情况基本如此。我隐隐想起在学校的论坛会上，有些教师说的最新的词就是"风雨过后总见彩虹"，连句体现最新教育理念的话都说不出来。简单的教学生活使他们习惯了上班一本书，下班进厨房，生活的轨迹就是简单的三点一线——学校、家庭、孩子的幼儿园，大部分人竟然连书也不看，长期这样下去，他们能不被教育改革的浪潮淘汰吗？他们的事业能不断创新吗？说到底，就是这些教师没有把教育事业当做自己生活的一部分，他们只是把教师这个光辉的职业当成了谋生的手段而已，这种职业麻木、倦怠是很可怕的。

很久以来，一线教师普遍存在着"只知低头拉车，不知抬头问路"的现象，你交给我一门学科我好好教，你给我一个班级我好好管理，只要我老老实实、认认真真地做好了，就没什么大毛病，就可以高枕无忧了。所以，多数教师安于现状，不求进取，这是典型的教书匠心态。我一直提倡做一个思想有高度、学识有深度的教师，鼓励大家要告别教书匠，做研究型、创新型教师，每个教师都应争取做一个教育家。那么，什么是教书匠，什么又是研究型、创新型教师呢？我认为研究型教师与教书匠的主要区别，即在于是把教学当做事业、理想，还是仅仅当做一种谋生的手段；他在教学生涯中有无激情和创造性，是否在不断地学习；他所从事的活动是一种创造型活动，还是仅仅是一种依样画葫芦的重复与消耗；他是否在教学中能超乎技而近乎道，即能对教育有更高更深的思考？

教师需要进步，教学需要反思。只有不断地反思才能不断地进步，而且需要教师主动学习，不断反思和进步。

仅仅满足于做一个教书匠，这是远远不够的。这种思想带来最常见的后果是，在最初几年，教师还能凭知识储备，冲一阵子，十几年时间过去，形成了自己的一套固定模式，这时再参加一些教学研讨活动听别人谈着新鲜的思想，再对照自己的教学现状，就会感到茫然无措，发出"舟已行矣"的感叹。因为缺乏新鲜思想的补充，自己那点可怜的经验早已变成了强弩之末。现代信息技术的更新周期越来越短，频率越来越快，科技含量越来越高，在这种形势下，教师面临五项挑战：知识源、信息源的挑战；被选择的挑战；信息技术的挑战；英语的挑战；新课程的挑战。很难想象，在未来教育工作者还能用传统的方式去应付瞬息万变的教育变革。所以，唯一的出路是通过不断地学习，去不断地更新观念、充实知识、掌握方法。集中精力，培养耐心，在客观地审视现实的同时，不断地创新和超越自我。这才是真正意义上的终身学习。

我经常告诫教师要保持思想的鲜活。不被淘汰的办法只有一个，你只能往前走，停下来，哪怕迟疑一下都有落伍的可能。怎样才能超越对手，很多人总是希求外力，但是学习型组织专家认为，只有自我学习、自我超越才是战胜对手的唯一出路。因为内因是根据，是第一位的，而外因是条件，是第二位的。

怎样才能让教师更好地主动地自我学习呢？怎样让教师有一个持久的学习力？怎样把我校教师打造成一个学习型团队、学习型组织？在这一方面我们下了大量的工夫。

上海明德学习型组织研究所在"'99世界管理大会"上结合我国国情提出了构成"学习型组织"的六大要素：拥有终身学习的理念和机制，建有多元回馈和开放的学习系统，形成学习共享与互助的组织氛围，具有实现共同愿景的不断增长的学习力，工作学习化使成员活出生命意义，学习工作化使组织不断创新发展。

要培养一个真正的学习型、研究型教师团队，必须按照这六大要素的要求实现我们的计划。首先，要让学习成为教师工作、学习的一部分。那么，首要的工作就是要在学校中培养学习理念，形成良好的学习氛围。对此，我在党委会、校委会和全体教职工会上采取各种形式引导大家树立四种理念：一是"思想在学习中，创新在学习中"的理念；二是"工作的核心是学习，学习是劳动的新形式"的理念，把学习看成工作的重要组成部分；三是"学习积累知识资本，增添发展动力"的理念；四是"学习创造幸福，终身学习幸福一生"的理念。

这些理念要想得到真正贯彻，并在全体教职工的观念中根深蒂固，就必须在广大教职工中形成共鸣，产生共振。那么，通过什么形式去组织实施学习，才能确保收到实效而不流于一种形式？于是，我想通过建设科研名师工程来推动全校教师主动学习。围绕这一工程的实施，我们采取了以下一些措施。

（一）致力终身学习，不断超越自我

研究型、创造型教师的一个基本特点即是具有创造的活力。要想不断地为思想充电，最有效的办法就是不断地读书、学习。为此，我们学校大力推动教师读写活动，使学与思真正地结合起来，使学习深入下去。我校围绕教师发展的培养计划，结合对教师读书的要求，强化师德教育、教育教学理论学习和教育随笔撰写的活动，规范教师师德学习笔记本、教师理论学习札记本、教育教学随笔本共三本，把"三本建设"当成促进教师精神成长的抓手和催化剂。我觉得每个教师不管他教学状态如何,他总归走过了一段难忘的学习历程,许多教师在引导学生成长的同时,自己也在成长。我们引导教师主动在繁杂的教育教学中对自我发展进行理性思考,用随笔的形式不断地反思自己的教育教学,在反思中不断进步和成长,促进自己由教书匠逐步向研究型、学者型教师发展。让教师在"我的自传"中,回顾自己教育和教学生活的经历,检点自己走过的教学之路,唤醒自我意识,在回顾中审视自我、反思自我、评价自我,在自我反思中获得自我教育意识,确定个人成长愿望。在"我的成长计划"中,规划和唤醒自己的未来。在"我的教学故事"中,通过叙事的形式记录自己的教育教学行为、思想轨迹、生活内容、师生对话等所经历的事件,通过对各类教育事件的描述和分析,实现对教育问题的探究和思考,揭示其背后的教育意义和哲理,促进每位教师教育理念和教育行为的转变,促进师德和素养的提升。

(二)加强教研制度建设,为青年教师成长强力助推

由于种种原因,大多数学校中老年教师锐减,青年教师成了教学与科研的主力。我们学校由于重新组建不久,这种情况尤其严重,青年教师已占到整个教师队伍的80%以上。青年教师富有青春活力,接受新思想快,具有创造性,是未来名师培养的主要对象。为了加快青年教师的成长,我们设计了青年教师成长轨迹,促使他们迅速由实习教师成为教学能手、教育专家,由一般教师成为教学骨干等。

为进一步实施"科研名师工程",充分发挥学科优秀教师对青年教师的影响带动作用,鼓励各学科的优秀教师脱颖而出,尽快在我校形成一个优秀教师群体,确保学校各项工作超常规、高速度、跨越式发展,经学校党委研究决定,实行了首席教师制度和首席班主任制度。

首席教师的基本职责是:首席教师是该学科的第一责任人,带领本教研室全体教师搞好教学工作,确保教育教学的高质量;组织本教研室搞好教育科研,确保每年都有科研成果;承担培养青年教师的责任,确保青年教师快速成长。学校对首席教师实行动态管理,聘期为一年,期满后根据工作成绩决定是否续聘。被聘任的首席教师,学校除颁发证书外,还给以一定的精神激励和物质奖励。

首席班主任的主要职责是:第一,为其他班主任提供成功经验;第二,指导其他班主任开展班级工作;第三,开展班主任工作策略研究,并提升为理论，促进我校班主任文化的发展。

为了充分发挥优秀教师和中老年教师的优势，对青年教师进行具体指导，我们还开展了师傅带徒弟的"青蓝同胜"拜师结对活动，同时为青年教师设置了导师团。学校成立了由教学经验丰富的老教师组成的"导师团"，聘请退居二线的全市名师成立特聘导师工作室，跟踪培养最近几年新调入的 200 多名大学生和年轻教师，为他们的成长搭舞台、拓路子。实施"创新时效工程"，深化课堂教学改革，常年坚持在全体教师中开展"四课型"达标活动，引导他们研究课堂、研究学生、研究教学，提高课堂教学质量。

此外，学校还举全校之力，推举青年教师外出讲学、参加出题和阅卷、参加研讨会、参加教学能手比赛等，为教师在各个教研平台展示风采提供机会。

（三）坚持科研带动，加快名师培养

诸城实验中学大力实施科研名师工程，培养研究型教师。

一是举办教科研恳谈会，在教职工中定期举办恳谈会，如学海尔恳谈会、学洋思恳谈会、学生成长恳谈会、责任教师恳谈会、反思性教学恳谈会等。通过交流各自的学习收获，以实现大脑联网，把个人收获变成集体智慧。

二是关注教师专业的可持续发展。学校倡导读书，为教师打造丰厚的文化和教育背景。我们设立了教师"年读书基金"，其中 200 元由教师自由支配，要求购买与自己的专业相关的书籍，期末结束时凭发票和书籍到学校报销。其中 100 元，由学校为教师统一提供书籍——《给教师的 100 个建议》《给教师的一百条新建议》《帕夫雷什中学》《第三只眼睛看教育》《我的教育理想》等优秀书籍。我们还要求所有的专业教师每学期必须订阅 2 ~ 3 份学术含量高、信息量大且具有理论前瞻性的教育期刊，同时必须有计划地细心研读几本教育专家的教育论著。这样确保教师们每周、每月都有报刊可以阅读。

三是开展系列培训活动。鼓励教师参加各种改革培训和教研会议，不断加强教师的理论和业务学习水平，注重磨炼教师三力：教育能力、事业动力、人格魅力。我们也积极创设理想的教研环境，为教师的教科研活动提供用武之地。相继有全国知名教研室主任联谊会秘书处、中国教育学会中学语文教学专业委员会课堂教学研究中心、山东省教育学会教育管理研究专业委员会高中教育管理工作委员会秘书处、山东省教育学会基础教育学校发展战略研究中心、山东省青年教师中学语文教学研究会、山东省教育厅《基础教育改革论坛》编辑部、诸城实验中学曲阜师范大学教育硕士科研工作站、诸城实验中学延边教育出版社教育研究开发中心、诸城市滨北学校文化开发公司九大科研机构落户我校。此外，我校还是北京师范大学校本教研基地、教育部基础教育课程教材发展中心化学课程网基地。开放的教研氛围给教师的专业成长提供了更为广阔的发展空间。

（四）多角度评价，给教师以职业幸福感

教育是群体智慧的结晶，这就像人们常说的"木桶效应"，只有抓住了群体中的每一部分，学校教育教学这只"木桶"才会真正发挥作用。诸城实验中学，在学校文化的影响感召下，从校长到后勤工作人员，每个岗位的人员都在用心经营着自己的事业，从每一个细节做起，力争把每件小事都做得更精彩。为激励和鼓舞这种精神，我们改变评优奖励机制，常年用不同的标准和尺度来评先奖优，改变以往完全按照成绩评优奖励的机制，让每个人都能找到自己的闪光点，让每个人每时每刻都在闪光发热，让每个人都能够突破思想，激活梦想，实现理想。

1. 开展"温馨两代人""温馨家庭"评选活动。教师愉快工作和幸福生活的源泉是什么？除了每个人对事业的追求，最重要的可能就是家庭的动力了。家庭幸福了，教师才能感到生活的幸福，也只有他自己感到幸福了，才能够把这种幸福传递给每个学生。因此，实验中学每年在教师中开展"温馨两代人"和"温馨家庭"评选活动，通过评选那些工作上进、家庭和睦的教师模范，营造每个教师追求家庭和事业共幸福的氛围。

2. 海选"十佳教师"，给教师以工作的幸福感、成就感、自豪感。每学期末，发动全校学生在600名教师中海选"十佳教师"，举行隆重的大会，对学生评选出的"十佳教师"进行表彰，激励先进，鼓舞群体。

3. 鼓励团队创造，激励全面创优。每年在全校范围内举行"和谐团队"和"感动实中的人与事"评选活动。2007年9月，学校出台"关于设立教育教学若干奖项的通知"文件，在全校评选22个单项奖，如读书最多的教师、最受学生喜欢的教师、最佳门卫、最佳生活指导教师奖、最多登闪光台奖等，鼓励在自己的领域敢于冒尖和勇于创造的教职员工，使我们的奖励与评价没有死角和盲区，让每一个岗位都充溢着温暖与幸福，荡漾着激情与创造。

4. 制订科学有效的评价方案，还评价以公正和透明、科学和人本。如果我们给教师以公正，还评价以科学，就能让每一个教师时刻保持持久的激情和巨大的创造力，从而焕发出持久的工作动力，这种工作动力和激情是长久不衰的，是有强大后劲的；教师的团队精神、团队凝聚力、团队组织效能，都能得到最大限度地发挥，这样不但提升了学校的领导力和执行力，从而增强了学校的竞争力，更为社会培养出了更多的高质量、高素养、高品味的人才。

近年，结合新课程改革和素质教育的大力实施，我们陆续出台了《诸城实验中学教师工作评价方案（试行）》《诸城实验中学教师工作评价方案——同伴互评》《诸城实验中学教师工作评价方案——学生评价》《诸城实验中学教师工作评价方案——自评与领导小组评》《诸城实验中学教师工作评价实施量化表》（包括师德、教学成绩、教学常规、工作量、专业发展、责任教师制度、闪光奉献等方面）《诸城实验中学教总办人员工作评价实施量化表》等涉及多角度、全方位评价的指导性文件。

目前，对教师的评价与奖励除上级组织的评奖之外，我们已经形成了自己独特而又系统的两大系列：师德系列有"师德十佳"和"百名师德优秀教师"，业务系列有"课堂教学改革十佳"和"课堂教学改革百名优秀教师"。这不仅弥补了上级评优数量少、种类单一、涉及面窄等不足，也使得我们的教师评价逐步走向了科学全面。

建设温馨的学校文化、科学评价教师。给教师以幸福的最终目的是什么？就是要激发教师群体的工作热情，最终让学校有强大的领导力和执行力，实现打造全国品牌之目标。执行力就教师个人而言，就是主动地、高质量地把想干的事干成功。教师个体的执行力强，各项具体工作就会按部就班地顺利实施。教师个体的工作到位了，学校整体工作就不会落后，也就是说学校整体的执行力和战斗力就会很强大。学校强大了，深处其中，教师的成就感就有了，而这种成就感和幸福感是能传递的。

（五）开展深度会谈，发挥团体智慧

现代心理学研究证明，在许多团体中，每个成员的智商都在 120 以上，而整体智商却只有 62，这是为什么？哈佛大学长期研究团体管理学习行为的学者阿吉瑞斯对许多企业研究后指出，大部分管理团体都会在压力面前出现智障，这其中包括几种情况：为了保护自己，不提没把握的问题；为了维护团结，不提分歧性问题；为了不使人难堪，不提质疑性问题；为了使大家接受，只作折中性结论。解决"群体智障"的方法在于深度会谈，即每个人全部摊出自己心中的设想，真正一起思考。深度会谈原是当代量子物理学家鲍姆所提倡，他认为，当一群人各以开放的心胸进行深度会谈时，便会产生一股更大的知识之流，这是由对自然系统性或整体性的看法以及认知与行为之间的互动融会起来的知识之流。鲍姆发现，思维不只是个体的活动，更重要的是团体的活动，通过学习"会谈"，使集体思维活动的结果超过每个人的想法。要实现组织的共同愿景必须通过团体学习来发挥团体智慧，团体学习可以从深度会谈着手，在群体中让每个人的想法自由交流与碰撞，在交流和碰撞中发现别人更深远的见解，发现并清除有碍团体发展的消极因素，以此来发挥团体的智慧。

哲人说："你有一件物品，我有一件物品，交换了，我们每人仍然只有一件物品；你有一个思想，我有一个思想，交流了，我们都同时拥有了两个思想。"我们通过集体备课的常规方式来推动深度会谈的展开。集体备课是教育思想的交流，而不只是教案的交流和共享，不经过深度会谈、集体备课的教案不能进课堂。

我校坚持十年如一日的集体备课，充分发挥了团体的思想智慧，有力地提升了教师的素质，大大提高了教育教学水平。

经过多年的发展，我校已培养了一大批像王春华、郑德山、丁尔安、王元磊、殷洪萍、孙培云、刘金美等这样的名师。王春华于 2004 年 9 月作为潍坊市三位代表之一、诸城市唯一一位代表，出席了省委、省政府庆祝第 12 个教师节座谈会。郑德山被评为潍坊市优秀教师和师德标兵。丁尔安在 2004 年诸城市教育工作会议上，获得我市唯一一个高考特等奖。初中部殷洪萍老师获得潍坊市第二届教学成果政府奖初中学段最高奖次。孙培云被评为潍坊市优秀教师、诸城市十大杰出青年。刘金美被评为诸城市师德标兵。近几年又有一批教师因为教学成绩优异，被评为诸城市优秀教师。一大批青年教师也已获得长足进步，正在或已经步入了名师的行列。我校实施的以培养名牌教师、壮大名师队伍为目的的科研名师工程已初见成效，为我校的进一步发展奠定了基础。

诸城实验中学着力塑造一支素质一流、专业水平过硬、管理和教育教学成绩突出的干部队伍和教师队伍，为实现"实施文化立校，打造精品实中，创建中华名校"的奋斗目标打下了坚实基础。近年来，我校借助新校区搬迁、办学条件更加优越这个契机，创新学校管理，细化文化建设。我们引入物业公司对学生宿舍、校园卫生等方面进行公司化管理，我们引入餐饮行业的全国连锁公司对学校食堂进行科学经营。管理上的这两大创新既为学校节约了资金，又节省了人力，也为一线教师提供了更好的生活保障和服务，使管理者有更多精力和时间进行教育教学管理和新课程改革。每个班级的班级文化更加细腻，学生设计了班歌、班徽、班名等，规范了班级誓言、班训等，学校也集中对各个班级的文化进行了展评。我们对全体教师提出了"抓常规、抓末端、抓细节，将落实进行到底；抓学习、抓团队、抓科研，靠创新赢得领先"的"六抓"工作要求。领导包科、包级部，分管领导每周都要在固定的时间对教师工作给予点评，学校把分管领导发现的问题和好人好事数量纳入个人量化评价体系，与奖金挂钩。我们在教师中落实了一线工作法，即教师在一线指挥，情况在一线掌握，问题在一线解决，措施在一线落实，形象在一线树立，业绩在一线创造。

就像我在"校长寄语"中所说："……步步是创业的冲动，时时皆创新的激情。是激情，让我们对人生有完美的追求，对事业有蓬勃的冀望；是激情，让我们对每一个细节精雕细琢。愿全校师生都充满激情地投身工作学习中，让激情为工作和学习注入鲜活的生命，让激情创造精彩人生。"

目前，诸城实验中学教师的工作能力、专业素养和教学水平每天都在发展和进步。每个教师在每一个岗位都尽情施展自己的才智；教师自觉地超越过去，无私奉献，激情工作，把每一件小事都做得更精彩，为学校发展做出了巨大贡献。一个科研型、学习型、专家型的优秀教师群体已经形成。

十六、大力实施责任教师制度，关注每个学生健康成长

（一）实施责任教师制度的背景

教育要遵循生命的特征，而生命其本身就是自由的，真正的教育应把学生看成真正的人。教育并不是将人具体地塑造成某种工具，而是使人成为存在的人、不断发展和超越的人。因此，尊重学生的自由与个性，以人为本的现代教育意识应贯串于教育教学全过程。

我国古代教育家孔子讲，理想的社会关系是人与人之间"和而不同"——就是既要有鲜明个性，又要有团队精神，而鲜明的个性必须经由个性鲜明的课堂教学的培养和熏陶。国外教育界权威人士也认为，伴随着全球

经济一体化和信息化的到来，国际间的交流与合作不断扩大，21世纪教育的目标是要培养未来"地球村"中有竞争与合作意识、富有综合能力的"地球人"。

早在两千多年前，孔子就提出了因材施教的教学原则，他承认学生在个性与才能上的差异，主张根据学生的个性与特长有针对性地进行教育，注重补偏除弊，促进学生的正常发展，培养出了各具千秋的"七十二贤人"。我们强调素质教育，培养学生的创新精神，最根本的一点就是要尊重人的发展规律，为学生的未来着想。美国教育家、目标教学理论创始人布鲁姆认为，学生是具有独立人格、巨大潜能和个性差异的人，只要善于培养和提高学生的非智力因素，改善学生的兴趣、动机、情感、注意力等，智力因素相对落后的学生同样可以取得好的成绩。

多年以来，由于众所周知的历史原因和现行的考试制度，让我们把目光过多地投向了在考试道路上的拼杀，忽视了学生的个性差异，只是用一成不变的教授方式，"孜孜不倦"地把几十年不变的知识内容传授给一批又一批变化了、同时又是个性差异很大的学生。我们在追求高分数的同时，忽视了众多需要发展、需要成功的学生的存在，我们的教育在走着"金字塔"式的发展模式。

可以想象我们如果按目前的状态发展下去，后果会如何，我们到底要造成多少个教育的牺牲品？有多少渴望进步和成长的学生需要老师的教诲？我们又忽视了多少渴求师爱的学生？

学校充当着教书育人的重要角色，既要铺就学生全面发展的"锦"，又要培养学生显示个性特色的"花"，最终使学生成为"锦上添花"的人才。如何才能实现这一目标，使所有学生都学有所长、学有所成，成为名副其实的祖国的花朵？

我们一时不能改变教育的政策，但可以尝试改变教育方式。诸城实验中学由于其特殊的地理位置决定了学生有着与一般学校不同的特点。

1. 生源涉及面广，学生家庭背景比较复杂，家长的知识水平、能力、职业等存在较大差异，所以导致学生的学习相对来说参差不齐，学困生与优秀学生的差距大。

2. 由于父母离异、工作流动性比较大、工作比较忙等原因，导致一些学生的家庭管理跟不上，存在情感匮乏、纪律性差、学习习惯不好等问题的学生略多一些。

3. 学校处在城区，经济条件好，文化比较开放，社会人员也比较复杂，可能给部分学生带来了消极影响。

如果按照常规教育，如何实现"为了一切的学生和为了学生的一切"这个教育工作者永恒的教育追求？落实这一理念的突破口在哪里？2002年4月，一名学生投在校长信箱里的信引起我的注意："我校的老师们都非常敬业，他们教给了我们知识。我们的班主任工作非常辛苦，他总是指导我们要做好哪些工作，但我还有一个大概是比较奢侈的愿望，就是更想多听到老师能单独对我说一两句关爱的话语。"学生恳切的话语引起了我的深思和重视。多年以来，学校一直强调在教育教学中关注学生的需求，关注学生的发展和个性差异。特别是我校针对素质教育理念提出了"今天送我一个学生，明天还您一个栋梁"的庄严承诺，如果不满足学生的需求，又何以实现这些承诺？何以让学生健康、全面、自主发展呢？

一个家庭的几个成员管好一个孩子都不容易，一个班主任要管好一个班级的几十个学生更有困难，班主任不可能及时、适时发现每个学生潜在的能力和内在的需求。能否通过制度建设来调动所有教师参与学生管理的积极性呢？我们需要加强管理的密度和有效度，实现千斤重担大家挑，人人心中有目标，确保人人有事干，力促事事有人管，在教育学生这个问题上形成一个齐抓共管的良好局面，为学生营造一个关爱的熔炉、增加一个成长的帮手、增辟一条教育的渠道、深化一个教育的层次，在我校真正实现管理无漏洞、教育无空档，让进入实验中学的每一个学生都享受到最好的教育。

于是，充满着对学生浓浓情感关注和科学管理思想的责任教师制度就这样出台了。

（二）实施责任教师制度的意义

通过责任教师制度的实施，使每个学生在理解、信任、民主的教育环境中，享受着每个教师"爱"的抚慰，从而拥有积极乐观、自信进取、自强坚韧的心理，使每个学生自主意识、学业水平、创造精神、实践能力等获得全面发展。最终实现我们的教育理念：

1. 学习生活的常识，学习生存的技能，学习生命的意义。

2. 保护天性，张扬个性，完美人生。

3. 今天送我一个学生，明天还你一个栋梁。

4. 创办优质教育，创造成功人生。

（三）实施责任教师制度的目标和任务

在目前教育状况和模式下，探索出适合每个学生成长需要的教育方式和方法，真正把"为了一切的学生"和"为了学生的一切"落到实处，实现"三个促使"。

1. 促使每个学生形成优良的思想品质

（1）让每个学生学会真爱。真爱的特点就是双向的爱，既能接受爱，也能付出爱。

（2）让学生学会自立自强。能够以乐观积极的心态对待任何挑战。

（3）让学生学会理解尊重和宽容。

（4）让学生学会与他人合作互助。

（5）让学生学会诚信务实，要言行一致。

2. 促使每个学生养成良好的行为习惯

（1）做事有计划，有始有终。

（2）善于自我评价和吸取经验教训。

（3）做事要善于创新，不墨守成规。

（4）善于克服困难，不轻言放弃。

3. 促使每个学生提高学习素养

（1）善于质疑、善于反思的学习素养。

（2）善于观察和收集信息、整理信息的素养。

（3）善于通过合作交流提高学习效率的素养。

（四）实施责任教师制度的具体要求

诸城实验中学责任教师制度规定，实施学生发展全程跟踪负责制。每一位任课教师除了正常的课堂教学任务外，要按照学生的需求，分别承包班内高中低不同层次的几个学生，承担和扮演起四种角色：如父母，生活上体贴关怀；做良师，学习上鼓励指导；成益友，平等相处，促膝谈心；当心理医生，多沟通引导。我们建立了责任教师谈话制度、个别辅导制度和奖惩制度，营造一个教师人人参与、全校上下齐抓共管的教育教学科学管理模式。

具体要求：

1. 帮助、指导学生形成良好的思想道德和心理素质，关注学生的思想、品德和行为表现，防止和纠正不良行为的产生和蔓延。

2. 对学习进行指导和解惑。责任教师对学生学习过程中出现的问题及时进行处理，内容涵盖学习、生活、心理辅导等方面，帮助学生取得明显进步。

3. 开展师生共读书和师生共写随笔活动，组织学生交流读书心得，不断提升学生思想道德素质和反思进步能力。

4. 关心学生的个性特长发展。

5. 关心学生的身心健康发展，指导学生的生活和心理的辅导。

6. 引导学生参加积极向上的文化娱乐活动。

7. 经常与学生家长、其他任课教师联络，全面了解学生在各方面的表现。

8. 认真填写《学生成长记录册》，详细记录学生的成长和发展情况。

（五）责任教师制度实施办法与措施

1. 责任教师承包学生分为三个层次。

（1）优生培育

①各年级按照自己级部的发展需要，将级部划定的优秀学生整体上全部承包给班主任。这些学生在期中、期末统考中每多上线一人奖励班主任 20 分，每减少 1 人扣班主任 10 分。

②每个级部确立的优秀学生的弱科承包给任课教师。语、数、英教师各 2 人，其他文化课教师各 1 人，这些学生的责任教师要充分利用一切可以利用的时间为这些学生补课，学校还为每个教师建立了"查弱补偏备课本""责任教师辅导记录本"，教师在实施补课时都要认真备课，精心准备。为督促和监督抓好这项工作，学校还为每个年级、每个学科的教研组长配备了"查弱补偏检查记录本"，及时记录教师的责任实施情况，学校每周一对这两本进行检查，成绩记入教师量化。

（2）边缘生的促进

学校按照统一的标准，将确立的边缘生分配给所有考试科目的文化课教师，语、数、英教师每人 3 个，理、化、政、史、地、生教师每人 1 个，学生的分配实行抽签的办法，由班主任负责安排。在期中、期末统考中，只要达到学校规定的成绩每 1 人奖励责任教师量化分 40 分，下线 1 人扣责任教师量化分 20 分。教师所负责的责任学生在中、高考中，按上线数，对教师进行物质、精神奖励。

（3）学困生的帮扶

学校将每班学生综合测评的最后 6 名作为重点教育对象，由音、体、美教师每人负责每个班级的 2 名学生。对于这些学生，责任教师要充分调动他们的学习积极性，以圆满完成学习任务为要求。以期中、期末统考成绩为依据，教师所承包学生的学习成绩每上升 1 个分数段奖励承包教师量化分 30 分，每下降 1 个分数段扣承包教师量化分 10 分。

2. 强化各项措施，保证责任教师制度扎实有效

（1）深化实施责任教师联席会议制度

我们在加强责任教师制度建设方面做了很多行之有效的工作，为更好地让每一位学生都得到均衡的发展，及时了解和解决学生学习、纪律、生活上的问题，我们经常组织召开责任教师的联席会议，让全体任课教师参与到班级管理中来。每学期不同时段，根据学校工作安排和学生发展的需要，由各班主任牵头及时组织本班的所有任课教师针对各自责任学生进行详细分析，找出存在的问题，研究教育的对策，探讨改进培养的思路。这样，由于各种问题发现得早，现象分析得透，存在问题不成堆，解决问题不拖延，每一名学生的所有问题都能及时发现和解决。

（2）加强对责任教师制度的落实与评价

①学校规定责任教师不仅要负责学生学业进步，还要注重学生思想提升，能力提高。学生在校学习或参与社会活动产生了积极影响，被学校表彰者每人次给责任教师加 5 分，班主任加 10 分；被上级部门表彰的每人次给责任教师加 10 分，班主任加 20 分。如果学生有违纪行为，并造成不良后果者，被学校点名批评 1 人次扣责任教师 5 分，扣班主任 10 分；被学校处分 1 人次扣责任教师 20 分，扣班主任 40 分。

②如果学生无故辍学流失，每人次扣责任教师 50 分，扣班主任 50 分，并且要负责做好思想工作，让流失的学生重新返回课堂学习。

③制定和推行系列相关规定，如《诸城实验中学责任教师奖惩条例》《诸城实验中学关于查弱补偏的有关规定》等文件，为责任教师制度的实施提供制度保证。根据学校发展的目标和素质教育的要求，制定了实施责任教师制度培养高素质学生的目标：做群体 3% 的人——志向高远，目标明晰，意志坚强，全面发展，并最终使每个学生具有四种能力：社会责任感（包括吃苦耐劳、诚实守信、思想道德水平和社会责任意识）、创新能力、实践能力（读书是学习，应用是更重要的学习，知识转化为态度，知识转化为技能，知识转化为行为习惯）、独立能力（独立判断能力、独立选择能力、协调能力、承受

挫折能力、评估与改进能力等）。

（3）加强班主任和责任教师培训，提升认识水平和教育能力

为提升教师对实施这一制度的认识水平和教育能力，我们定期举行班主任论坛、沙龙等，在广大教师中开展"我的好学生""我与学生共成长""关注小事，注重细节"等随笔撰写活动，让每一个教师都认识到自己的使命，体会爱在教育中的作用和意义，不辱使命，把爱心撒向每一个学生。

（4）加强家校沟通，把爱心洒遍每个学生和家庭

学校规定每个班的责任教师要配合学生原班主任进行家访，每学期家访15~20人次，家访前要写好计划报学校，家访后要填好学生家访记录。把学校的温暖和教师的爱心送到他们身边。在实验中学，每个学生每周都有一张"家庭联系卡"，上面记录着他们一周的学习、休息、参加课外活动等情况。每个周一家长在联系卡上签字后带回学校，班主任和责任教师通过阅读这个卡片，了解学生一周在家时的学习和思想状况。"家庭联系卡"使责任教师全面掌握了学生的情况，便于及时采取教育措施。如家长在联系卡中写道："老师，我的孩子在基础班，他对自己的学习充满了信心，可就是有点自卑，怕同学瞧不起……"教师从家长的意见中了解到这些问题，及时教育引导，使每一个基础班的学生都能够抬起头来学习。从"家庭联系卡"中，教师们了解到有许多学生相互抄作业、不交作业，甚至还拿别人的作业顶替现象比较严重，教师马上采取措施，解决这一问题。

在落实"家庭联系卡"的同时，学校还投资开通了家校通网络电话，利用网络资源每天由责任教师及时向家长通报学生学习和生活情况，方便联系，及时沟通。

（六）实施责任教师制度取得的丰硕成果

诸城实验中学责任教师制度的实施，调动起了教师全员参与管理的积极性，构筑起了一个学校、班主任、任课教师和家长共同教育的责任网络，真正实现了管理无漏洞、教育无空档的管理目标，让进入实验中学的每一个学生都享受到最优化的教育。

责任教师制度促进建立起了良好的师生关系。学生的自尊、自信、自强、自立的意识树立起来了，学生无限发展的潜力挖掘出来了，著名的罗森塔尔效应被充分运用到教学中并产生了巨大创造力。学生没有生活费了，责任教师会悄悄把钱给他；哪个学生病了，有教师会主动把他送到医院；哪个学生

学习退步了、出现问题，或者进步了，教师会主动进行家访……责任让教师用爱心诠释了自己的天职，自从实施责任教师制度以后，这里教师与学生的关系在悄悄地发生着一种变化：课间，总有几个学生围绕在老师的身旁，与老师自由地交谈着；课外活动，总少不了有几个学生围坐在教师办公桌旁"吃小灶"；教师放学回家的路上，总有几个学生相伴而行，话语不绝；教师家里时常会响起家长的电话，学生在家里也会不时接到老师询问的电话；每次考试后教师的办公室里总是人来人往，每个教师都找自己的责任学生分析问题，解决难点，鼓舞干劲；有的教师还跑到学生宿舍里对学生进行课程补习和辅导……课内课外、校内校外，教师与学生在一起的时间多了，学生主动找老师的多了，家长向老师反映学生情况的多了。这是实验中学实施责任教师制度后出现的一道亮丽风景线。

有一个学生在他的日记中写道："老师的一句温暖的话语、一个关注的眼神都令我激动不已。这份感动，让我即便独自跋涉在漆黑的雨夜，也不再感到寂寞无助、孤独无依，更不会轻易举起绝望的白旗。当然揣着这份感动上路，我也不再感到轻松，因为那份感动，其实也是一份责任，让我的心无法漂浮起来，让我的脚印在人生的路上走得更深沉、更坦荡。"责任教师制度让许多双眼睛都共同关注一个学生，满足了学生渴盼常沐师爱的需求，教师一句适时温暖的话、一句真心的赞美，都会在学生心中点燃一盏明灯，激起学生前行的信心。

2002 级（6）班董明生在高一入学时成绩很差，在全市位居 3710 名。可家庭经济太困难，为了保证他的学习，本已考上诸城一中的姐姐放弃了上学的机会。责任教师王刚了解到这一情况，对该生在情感上进行引导、激励，激发起该同学学习的积极性，在高二上学期期末全市统考中进入了前 600 名。滕术芳，入学成绩列全市 1200 名，是一个学习成绩不很突出的学生。入学后在其责任教师的精心辅导下，学习干劲高涨，斗志旺盛，学习成绩一路飙升，被学校推举为学生会主席，被评为山东省优秀学生干部并光荣加入中国共产党，2005 年高考中以全市文科第 8 名、文综成绩全市第 2 名的优异成绩考入大学。王冬洋，高二（13）班学生，入学成绩列全市 928 名，经过责任教师以及全体教师的精心培养，在全市几次统考中学习成绩居全市第 2 名，并获得泰盛奖学金。高一级部的辛雪，数学特别不好，责任教师王慧娟经常给她"吃小灶"，成绩提高很快，数学成绩由全市 1407 名提高到全市第 61 名。

2005 年 8 月，实验中学初中部正式从农村招收了第一批初中学生，入校后发现，大部分学生偏科现象严重，于是学校以其入学成绩为基础实行责任教师负责制，鼓励和支持教师给这些学生"吃小灶"。教师们利用吃饭的间隙、晚自习前的空余时间、学生返校后的课前等，找学生谈心、补课；短短一年时间，学生的成绩大幅度提升。如初一（9）班共有 39 名学生，经过一年的精心培养，进步率为 87.2%。

初一（4）班的张大鹏经常迟到，课堂纪律很差，学习成绩也不理想，而且不大讲卫生。吕桂英老师做了他的责任教师后，了解到这个学生是从农村转来的，父亲因发生车祸，治病花去了全家的积蓄，且落下终身残疾，全家生活依靠他母亲在某服装厂干临时工的三四百元钱维持生计。于是，吕老师从关心他的卫生入手，帮他换衣服，提醒他每天洗脸、洗手，并帮他制订作息计划。一天，两天……慢慢地，他不仅养成了良好的卫生习惯，还帮助老师收拾讲桌的卫生。吕老师适时地肯定了他的进步，又耐心引导他按时完成作业，并尽力为父母分担家务。有一天，这个学生一到校就跑到老师办公室，高兴地说："老师，昨天晚上，我妈妈哭了。"吕老师大吃一惊，他接着说："老师，妈妈不是生气，而是高兴地哭了。她说我懂事，能帮妈妈干活了。"吕老师认为教育他努力学习的机会成熟了，就说："其实你能干好的事情有很多，只要你努力，一定会成为一个爱学习的好孩子。"从此，这个学生学习努力了很多，改掉了原来的许多毛病，学习成绩也提高很大。

初中部的薛冉、杨慧慧、娄洋洋、袁祯等学生，以及高中部由全市第1921 名上升为全市第 893 名的郑娜、由全市 1841 名上升为全市第 564 名的柳扬……都也用自己的成长阐释了责任教师制度的收获。

责任教师制度的实施，让所有教师已不再满足只做一个教书匠，而是站在教育的前沿思考着如何做一个教育家；不再把教育作为一种谋生的手段，而是作为自己追求实现人生价值的事业。诸城实验中学的教师们全身心投入到责任教师制度的实施过程中，并结合自己的亲身经历，每个月一次及时总结经验和感受，写了大量的教育案例和教学反思。

董翠红老师在《情到深处自成歌》中写道："每个孩子身上都有一座也许暂时未被发现的大金矿，只要我们奉献一片爱心、把握宽容的尺度，学会耐心的等待，给孩子一片晴空、一片希望，他们定会回报我们一份惊喜，带来一份收获。"

孙振海老师以不懈的努力帮助责任学生孙耀军由学困生转化为优秀生，他深有感触地在《真正的教育来自真正的了解》中说："我们的教育有时是否太盲目，太自以为是？只有用心去感受、了解学生，才有可能创造出真正的教育。"

英语教师邹永芳第一次当班主任，而且管理外语班的寄宿学生，在教育随笔中写道："我爱每个学生，当家长告诉我他们让孩子转学孩子坚决不同意的时候，我是自豪的；当孩子告诉我回到家里会想学校和老师时，我是感动的；给孩子注入爱的鼓励，让每个学生为美好的前途而奋斗是我不变的目标。"

赵国初老师是初一（9）班的班主任，班里的徐进同学学习较差，他认为自己应当负有主要责任，就主动承包了这个学生，他在《点燃学生心灵的火把》中这样写道："学生是一支需要点燃的火把，教师要当点火人。""只有这样，才能慧眼识真，及时发现学生的闪光点，经过不断激励，点燃学生心中的自尊、自爱、自强的火光，让学生在进步中品尝到成功的快乐，让学生心灵迸发出炫目的光华。"……透过这些案例，我们看到一种可喜的现象，实验中学的教师在自己的教育教学中，已在实践着先进的教育理念，这些理念正体现着对教师本质的理解。

责任教师制度唤醒了全体学生发自内心的感动。让学生用感动与信心冲击着生命的新高度，正是有了由这份感动所激发起的巨大力量的支撑，实验中学的教育教学质量获得了大丰收。一大批学习基础差的学生取得了长足的进步，一大批优秀生组成的群体跻身诸城市及我省尖子生行列，出现了从入学成绩全市 1826 名攀升到目前稳居全市前 30 名的"李华光现象"和一直名列全市前茅的"孙昊现象"等可喜进步。

近几年，高中部的高考成绩稳步提高，特别是竞赛成绩、获奖人数占据诸城乃至潍坊市的半壁江山，优秀生群体在全诸城遥遥领先。学校各个学科拔尖学生辈出，各领域优秀人才也是喜报频传。

初中部在中考、省市及全国各类竞赛中成绩名列前茅。2008 年，中考上线 671 人，在全国中学生英语能力竞赛中全市有 1 人获全国一等奖，25 人获全国二三等奖，我校参加本次大赛的 50 名同学全部获奖；2008 年，全国初中学生化学素质和实验能力竞赛，全市前 10 名中我校占 4 人；全国中学生生物学竞赛，全市前 10 名中我校占 3 人，全市共有 104 人进入决赛，我校独占 25

人。全国初中应用物理知识竞赛，全市前 10 名中我校独占 7 人，全市共有 44 人进入决赛，我校占 10 人。2008 年数学奥林匹克竞赛，全市前 10 名中我校占 5 人，有 17 人获省一等奖，24 人获省二等奖，59 人进入决赛。在 2008 年"龙城中学杯"全市中学生运动会、"密州路学校杯"中学生男女篮球比赛中，我校均获得第一名，获得市中学生男女乒乓球比赛团体和男女单打冠军。我校体育中心队还夺得潍坊市第十七届运动会赛艇皮划艇团体总分第二名、男子足球第三名、女子篮球第四名、男子手球第四名以及 2008 年潍坊市赛艇第五名、皮划艇团体总分第三名的优异成绩。在 2008 年"潍坊市网球锦标赛"中，获得女子团体总分第一名、男子团体总分第二名、男女单打第一名、男子双打第一名、女子双打第二名的好成绩。在第六届潍坊市"鲁信高科杯"中小学电脑机器人大赛中，我校代表队作为市直学校中唯一进入决赛的参赛队伍，参加"机器人足球"项目比赛荣获一等奖。在山东省第二十三届青少年科技创新大赛中获得二、三等奖各一项。在 2008 年诸城市"风华少年"评选活动中，我校有 20 人获此殊荣，其中有 6 项获得一等奖第一名。诸城市"杏林杯"朗诵比赛中有 3 人获奖，在各类文学大赛中有 105 人获得市级以上奖励。在潍坊市首届"平安寿险杯"校园"语言、才艺"素质教育成果展示大赛中，我校初一（2）班王晓晖、吴笛、周翔等 6 名同学组成的代表队，获初中团体组银奖；初一（4）班惠中同学以全市第一名的成绩获个人组才艺展示单项奖，这些成绩的取得充分显示了我校在学生综合素质发展方面取得的显著成绩和强大实力。在市教育局组织的"中华诗文诵读"活动中，在每所学校只允许选送 1 个团体、2 个个人项目的情况下，我校的团体和个人节目分别被选送到潍坊市参加决赛。另外，我校教师也在各个方面频奏凯歌，仅 2008 年 1—6 月就获得各项奖励 77 人次。学校全面发展，全面创优。

在刚刚结束的一个学年中，诸城实验中学的特色学生培养工作更是硕果累累。2009 年 9 月，我校初一级部的袁满成为我市唯一一位山东电视台小记者全运报道团首批成员。11 月，我校 2008 届高中毕业生王诗晴被评为中国 2009 年度十佳模特。2010 年 4 月，我校由初二（15）班的胡一凡、孙浩然组成的代表队，获得潍坊市第八届"育函杯"中小学电脑机器人大赛初中组 FLL 智能交通队比赛冠军。同月，在山东省 2010 年"海信杯"中小学电脑机器人竞赛中，我校智能交通队再次喜获山东省电脑机器人竞赛冠军。

此外，在第四届、第五届全国中小学创新作文大赛中，我校学生成绩斐然。在第四届大赛中，共获得 1 个二等奖、6 个三等奖、14 个优秀奖。在第五届大赛中，高三学生孙宗慧获得复赛一等奖，这是潍坊市内所有中小学校唯一一位一等奖获得者，并最终获得全国决赛三等奖。各科竞赛继续高奏凯歌，在第十六届全国青少年信息学奥林匹克竞赛、第十五届全国青少年信息学奥林匹克联赛中均取得优异成绩。我市参加奥赛省决赛的高中 3 人中，高二（11）班焦志扬名列全市第一；初中 10 人，我校占 6 人，李扬名列全市第一，齐一丁名列全市第二。诸城市获得初中奥赛联赛参赛资格的共有 10 名学生，我校独占 6 人，初三（4）班赵明锐荣获一等奖。这是自联赛举办以来我市获得的唯一一个一等奖，是我校的最好成绩，也是诸城市获得的最好成绩。另外，我市获得高中参赛资格的共有 3 名学生，其中我校 1 人，获得三等奖。在全国高中生物学奥林匹克竞赛山东省赛区预赛中，我校学生成绩突出。全市 270 余名生物学尖子学生参加考试，我校学生包揽前 5 名，全市前 10 名中我校独占 6 人，在全市前 20 名中，我校独占 10 人，此成绩远远高出其他学校。在诸城市教研室组织的高中数学竞赛中，我校参赛学生的平均分居全市第一，高二（9）班王光明一举夺得全市第一名。

责任教师制度的建立和实施，让我们收获的不仅仅是教育教学质量的再次攀升，更有师生关系的进一步改善；让我们收获的不仅是学生的进步和健康成长，更有教师的专业进步和教育能力的提升。责任教师制度让每个学生得到了成长的关爱，让每个教师都实现了真正的爱的教育。

第五章　学生何为？

十七、世上没有一朵鲜花不美丽，
　　　没有一个孩子不可爱

我国现代著名作家冰心女士说过，世上没有一朵鲜花不美丽，没有一个孩子不可爱。冰心是以提倡"爱的哲学"而享誉文坛的，她的一些以儿童为题材的诗歌、小说、散文始终贯串三大主题，那就是童心、母爱和自然。她对孩子的这种坚信，一是来自一个伟大的女性、一个普通的母亲对儿童、对孩子的那份挚爱，一是来自她对儿童、对孩子的长期观察与理解。

现代不少教育家也都以自己成功的经验告诉人们，没有教不好的学生，教不好学生是教师的责任。因此，"没有教不好的学生"在当代成了一句教育名言。这句名言的可信度到底有多大？它是否仅仅是一种宣传、鼓励，甚至忽悠？怎样理解这句教育名言？现代教育该树立什么样的学生观？这些问题值得每一个教育工作者认真思考。

我从事教育工作多年，坚信这样的教育名言。我也多次在全校师生大会上说过：我们实验中学没有差生。一切所谓差生、学困生、调皮生，都是可以转化的，可以转化为优等生、特长生、好学生。

所谓"没有教不好的学生"或"每一个学生都是好学生"，是指每一个学生都有自己的个性与特长，都有人类共有的那种"自由自觉的创造本性"，都有无限发展的个人潜能。美国的知名学者奥图博士说："人脑好像是一个沉睡的巨人，人均只用了不到1％的脑力。""冰山理论"告诉我们，一座巨大的冰山，露出水面的只是微不足道的一部分，绝大部分在水面以下。人的意识和能力如同冰山的存在一样，其中"显意识和显能"仅仅相当于露出水面的冰尖，而大量的"潜意识和潜能"却被深深地淹没在水下，成为被荒弃的资源。这些研究成果证明，人类的知识与智慧迄今为止仍处于"低度开发期"，人人都有大量的潜能还没有被开发出来。西方著名美学家罗丹说过，世界上并不缺少美，而是缺少发现美的眼睛。学生的优长或潜能，由于种种原因会处于暂时被遮蔽、被冷藏的状态，需要发现、唤醒、激活、培育，而发现、唤醒学生的优长、潜能恰恰是教育工作者最神圣的使命。

既然如此，为什么不少人还是对这句教育名言有所怀疑、有所保留呢？我以为原因有四。

一是他们往往用一种狭隘的、单一的观点或评价尺度看待或评价学生，这种单一的尺度或是学习成绩，甚至只是考试的分数；或仅仅是教师个人的某些好恶甚至偏见。这些狭隘单一的观点、尺度使得教师不能多角度、全方位地看待学生。

二是他们往往用一种静止的、凝固的眼光看待学生，只看到学生一时一事的表现，某学生暂时落后，他们便轻率下结论，认为是"朽木不可雕也"，对学生的进步丧失信心，对学生的表现态度冷淡甚至冷漠。

三是不能辩证地看待学生的缺点或短处，认为缺点即是缺点，短处就是短处，而没能认识到正如"福兮祸之所倚，祸兮福之所伏"一样，缺点中往往隐藏着优长，短处中也存在长处。

四是针对一些所谓差生、学困生或边缘生一时的消沉、退步，只是从学生方面找原因，而没能从教师自身寻找原因。

因此，要想全面理解、真正实现"没有教不好的学生"这一教育名言及教育目标，必须走出以上四大认识误区，探索全新的学生发展观。

（一）走出单一评价误区，多角度、全方位寻找学生的优长与潜能

如何发现和唤醒学生的特长、个性、优长、潜能？首先，需要对优长做全面理解，不要只是注意学习成绩。现代教育要求学生能够在德、智、体、美诸方面得到全面健康的发展。有的学生在"智"上可能暂时是弱项，但很可能在德、体、美上是强项。我们不能一叶障目、不见泰山，要全面地评价学生的求真之心、向善之心、尚美之心。

陶行知先生"四块糖"的故事，是一个优秀的教育工作者善于发现、唤醒学生优点的生动写照。陶先生从一个打架犯错的学生身上发现他能按时赴约、尊重他人、见义勇为、勇于改过四个优点，从而让这个学生大受感动。

我想这一事件将会影响这个学生的一生。美国的教育家布卢姆在做了大量的调查研究后得出结论说："学校学习中的许多个别差异是人为的、偶然的，而不是个体所固有的……只要提供适当的先前与现时的条件，几乎所有人都能学会一个人在世上所能学会的东西。"只要我们能走出单一评价的误区，多角度、全方位地看待学生，就能处处发现学生闪光的地方。

顾宝林老师讲过一个发现并利用学生的棋艺特长，全面促进学生发展的感人故事。

> 我班学生王子瞳，喜欢下象棋，经常利用课间十分钟与同桌在楚河汉界上厮杀。由于课间休息时间短，如此这般必将分散上课的注意力。多次看到这种现象后，我想：象棋是益智游戏，它能锻炼人的大脑，使人思维敏捷。问题是如何引导学生把这类益智游戏安排在放学后进行？此时正值第一次月考之后，在班会上我突然提出一个问题："会下象棋的同学请举手。"有的学生不敢举手，他们不知道班主任葫芦里卖的是什么药。我接着说："只要会下象棋的就尽管举手，我建议我们班可以举行一场象棋比赛。"这时会下象棋的学生乐坏了，可这又苦了不会下象棋的学生。我又建议："不会下象棋的可以进行跳棋赛。"我宣布："欲参加本次象棋赛的同学直接到王子瞳同学那里报名，由他和同桌全权负责，跳棋赛由班长负责，但下棋的时间得听我的，只能在放学和晚自修后。"王子瞳和同桌积极性大增，和我商量了比赛的方案，并极其负责地组织好比赛，同时他获得本次比赛的第一名，代表班级参加校运动会的象棋赛。通过这次活动既丰富了学生的学习生活，又引导了学生的下棋时间。
>
> 一位哲人说过："人类本质中最殷切的要求是：渴望被肯定。"在教育学生时，教师若能捕捉到学生的闪亮点，巧妙运用语言，创设赏识的环境，将使学生找回自信，并促进其学业的进步。
>
> 王子瞳的学习成绩属班上落后水平，但该生接受知识的能力较强。我与他交流，提醒他若想读好，从总复习开始就得紧紧跟上，只要努力学习，发挥自己的潜能，相信他能读好。经过一段时间的观察，发现他更投入、更用功。（顾宝林《小"主任"，大作用》）

凌刚老师、马桂元老师则抓住了学生的美术特长，使基础较差的学生有了很大的进步。

　　班上有位男同学杨畅，缺点很多，学习基础很差，给人破罐子破摔的感觉。但我发现他画画特别好，于是推荐他当美术课代表，并让他负责黑板报的美术编辑。他工作认真负责，赢得了同学们的信任。从此，他找到了自信，不再调皮捣蛋了，学习上也有了较大的进步。

　　其实，每个学生都有他闪光的地方，就看你发现了没有，班主任应该拿起表扬的工具，大张旗鼓地表扬后进生哪怕只是极小的进步，且随时发现随时表扬；给后进生更多的爱；允许后进生的错误反复，给他们反思的机会和时间。对他们要报以满腔的热情，要与其他同学平等对待。注意教育过程中的每一个细节，包括每一句话，每一个教育契机，每一点希望的火花。

　　　　　　　　　　　（凌刚《找寻教育契机，激发学生潜能》）

　　王嘉芬，女孩，喜欢画画，对集体的事不太关心，仿佛与自己没有关系，在家里遇到不顺心的事，还喜欢耍小性子。根据她的性格特点与家庭环境，我采取了一定的措施。现在的她不但学习成绩好，课堂上也积极了许多，还承担了班级黑板报的设计与美化工作，是一位比较称职的宣传委员；课间爱与同学一起玩耍，时常能听见她爽朗的笑声；在家里能与大人沟通，能体会父母的辛苦，基本不再耍小性子；在班级中有较高的威信。

　　　　　　　　　　　（马桂元《给她一个机会，收获一片阳光》）

刘清华老师从一次考试中发现了一个所谓落后生的闪光点，从而改变了这个学生的命运。

　　这个班有个非常调皮的学生，上课注意力不集中，经常扰乱课堂纪律，从不主动完成作业，对教师的批评置之不理。上第一节课时，我就特别注意他，他坐在最前一排，且单人单桌。我讲课的整个过程中他始终没有安静下来，搅得四邻不安。课讲完了，别人都在温习，我轻轻走到他桌前，他下意识地低下了头，但没有打算收敛的意思。我知道，这时如果对他大发雷霆或轻描淡写地说几句，根本不起作用。因此，我没说什么就走开了。过了一段时间，我发了一张单元测试题，其中有几处印得不太清楚，答卷过程中不断有学生在问，这时我发现他竟然也在认真地看着试卷。我轻轻地拉过他的试卷问："是不是看不清楚？来，老师告诉你。"他愣了一下，接着拿起笔，很认真地改了卷子，竟答起题来。这次考试，他的成绩不是很好，但我在班上表扬了他。从此以后，他仿佛变了个人似的，上课认真听讲，作业及时完成，对教师也比从前有礼貌了。于是，我再次找他谈心。他说："老师，以前我学习不好，老师都不正眼看我，我听得最多的是批评、指责，自从那次您帮我改了试卷，我觉得您还是关心我的，您不歧视我，所以我下决心要学好。"从他身上我受到很大的触动：后进生并不是"不可教也"，他们有很强的自尊心，他们比好学生更希望得到老师的关爱。他们的成绩差，固然有自身的原因，但与教师的教育方法也有很大关系。如果我们一味地指责，往往会造成他们心理上的抵触情绪，以至于"破罐子破摔"。我们经常谈论素质教育，素质教育应首先从关爱学生出发，特别是后进生，不打击排斥他们，做他们真正的良师益友，帮助他们克服心理上的障碍，使他们尽快地加入优秀生的行列。

（刘清华《他们，也会成为春天》）

姚丽萍老师则认为，只要真诚地关爱学生，走进学生的内心世界，就会发现学生的种种优长，再加以适当的激励，就会造就一个个优秀的学生。

（13）班的李祥坤，这个学生极聪明、睿智，是学习的天才，就是口齿愚笨，不善与人交流，样子也是傻傻的。我曾在课堂上数次提问他，他都是扭扭捏捏地站起来，低着头，声音极低地回答。我想这样很伤他的自尊心，此后我很少用口头回答问题的形式提问他，改用板书的方式，时间一长，他也明白了老师的良苦用心，每次在课堂上，他的目光是自信的、感激的。

　　该班学生邱丽娜，爱文学，爱读书，乖巧懂事，有几次数学小测验考得不好，再加上家长的指责，一次她在一篇随笔上写道："我如是一片浮萍，随波逐流……"我感觉有责任唤醒她的自信心。于是，我在评语上写道："孩子，你不是浮萍，若干年后你将是一棵参天大树……你犯的唯一的错误就是没有看清自己的优秀！"

　　学生刚入学时，我注意到一个男生满脸疤痕，一身匪气，作为班主任我必须帮他改正过来。首次犯错时，我先是严厉批评，而后又激励他，利用他讲义气、守信用这一特点安排了他在班委里负责。他不但改掉了不良习惯，而且对班里的事情也比较负责，集体荣誉感很强，为班级做了很多事情。

　　一个人的一生，往往会因为几句话，得到一个很大的改观，所以从这个意义上来讲，这也是教师的责任。你不要期望学生一定在当时给你什么样的回报，或是希望学生一定给你什么样的感激，当你捧着一颗赤诚之心，去为你的学生服务的时候，当你怀着一颗关爱之心，去帮助你的学生的时候，我相信你的学生，会永远地记挂着你。

（姚丽萍《走进学生的内心》）

　　像这样凭着教师的爱心、耐心与机智，多角度、全方位寻找学生优长与潜能的故事，在我们学校还有很多很多。

　　（二）用发展的眼光看待学生，努力促成学生的心灵成长

　　世界上万事万物都在发展变化，生生不息。对于中学生来说，他们还都处于长身体、长知识的成长时期，发展变化的"变数"更大，学习上一时的落后，情绪上一时的消沉，都有各种各样的原因，只要找准原因，对症下药，就能促使其向着好的、善的、前进的方向变化。做教师的要切记不可用一成不变的观点看待学生，尤其不能把学生一时的落后或消沉，当做不可救药的顽症，放弃管理，态度冷淡甚至冷漠，这样会严重挫伤学生的上进心，甚至会使他们变得自卑，直至自暴自弃。只有用发展变化的眼光看待学生，努力寻找学生上进的苗头，给以鼓励，促其发展，才会使一个个所谓后进生变成好学生。

　　著名教育家加里宁说过这样一句话："天地间再没有什么东西，能比孩子的眼睛更加精细，更加敏捷，对于人生心理上各种微妙变化更富于敏感的了。

再没有任何人像孩子的眼睛那样捕捉一切最细微的事物！"殷红萍老师正是注意到了这一点，她同样以孩子一样的精细的眼睛，努力寻找学生的闪光点，从一个学生捡起一片纸屑这件小事，发现了一个学困生的向善之心，并加以诱导，从而使其发生了向好的变化。

> 我于2004年担任（10）班班主任，有一个女孩引起了我的注意，她的穿着十分时髦，学习习惯较差，成绩也比较差。经了解，该生在小学阶段成绩非常好，因受意外惊吓而患了癫痫，由于治疗需要大量服用镇静药物，影响了她的学习成绩。此后，她变得十分消沉、自卑、易怒，经常把各种过错归咎于疾病或他人。家长因为孩子身体欠佳，过于溺爱孩子，更助长了她的不良习气。我心中暗暗替她可惜，多次找她谈话，软硬兼施，却丝毫不起作用，甚至只要我一找她，她就表现出坚决的抗拒和厌倦情绪。时间一长，我也觉得有些无奈了。无意中的一件小事，让我又从黑暗中看到了光明。有一次课间操返回教室的路上，见这个女孩弯腰从楼梯上捡起一片纸屑，我随即表扬了她。后来很长一段时间内，我每次一进教室，她都会抬头寻找我的目光，我都会默默地还以期许的目视和微笑。一段时间后，奇迹发生了，她上课开始认真听讲，慢慢地能够自觉地完成作业，班里的集体活动她也热心参加，家长反映在家中的表现也有了根本的好转。到学期结束，她的学习成绩及各方面都有了明显的进步。

（殷红萍《留住细节》）

宋波老师同样具有这样一双精细的眼睛，他从一个学生的一次上课走神中发现了问题，通过细致的调查研究，找出了走神的原因，清除了阻碍学生前进的障碍。

> 在某一节数学课上，我的课代表王一倩正在"聚精会神"地走神，那神情有一份倦怠、慵懒、空洞……我用眼睛直视着她。她猛然发现我在盯着她，也意识到自己的走神，于是又恢复了以前听课的样子。

是男女同学交往过密的问题？还是跟同学闹了矛盾？……想着所有的可能，我在班里进行了"明察暗访"，"旁敲侧击"，终于弄清她出现的问题与班中的其他同学无任何关系。那根据多年班主任的经验，一定是家中出了什么事，并且是大事，要不那么阳光、那么优秀的孩子怎么会这样。

原来是孩子的父母在十多天前准备分手，孩子尽管表面上说不管，但内心却很难受，一直很痛苦。但这孩子懂事，在家从不表现出来，在学校也从不说什么，所有的事情她都在自己承受着，毕竟是孩子啊！知道这些，我反思自己的工作做得还不够细。

第一步，我要求家长尽量尽到做家长的责任，不要在孩子的心里留下什么阴影，其余的也不是我这个班主任所能解决得了的。第二步，在王一倩的网上空间里留言，把我博客里写的关于她的文章发给她，目的就是表明老师一直关注着她、爱着她。第三步，做她好朋友的工作，让她们下课后约着她下楼玩，多跟她交心，除了上课时间，尽量不要让她独处。因怕伤及她的自尊，所以我一直没跟她直接谈。

就在我发给她博文不久后，她到办公室找我，哭得一塌糊涂，把好久以来的所有委屈、痛苦一股脑儿地倒了出来，她以为自己是最幸福的，父母工作都不错，都对她疼爱有加，而所有的这一切在即将失去时，她接受不了了。我告诉她，其实这不是我们的错，大人有大人的理由，尽管他们对孩子造成了伤害，但他们也很痛苦，希望能挽救就挽救，无论后果怎样，父母都是爱她的。她说这些她都懂，但就是有时会感到无名的烦恼。她说她会处理好的，尽快走出这段情绪。听到这些，我释然了。

（宋波《关注学生心理，让学生健康成长》）

有了这种发展的眼光及精细之心，才能及时发现学生的每一点细小的变化，使他们及早调整心态，走出阴影，走出困境，在阳光下幸福成长。李永明老师作为一名责任教师，时刻不忘教师的责任，根据学校要求，于考前、考后都密切注意学生思想情绪的变化，使学生胜不骄、败不馁，在老师的关爱下一路健康成长，同时，他也从学生的成长中感受到一种无比的幸福。

　　我很幸运地成为实验中学责任教师制度下一名享受着能从学生进步与快乐中感受幸福的责任教师。

　　期中考试成绩揭晓，周晓丹，一个乐观、自信的女孩，面对考试的失败，感到了自卑。这个时候我告诉她，在失败的时候，最重要的是要学会找到自己的优点，学会肯定自己，因为在失败的时候人往往会看不到自己的优点，这个时候的自信是下次成功的良药。同时，我还说，任何时候都不要放慢自己前进的脚步，特别是你落后的时候。考试的不理想说明你与别人有一定的差距，如果你一味地伤心、自卑、气馁，别人在你放慢前进的脚步的同时，又把你远远地抛到了后面。失败的周晓丹，更需要有人去听听她成长的烦恼，把自己想说的话向老师诉说，哭过之后，卸下包袱，下一次考试再证明自己。

　　期末成绩揭晓，她，曾经的自卑被成功的喜悦都冲去了。这个时候我告诉她，人在任何时候都要学会否定自己，特别是在一个人成功的时候，因为这个时候我们比失败的时候更需要清醒，更需要我们去发现自己的问题。我告诉她，奇迹是自己去创造的，距离奇迹的实现，你还有一段距离，你还有潜力。快乐过后，她又开始了新的努力。

　　在平时的谈话中，我说，提高课堂效率是高中三年学习的永恒主题，成绩的取得源于平时效率的提高。要注意学习的方法，充分发挥自己的主观能动性，当自己气馁时，想想未来需要自己来实现，路在脚下，命运由自己决定。

　　她说，老师，你是我的朋友，失落的时候总有你的安慰。我说，你是老师进步的源泉，你成长中的问题也是老师的问题，你的问题的解决，可以帮助我解决千万个问题。她笑了，我更懂得了关怀的价值。

　　没有爱就没有教育，责任教师制度让教师对学生的爱有了机制，更能让学生得到切切实实的关怀、对心灵的关怀，这是及时雨，润物无声。学生进步了，教师也进步了。我为你喝彩，实中的责任教师制度。

（李永明《用对心灵的平抚去促成学生的进步》）

（三）用辩证的眼光看待学生，使学生走出心理阴影，在自信中健康成长

任何事物都是发展变化的多面体，其内部多种元素的构成也不是那么界限清晰、黑白分明的，而是你中有我、我中有你、互相交织、互相缠绕的。俗话说，"尺有所短，寸有所长""祸兮福之所倚，福兮祸之所伏"，这就要求我们用辩证的观点看待学生，能从学生的所谓缺陷中发现隐藏的优长，同时也能从优长中寻找缺陷，从而使学生能全面正确地认识自己，走出为他人的偏见所设定的心理阴影，健康成长。

我们都知道，一些所谓调皮生，往往都是些极聪明的孩子，其调皮的花样越多、越怪，也往往说明他们越聪明。对这样的学生尤其应当注意，不要因为他们调皮，而把他们当成坏孩子，冷淡他们，歧视他们，而应当宽容他们，保护好他们的创造性，引导他们让自己的聪明才智向着求真、向善、尚美的方向发展。

王耀武老师在《精心保护学生的好奇心》中就讲了一个尊重和保护调皮学生的好奇心的故事。

> 在一次化学实验课上，学生做硫酸铜溶液中滴加氢氧化钠溶液的实验。有个学生不小心把硫酸铜溶液滴在实验桌上，我善意地示意那个学生用滤纸吸干，可那个学生调皮地把吸有硫酸铜溶液的滤纸放在酒精灯上烤着玩儿，结果那张滤纸上出现了红色，那个学生怀着极大的好奇心向我发问："为什么这张滤纸烧黑后又烧红了？"我没有因为这个学生没有按照我说的去做而批评他，也没有直接给他答案，而是鼓励他继续探究下去，并且课后组织学生一直讨论，分析原因。他们运用集体的智慧，使问题得到了解决。我询问了学生是怎么找到答案的，结果发现在讨论的过程中，他们又无意中把硫酸盐的性质复习了一遍。接着，我又对硫酸盐的性质进行了一次小测验，结果同学们惊奇地发现，自己的学习成绩出现了大幅的提高。我让他们自己寻找原因，他们都把原因归结为上次的讨论。由此，他们尝到了提出问题并通过自己的努力解决问题的甜头。

无独有偶，化学教师王世光也遇到过这样的调皮生在实验课上出花样，甚至搞恶作剧的事情。凭着多年从教的经验，他知道，这正是学生好奇心的

表现。对学生的好奇心，不能压制，只能保护；好奇心越强的学生往往就越是聪明，越是可爱。

    脱晓东是我 2004 年教的一个学生。他的个头较小，和同龄学生相比矮了一小截，但他活泼、好动，嘴特甜，经常围绕我前后问这问那……也给我带来了烦恼……（一次上实验课）同学们都认真记着我所讲的注意事项，生怕自己做错了什么……那认真劲儿就像一个个小科学家。可就在这时，脱晓东趁我去巡视其他小组时，自己不按操作要求，做了一些自己也不清楚的实验，他把药品乱凑到一支试管里，结果液体沸腾上蹿，吓得他一下把试管扔到水池中，只听嘣的一声响，吓得我猛回头，一看脱晓东神若木鸡呆站在那儿。我快步奔过去，快速处理了遗洒的药品和破损的仪器以防药品伤人，而脱晓东只是呆呆地站立在一边，一言不发地等待我的训斥。我收拾好后，轻拍了一下他肩头，轻声说了一句"你坐下，按操作规程操作"，就又到其他小组指导去了……经过这次实验操作，我发现他变了，学习不那么马虎了，作业不那么潦草了，上课听讲的注意力也更加集中了，而课后更是围绕我的前后，不断地提出自己的想法、看法，让我给他作解答。转眼到了期末考试，脱晓东的成绩来了一个大飞跃，名列班级前 10 名。

（王世光《我的好学生》）

    刘萍老师则从自己的一次算不上什么教训的教训中，认识到保护学生的好奇心和积极性的重要作用，她把这称为"鲇鱼效应"。

    有一次上语文课，我正领着学生学习《傅雷家书二则》。当分析傅雷对儿子傅聪的感情时，我在黑板上写下了"舐犊之情"一词，忽然有个学生大声喊："tiǎn 犊之情"。我忍不住大吼一声："住嘴！不会读就不要读！"教室里立刻鸦雀无声，学生的表情告诉我：他们受惊了。多少次了，教学过程中总少不了几个"捣蛋鬼"的声音，他们总是在我话还没说完的时候就插嘴，我今天要给他们一点教训。然而，让人吃惊的是，"捣蛋鬼们"不再插话，当我问谁会读时，爱举手发言的学生也不动了，课堂变得死气沉沉。回到办公室，细细想想这个"捣蛋鬼"好像并没有故意捣乱的表现，只是情不自禁地主动发言，虽然读错了字，但也可以看出是在认真地听我的课呀。我曾经听过这样一个故事。过去挪威人出海捕捞沙丁鱼，回到港口，往往因为多数的鱼都已经死掉而卖价大跌。后来一个渔民偶尔在鱼舱里放进了几条鲇鱼，鲇鱼因为生性好动，四处活动，使得众多沙丁鱼也紧张起来，四处游动，增强了机体的活动量，大大降低了死亡率。这种现象被称为"鲇鱼效应"。这些爱插嘴的学生不就像那几条生机勃勃的鲇鱼吗？他们积极主动地参与课堂活动，全身心投入，积极思维，是值得肯定与表扬的，比那些张着嘴等老师"喂知识"，甚至"身在曹营心在汉"的学生要好得多，怎么能批评他们呢？从此以后，我在课堂上不再一味阻止学生插嘴，而是用心对他们加以引导，保护他们学习的积极性。从来自学生方面的反馈，我更加坚信，保护这种插嘴，能拉近教师与学生之间的心理距离，使师生处于一种和谐状态，活跃了课堂气氛，促进了学生创造性学习，使他们真正成为学习的主人。

（刘萍《充分发挥"鲇鱼效应"》）

（四）教师要学会反躬自省，不要成为遮蔽学生的阴影

在教与学的双边活动中，教师处于主导地位，这"导"，既可能导向求真、向善、尚美，也可能导向真、善、美的反面。因为学生正处于心理成长期，还没有敏锐、明确、坚定地辨别是非美丑的能力，他们一般都有一种"向师性"，即以教师的标准为标准，以教师的是非为是非。在接受各种教育时，他们几乎都以一种不言自明的信念作为基础，即认为老师教的是正确的。然而这种信念却是非常不可靠的，因为教师除能忠实地传达课本知识外，既非道德完人，也不是审美方面的大师，其道德判断及审美标准不可能完全正确，其一言一行、一举一动也绝不会都那么得体、规范，然而不可否认的是，教师对学生的影响却是往往靠一些并非语言的身体行为、情感暗示等造成的。前面提到，学生的优长或潜能往往因种种原因而暂时处于被屏蔽、被冷藏、被扭曲、被压抑的状态，而没能得到很好的开发和激活，而这种种原因当中，就有教师的原因。我们之所以坚信"实中没有差生"，正在于我们坚信教师都有这样的教育自觉，他们能够不断地反思自己，不让自己成为遮蔽学生心灵的阴影。

　　"如果教师很有威信，那么这个教师的影响就会在某些学生身上永远留下痕迹。所以，一个教师应该很好地检点自己，他应该感觉到自己的一举一动都处在最严格的监督下，世界上任何人都没有受到过这样严格的监督。"加里宁的话告诉我们，一个教师优秀的道德品质和崇高的精神境界会对学生产生潜移默化的影响。这就要求教师平常注意自己的言行规范，以身作则，为学生做一个好榜样。

　　可以肯定的是，每一位教师都希望成为学生的榜样。但是，"金无足赤，人无完人"，任何人都是有缺点的，教师的知识和能力也是有限的，在教学中难免会出现差错。这时候，我觉得应该坦率地面对学生，给学生一个诚实可信的形象。

（李德田《我的师生观》）

　　在教学中善于发现学生的优点和长处，有利于学生建立自信，运用优势克服自己身上的不足。可我们在教学中却往往难以发现学生的优点，而只看到学生成绩不理想、注意力分散、上课纪律不好、反应慢等缺点。

　　为什么会产生这样的问题呢？究其原因是我们只用一把尺子衡量所有的学生。实际上，学生都有个性差异，所以，我们教育学生要注意主次性。那么，我们应该怎样看待学困生的一些特点呢？……我们要多反思自身的问题。对于学困生形成的原因，我们很少有人认为是自己教得不好，大多数教师都归因于学科内容难、学生素质差、家庭教育环境不良等，而很少分析自己在教学中存在的问题。而造成学困生的原因，除了学生的资质，最关键的因素是教师教学的层次性不明显，客观性太差，主观性太强，用自己精彩的演讲代替学生的学习，教师拽着学生跑，学生跟不上教师的思维，又没有时间落实，久而久之，就产生了学困生。

（安仲伟《学会衡量学生》）

一次不经意的机会，我在教室内学生的课桌上发现了一张纸条，字体那么熟悉，却显潦草。认真一看，是我给学生批改讲义时写给学生的一段话，本打算通过这样的方式与学生个别交流，并没有想到学生会那么在乎那样短的一句话，还把它剪下来，贴到自己的桌面上。而另外一个学生则在我的批语旁加上了自己的一句话：我要做到不让老师失望。看完之后，我被深深地触动了，学生对如此微不足道的一件小事是那么在乎。

反思我的教学，常常是随心所欲，很少站在学生的角度去看问题，很少在乎学生的感受，也许不经意的一句话或一个动作就会给学生带来伤害，而我却全然不知。多么可怕的不知啊！我感到一种前所未有的压力。著名教育家苏霍姆林斯基曾有感于学生自尊心的伤害而告诫老师：对待学生的自尊心要像对待一朵玫瑰花上颤动欲滴的露珠那样小心，孩子的自尊心是那么脆弱，犹如小苗，需要"随风潜入夜，润物细无声"的呵护。所以，我们应反思自己的教学，在乎学生的"在乎"。

（孙艳丽《在乎学生的"在乎"》）

魏书生说，抽打自己的鞭子要掌握在自己手里，即所谓高悬鞭策自警。我觉得很有道理。其实我在做班主任的第一年，内心经常会受到学生的挑战，曾经有失去自控的时候，也有过发火大怒，变得暴躁的时候。现在回想起来，这样做不但对自己开展工作无益，还会加深教师和学生之间的误会和代沟。在一次班会上，学生们都写下了对老师的意见和看法。在所有的纸条上我看到一条留给我的："老师，你脾气太火暴了。你认为这样做有用吗？看看其他班主任是怎么当的吧！好好学。"学生这样批评老师，我很愤怒，我决心找出写这张纸条的人好好教训他一顿，我开始一个个地对笔迹，当我终于找出那张纸条的主人时，我震惊了，原来是我的班长。他平时在工作上很尽心，给我很大的帮助，还经常帮我出谋划策。怎么会是他呢？我陷入了深思，开始反思自己平日的言行……第二天，我在全班念了他写给我的纸条，并请一位同学帮我控制情绪，要求这位同学在老师的脸色"多云转阴"时，及时提醒劝告。同学的掌声让我感动，他们帮助我了解了自己。

（陈炳伟《我和学生一起成长》）

中学生对很多学科的兴趣除了受家庭、外界环境影响以外，最重要的是来源于老师。一个学生对老师印象好了，学习兴趣就来了，拼了命都行，但是一个学生对老师的印象不好，也许就不想学这门学科了。正因为现在的初中生在心理上认为不是给自己学，而是"给老师学"，这个问题就把较大的压力推给了老师。

要是我上课，我的学生在睡觉，我不认为是学生的过错，我认为这是老师的过错。因为老师讲得不精彩，不吸引人，竟然成了学生的催眠曲，要道歉的应该是老师。

我们班的宫厚任，基础差，学习兴趣不高，上课经常睡觉，做小动作，有点自暴自弃。一次生物课上，我正神采飞扬地讲授着新课，同学们大都专注地听讲，只有他伏在课桌上进入了梦乡，我边讲边走过去，驻足在他面前，轻摸他的头说："对不起，老师把你讲睡着了。"他醒了极不好意思地站起来。我拍拍他的肩膀，示意他坐下。课后，我又了解了宫厚任的家庭情况。以后他变化极大，最起码在我的课上没有睡过觉，听课的目光也是专注的。

（张夕军《多一份爱心和耐心》）

以上几位老师的教学感悟说明，我们的老师有着高度的教育自觉性，他们能够在教学中不断地反躬自省，一旦发现了自己的不足，他们也会真诚改正，这种勇于改过的精神恰恰是自信的表现，是一个人民教师的优秀品质。也正因为如此，我们的教师才能永远保持青春的活力，与我们的教育对象——学生一起成长。

十八、让阳光洒进每一个学生的心田，让学困生快速走出困境

"实验中学没有学困生"，这是我们的自信，更是我们的责任和目标。自信，来自我们对学生个性、特长、潜能的确信，也来自我们对自身能力的确

信。说是责任和目标，也意味着我们承认学困现象确实存在，但通过我们的工作和努力，能够使学生们走出学习困境。

所谓学困生，不过是那些学习成绩暂时较差、思想暂时有些落后、心理上暂时有一些消沉等的学生的总称。为了尊重学生、激励学生，不在学生中人为地制造种种等级差异，我们一般把这样的学生称为学困生。不承认学困生的存在，是不对的，这是一种教育的骄狂，教育的骄狂最终导致的只会是教育的失败。有学困生并不可怕，可怕的是对他们视而不见、听而不闻、闻而不问。

青少年学生正处于心理的断乳期，心理发育还不够成熟，他们思想、情感、言行的控制力往往表现得比较脆弱，容易出现迷惘、困惑、冲动或情绪消沉、缺乏自信等现象。经过我们的细致调查，这些心理疾病的病因有以下几个方面。

一是来自社会。前面我们提到，我们的社会在经济飞速发展的同时，也出现了"一手软、一手硬"的现象，道德滑坡，文化失范，商业主义、拜金主义及享乐主义观念日益流行，价值多元而混乱。这一切都会在推崇时尚的青少年学生中有所反映。比如，近些年学生中网迷的出现以及高消费现象的出现等，都与这种社会病、时代病不无关系。

二是来自家庭。一方面，现在的学生大多是独生子女，个别家长望子成龙、望女成凤、恨铁不成钢的专制方式，使子女产生逆反心理，也在彼此间垒起了一堵厚厚的墙，阻断了他们之间沟通的桥梁。另一方面，现在的学生中，留守子女较多，他们在生活中极少得到甚至根本得不到父母的关爱，家庭生活中缺乏温暖。情感上孤单、生活上无助、学习上压力大等，都很容易使他们走向情感与生活的分岔口。

三是来自教育自身。前面曾提到，由于长期以来造成的一些教育缺失，比如狭隘单一的评价标准、僵化固定的教育模式等都严重地扼杀了学生的天性，造成学生的厌学、自卑等消极情绪。

四是来自特殊的年龄阶段。青少年正处于心理的断乳期和青春躁动期，他们往往贪玩、好动、好奇心强以及很有可能出现性困惑，这都是正常的，但如果缺乏正确的引导，也会造成心理疾病，带来学习上的困难。

针对以上情况，教师一定要主动地承担起"解惑"的任务，平时多与学生沟通，以便及时发现他们的内心需求，努力走进学生的生活，走进学生的内心世界，成为学生学习和生活中的良师益友。在思想上帮助他们，以实际行动唤醒学生心中的良知与潜能，让阳光洒遍每一个学生的心灵，使他们尽快地走出困境，做一个德智体美全面发展的好学生。

怎样才能及时准确地发现并"诊断"学困生的心理疾病，解除他们心理上的阴影呢？我们的做法是，一要深入细致地调查研究。为了使每一个学生都能受到教育的抚爱，我们除建立了班主任制、责任教师制等组织机制外，还建立了"家校联系卡"，开通了与学生家长的联系电话。定期组织家访，及时了解学生情况。二要充分发挥每一个教师的教育创造性和积极性，针对目标学生，有的放矢，采用多种教育方法、教育模式去处理不同的心理问题，从而真正做到因材施教、对症下药。三要做到有三心，即有爱心、耐心、细心，对学生的心理疾病绝不能操之过急，欲速则不达。

下面我想结合我校教师的经验，就几种常见的心理疾病，谈谈如何做好学困生的解困工作。

（一）热情鼓励、耐心辅导，使学生摆脱学习困境

不可否认，对于大多数学困生来说，他们最大的困境是学习暂时跟不上趟儿，成绩较差，因而表现得情绪消沉、自卑、没有自信心，甚至出现厌学心理。造成这种现状的原因大都是由于学生小学或初中阶段没有打好学习基础，底子薄，对后续课程学起来困难；也有一些学生是因为不喜欢某位老师的课，学起来不感兴趣造成的；另有一些学生则是因为贪玩、好动，不能专心上课，不能按时完成作业造成学习困难。对于这些情况，任课教师首先应检查自己的教学态度、教学方法是否存在问题，努力改进课堂教学，激发学生学习兴趣。其次，针对基础差、底子薄的学生，应适当补课。对于那些情绪消沉、自卑、厌学的学生，则应耐心引导、热情鼓励，以使他们重新建立自信。

丁尔安老师是我校的优秀教师，在班级管理，特别是学困生的转化上摸索出一套成功的经验，他在一篇文章中就讲了一个如何使有自卑心理的学生振作起来，走出学习困境的故事。

我班有个学生叫刘勇旭，平时非常自卑，只要在人前说话就高度紧张，口吃得一句话也说不出来，狼狈的样子经常惹得同学们发笑。我了解到这一情况之后，一是严肃地批评了班里随便取笑别人

缺点的现象，二是多次找该学生谈话，劝他不要只看到自己的缺点，鼓励他多跟其他人接触，说服他的家长让他由通校改为住校，安排他在班会上发言，特别是授意一部分学生暗中经常对他进行照顾，让他深深体会到集体的温暖。一年之后，这个学生终于走出了自卑的怪圈，在各种班级活动中表现得相当活跃，并且以优异的成绩被济南大学录取。尊重每一个学生，使学习好的学生不出娇骄二气，继续踏踏实实地求知，做人；让学习差的学生也不会感到压抑而失去上进的动力。

（丁尔安《绿色无痕班级管理》）

王秀娟老师遇到的是一个叫朱高民的学生，属于典型的情结消沉型学生，这个学生比较聪明，但平时不是说话就是趴在桌上睡觉，对学习没有兴趣，学习没有目标。通过向他的老班主任和老同学了解，该生在初一时学习不错，初二开始下滑，到初三时有了这种"突出"表现。针对这种情况，王老师与这个学生进行了一次聊天式的开诚布公的谈话，结果发现这个学生因对学习失去了信心，而预先给自己想好了退路，那就是离开学校后当个理发师。他天真地认为只要有点理发方面的知识就能应付，用不着现在刻苦学习。王老师严肃地告诉他，当理发师也要有管理知识、文化素养，现在不好好学习同样不行，从而暗暗地堵住了他的退路。同时鼓励他："现在是你掌握知识的时候，听说你在小学和初一都有过辉煌，再说我观察你也很聪明啊，何不再现辉煌？"

听了老师的这句话，该生露出惊喜的表情，说："老师，我还能行吗？"

"当然能行了，历史、语文都是你的强项，你的基础还是不错的，只要你打起精神，奔着自己的目标，一定会取得理想的成绩。毕业时能不能画个完美的句号？"

朱高民很认真地点了点头。从此，他开始振作起来，学习上也有了很大的改观。

其实，对于一些学困生来说，他们学习困难并不是智力上的问题，更多的应该是心理上的问题，如畏难情绪、自卑情绪等。一个人良好习惯的养成和这个人的智商是没有多大关系的，关键是心理。所以，如果我们能真正走进学生的内心世界，就会发现学生能够挖掘出的潜力是我们无法想象的。我们学校就有许多老师善于走进学生的内心世界，把学生的潜能激发出来、挖掘出来，从而创造出一个个教学奇迹。

　　这里，我想讲讲我的学生王洪阳。他在学生中算是小有名气，他拿过数学奥赛的全国二等奖，居诸城第一，还拿了个生物奥赛三等奖。这一切迹象都可以让人看出这个学生一定是一个成绩非常优秀的孩子。其实不然，了解他的学生或老师都知道，他的英语成绩曾经非常不理想，连总分的一半都考不到。记得刚分到我们班的时候，我就挺发愁，出去了这么多英语好的学生，怎么进来的全是英语不好的？后来，我向他原来的英语老师了解情况，这位英语老师说该生品质很好，也很刻苦，就是基础太差。因此，我决定反客为主，先找他谈话。第一次谈话下来，我就发现这个孩子有着别人比不上的毅力。于是，我利用课外时间给他补课，从语法到作文，孩子学得也很努力，逐渐出了效果，成绩一度赶到了及格线附近。可后来由于参加数学奥赛学习，落下了很长时间的课程，那个时候我非常担心他刚补起来的东西会白白没了。所以，当他从北京回来后，我又在第一时间找到他，给他鼓励，给他打气，告诉他要想过及格线并不容易，既然是及格线，说明你必须积累到一定的量，正如我们登山时候的感觉一样，越到山顶越难爬。所以，我们越想成绩进步，越到后来，分值越高就越难。其实，那个时候我也没有专门再去给他补什么，他上课的时候，我允许他去补原来的东西，甚至去背他自己想背的东西。最后，他终于赶到了100多分。到了高三以后，我很少找他谈话，因为我很了解这个学生不需讲太多，他什么都明白。所以我只在最关键的时候找了找他，告诉他不要背太大的包袱。我看得出来，他英语考试的时候还是没有底，不过我还是鼓励他加油，坚持到底。高考查分那天，他把电话第一个打给我，说查不到，紧张得连声音都变了。我提出帮他查，听着他变调的声音，我安慰他不要紧。分数出来后，他叫我先停一下，让我先别报分，而是先告诉他大体是好还是差，我激动地告诉他，他考得非常好。他终于叹了一口气，他最担心的语文和英语都过了110分，这是他历史上的最好成绩。

（邓梅《做一名走进学生心里的老师》）

我班有个学生叫张正，入学成绩在班里几乎是最差的，每当我在宿舍、教室见到他时，经常见他眼睛哭得红红的，我把他叫过来问时，他总是愁眉苦脸，一言不发，用哭声来代替。我找班长和他宿舍的舍长了解情况，从他们的口中得知，由于张正是头一次远离父母在外地独立生活，年龄又偏小，每当吃饭、睡觉时，就不由自主地想家、想父母，所以就情不自禁地哭了起来。再一个原因是张正来自一所农村村办小学，所在学校的英语课开得时间很短，课也上得少，他英语基础相当薄弱，来到学校后英语学得相当吃力，一时手足无措，急得直哭，甚至产生了再回老家上学的念头。了解了这些情况后，我马上意识到张正所遇到的难题既具有典型性，又带有一定的普遍性。如果能彻底地、到位地解决他的问题，这是推进班级管理、加强班级建设的绝好时机。于是，我把他领到我的办公室，当着他的面和家长通了电话，表扬了张正在校的一些进步，并请他的家长每周六到校看望他一次。看到老师对他是如此关心，张正的脸上终于露出了久违的笑容。然后我又询问了他的英语学习情况，并明确告诉他："为自己的英语学习不跟趟而哭，这是上进心的表现，应该值得大力表扬。我们学校对英语实行零起点教育，只要你把每一堂课上好，别落下，相信你一定会进步很快，老师相信你，老师也绝没有看错，不知你有信心没有？"谈话到了这种程度，张正终于开口了："老师，我一定会努力的，请你相信我，看我的行动吧！"与张正这次谈话之后，我班由班委会牵头组织了"当我想家的时候"专题班会。在班会上，同学们都走上课台踊跃发言，纷纷诉说自己想家的经历，对想家的看法；我也作了《在外国语学校，老师就是你的父母》的发言。这次班会后，师生关系更加融洽了，学生的学习劲头也更大了。针对学生英语基础差的实际情况，我又联合英语教师开展了"一帮一、结对子"的活动和"早读15分钟英语"活动；同时，还利用课外活动时间由教师组建了英语补弱班。不久，在一次考试中，张正得了89分，进步幅度为全班之冠，为此他还获得了"英语进步小明星"的称号。现在，张正已不是那个爱哭鼻子的小男孩了，而是一个自信、乐观整天洋溢在脸上的各方面更加优秀的学生了。

（朱建国《让师爱之光照亮孩子的天空》）

（二）深入调查、耐心说服、正确引导，使学生走出早恋误区

中学生早恋，目前在不少学校都已成了一种非常普遍的现象，也是造成学生学习成绩下滑的重要原因之一。应该说，这是一种青春病，是处于青春期的学生性心理早熟的表现，原不足为怪。问题在于，近几年，由于影视及网络技术的发达，出现了不少以煽情甚至色情为看点的影视片，对中学生造成了一些负面的影响，致使早恋这种现象有愈演愈烈的趋势。虽然不少学校的校规校纪都明文禁止早恋，但由于早恋一般都处于半地下的秘密状态，并不太容易发现。另外，由于早恋与学生之间的正常交往界限并不分明，如果调查不深入、不细致，处理不恰当，会严重伤害学生，甚至还可能造成适得其反的效果，把没有早恋的学生推到了早恋者的行列。我们学校处理早恋问题的基本做法是，深入调查、耐心说服、正确引导，使学生走出早恋误区。

学生早恋的情况各不相同，处理时也应对症下药。比如，有的是单相思，搞"投石问路"那一套，先写封情书，再等待下文。对于这种情况，就要规劝收情书者婉言谢绝对方，"为之于未有，治之于未乱"，但学生是否能告诉老师有人在追求她（或他），则要看老师是否能取得学生的信赖。而要想取得学生信赖，就必须真诚地对待学生，与学生做知心朋友。

刘景深老师介绍了一个恰当处理学生早恋的故事。

> 我班学生郭某应该说是一个非常漂亮的女同学，很靓很阳光。有一天，这个同学突然告诉我她收到了一封情书，让我告诉她该如何处理。我首先感谢她对我的信任，然后告诉她婉拒的一些方式，和她探讨了一些早恋的危害以及避免引起男同学过多关注的方法，结合政治课的内容学会男女同学如何正常交往等，这个同学很快就步入了正常的健康的发展轨道。
>
> （刘景深《取得学生的信赖》）

对于那些早恋中的学生，一定要耐心地说服教育，不可草率行事，尤其对女孩子来说，这是一件很敏感的事，操之过急会适得其反。在这方面邱明泽老师的经验就很值得借鉴。

> 我们班有个姓孙的女生，学习成绩很好，但是有人突然向我反

映说，她与我们班另一个姓郑的男生早恋了。我一怒之下，没想后果就把那个男生赶回家去了。而对于女孩，我怕这样处罚会让她承受不了，怕万一有个三长两短，就对她展开了心理说教。我首先从她的优点说起，鼓励她说，只要她努力，考个好大学是不成问题的。若是考上了大学，找个好工作，想找个什么样的对象找不到啊？若是现在你们俩继续好下去，一定会耽误学习，这是毋庸置疑的。那么，你们本该拥有的良好未来就会成为泡影。那样的话，你就会一生为了生活而奔波劳累，最终背上沉重的生活负担，甚至还得拖累父母。这两种结果，你想要哪一种呢？她笑一笑说，当然是前者。后来她又给我写了一封信，把前前后后的事都说了，并且下了决心努力学习，等考上大学再说。后来，我又用相同的方法让那个男同学也下了决心。

（邱泽明《我与"早恋"》）

而对于那些已经深陷于早恋的学生来说，仅靠说服教育是不行的，王秀娟老师的经验是"阻不如助"。这里说的助，并不是助学生早恋，而是反弹琵琶，歪打正着，让事实戳破早恋的窗户纸，使学生自己感受到早恋的危害，从而走出早恋，正常交往。

十五六岁是个爱做梦的年龄，随着青春期的到来，爱情也开始在这些学生心里萌芽了。初二下半年我就耳闻我们班的刚在追求倩，经过批评，两人分开过一阵，到了初三，关系又变得非常密切了。

为此，我想过找其家长，或向他们大发雷霆，但最终还是放弃了，这些做法都不能彻底解决问题。怎么办？我经过思考，产生了一个大胆的想法，安排两人同桌。这样做有两种可能性，两人关系更密切或者分开。好了，我立即采取了行动，把两人安排成同桌。一周还不到，倩就来找我了，要求调位，我没答应。第一次月考后，成绩出来了，两人的成绩并不令人满意。于是我趁热打铁，找两人谈话，让他们各自总结失败的理由，其中一个方面的原因即在于早恋，他们也认识到这个时期是学习的关键时期，开始主动找我调位。我开始还不同意，后来两次、三次之后，看到他们真的认识到危害了，才给他们调位，并教育了他们。他们虚心接受了教育，在今年的中考中，一个被一中录取，一个选择音乐专业被录取。

（王秀娟《阻不如助》）

有趣的是，陈培霞老师也是用重新排位的方式，巧妙地戳破了早恋的窗户纸，使一个因有自卑心理而陷入早恋的学生恢复了自信，找到了自尊，使"丑小鸭"变成了"白天鹅"。

中学生会出现早恋现象，但当这一幕真的发生在我的面前时，我还是震惊了。原因有二。首先，看他俩那煞有介事的样子：大庭广众之下，手牵手，肩并肩，全然不顾周围的人，低眉絮语，陶醉其中。第二，她虽然其貌不扬，学习成绩历来为老师们称道，平日里不苟言笑，在老师和同学眼中她是一个非常严谨的女孩；而他抛开学习不说，单他那一身的恶习就让同学避让三分，在老师和同学眼中，他是一个不可触摸的"刺猬"。截然不同的两类人能走到一块，若不是亲眼所见，我绝不会相信这是真的。

这个学期大课间学生学跳交谊舞，他俩好像从没有换过舞伴，而且他俩站在一起很不协调：他身体单薄，个头又不高；她体态显胖，动作笨拙。记得她还在练笔中写过这么一段话："我真羡慕其他女同学，她们身姿优美轻盈，动作协调大方，舞起来就像一只美丽的白天鹅，夹在她们中间，我仿佛就是那只不受欢迎的丑小鸭。我本来就胖，加上动作那么难看，同学们笑的肯定就是我，我不敢抬头，我讨厌我自己。"

想到这儿，我轻舒了一口气。莫非是自卑使他们产生了共同语言，同时我也决定不动声色。

周一正是学生大调座位时间。我以促进小组互助学习为由，把他和她调成一桌。果然，她非常敏感，放学后直接找到我，单刀直入："老师，你是不是听说了我和他的什么话？"

"你和谁？"我假装什么都不知晓的样子。

"跟你说实话吧……"果然不出我所料，他因为母爱的缺失觉得矮人一截，他们由于过强的自尊而茫然，是自卑让他们找不到自身的合理定位，是自卑让他们彼此产生好感，是自卑让他们成为无话不说的"知己"。

接下来怎么办？列举早恋的危害等于把事态扩大，加重他们的心理负担，无疑是舍本逐末，我觉得最好的办法是从源头上解决，打消他们的自卑心理。

我轻轻打开办公室的门，把他们让进办公室，换了一个轻松的话题，聊海伦·凯勒、贝多芬、爱因斯坦、爱迪生、拿破仑，聊他们如何克服自身的劣势，战胜生活的磨难，励志成长。时间在和谐友好的气氛里悄然而过，他俩的脸上也露出了自信阳光的笑容。他们自己眼里的"丑小鸭"终于变成了大家心目中的"白天鹅"。

（陈培霞《"丑小鸭"变成了"白天鹅"》）

早恋虽为禁区，但不少中学生还是由于好奇，想涉足其中，他们还找了一种冠冕堂皇的理由，称没有尝过李子，就不知道李子的滋味。针对这种情况，杨增海老师召开了一次"李子"班会，让学生从生动的比喻和强烈的生理感受中明白不能早恋的道理，强化了心理记忆。

中学生的早恋现象时有发生。由于现在的学生物质生活条件优越，学生身体发育成熟早，加上受社会环境、影视作品和文学作品的影响，学生对写情书、谈恋爱感到非常好奇，也感到非常刺激好玩。虽然我时时敲警钟，利用各种机会对学生进行教育，但仍有人"明修栈道，暗度陈仓"。发现学生有早恋的苗头，我就做学生的思想工作，进行说服教育。在教育时，一个学生甚至说："毛主席说过，要想知道李子的滋味，必须亲口尝一尝。""但是，李子还小就摘下来吃，是什么滋味？"我问。"不知道。""吃过吗？""没吃过。"我无言。到了李子成熟的季节，市场上有卖李子的，我看到后，就买了一点非常熟的，同时又挑了几个非常生的，卖李子的不解地看了我一眼，我微笑。周一下午第四节班会课，我把买的李子洗净，让团支书带一果盘和水果刀；在班会上，我让班长和团支书分别把熟的李子和生的李子切成数片，备用。我在黑板上写下"尝一尝李子的味道"。先问了一下谁吃过？只有三个人说吃过。"谁想尝一尝?"举手者雀跃。我点了几个人,分别是班长、团支书、五个有早恋倾向的学生和三个有代表性的学生。我让他们每人吃一片生李子,并问:"味道如何?"答道:"又酸又涩。"有个别同学眼泪都快出来了。我又让他们吃熟的李子,并问:"长熟了味道如何?"答道:"甜的。"见时机成熟,我适时切入主题,比如早恋问题就如吃生李子,又酸又涩;长成熟了呢,是甜的。我们为什么不等到李子成熟了再享受呢?形象的比喻,深入浅出地阐明了一个道理,不生硬,不死板,很容易为学生所接受。为此,不少学生改变了看法。

(杨增海《润物细无声》)

(三)严格要求与热情帮助相结合,使学生及早摆脱网瘾及沉迷游戏的误区

对于中学生来说,"外面的世界很精彩,外面的世界很无奈",潮水般泛滥的新鲜的娱乐、游戏刺激着他们,吸引着他们,但他们为了安心学习,必须以超乎成年人的定力来抵抗外界的诱惑,一旦这种定力不坚定或失去了这种定力,他们就会陷入校外娱乐、游戏的泥潭,很难自拔,严重影响他们身心的健康成长。所以,每一个教育工作者必须看到,这样一场与网吧争夺青少年学生的战争早就在激烈地进行着,虽无炮火硝烟,但其激烈与残酷的程度绝不亚于一场真正的战争。这是当代教育的一个崭新的课题,需要我们认真研究。我们学校对于学生在校外上网及参加各种校外娱乐、游戏(特别是商业性的娱乐、游戏)是严令禁止的,根据《中学生守则》和《中学生日常行为规范》,我们学校又制定了《诸城实验中学学生日常行为规范50条》,第5条、第6条就明确规定:"举止文明。不打架,不骂人,不说脏话。不赌博,不上网,不进营业性舞厅、酒吧和音乐茶座等不适宜中学生活动的场所,不参加封建迷信和偷盗等非法违纪活动。""情趣健康。不看黄色、凶杀、迷信书刊、录像,不听唱不健康歌曲,不谈情说爱。"对违犯上述规定者,给予记大过甚至开除处分。我们知道,对这些现象,仅靠"禁"是不行的,"禁"只能禁其身,却难以禁其心;"禁"只是意味着事前的防范和事后的处理,却很难做到"为之于未有,治之于未乱"。因此,比严格要求更为重要的是,我们一定要以真诚的爱心、细致的工作和百倍的热情与耐心教育、引导学生,使他们能自觉告别种种不良行为,健康发展。

这里，我先讲讲赵龙德老师遇到的一件事。

　　黄爱辉是我们班学习成绩非常好的一名通校生，可最近一段时间却经常迟到，上课无精打采，注意力不集中，作业总是不按时完成，成绩大幅下滑。为此，我曾专门进行过家访，但效果并不理想。正在我苦恼时，一天在家看电视剧《康熙微服私访记》，我灵机一动，突然有了灵感。上一次家访，我提前通知了黄爱辉和他的家长，最终演变成了做样子、走过场，并没有找到问题的真正原因，所以效果不佳。这次我何不也来个"微服私访"呢，或许能找到问题的症结所在。

　　当我再一次走进黄爱辉的家里时，眼前的一切告诉了我答案：狭窄的两间屋子摆了两张麻将桌，十几个人正吆五喝六地打得兴高采烈。而我的学生黄爱辉也在其中。家长满面羞愧地向我检讨，黄爱辉也惭愧得无地自容。找到了问题的症结所在，解决问题便变得顺理成章了。当天晚上我便和学生家长达成共识，黄爱辉也做了深刻的检讨。很快，以前那个学习认真、成绩优异的黄爱辉又回来了。

（赵龙德《巧家访解决大问题》）

　　我想强调的是，这个故事具有很大的象征意味，对于青少年学生来说，打麻将之类校外娱乐活动的刺激性、诱惑性是很大的，一不小心，青少年学生就会身陷其中，而一旦身陷其中，就会带来学习的下滑、精神的萎靡。赵老师的"微服私访"、深入调查、因势利导，有很大的启示意义，对于学生的这类问题一方面是绝不能掉以轻心，另一方面又不能感情用事，而是要动之以情、晓之以理、感之以爱，这样才能收到"浇树浇根、教人教心"的效果。正因如此，李兆义老师讲的下面的故事就更值得我们深入思考，他的经验也就更值得我们认真借鉴。

　　有人说："一位班级管理不好的班主任，其失败的理由会有一百条，而一百位优秀的班主任，其成功的经验肯定有一条，那就是热爱学生。"对那些遵守纪律、成绩优异、品德高尚的学生，每个老师都会情不自禁地爱他们。但在任何一个集体中，所有的学生不可能处在同一起跑线上，不可能同样优秀，那么教师真挚的爱更应体现在那些成绩差又经常犯错的学生身上。

2007级（15）班有一个学生连续两天下午第三节课不在教室，我估计他一定有问题。第三天下午我在校门口等他，学生一进门，我便问："你干什么去了？"学生回答："我感冒了，去打针了。"我知道他在撒谎，于是我和蔼地说："你看着我的眼睛再说一遍，如果你一时糊涂做了不该做的事，向老师承认错误，并且以后不再犯，老师会原谅你的，你仍然是一个好学生！"这时他低下头说："我在初中时就有上网吧的坏毛病，到了高中，前一阶段还可以，可这一段时间随着知识变难，学习压力太大，为了逃避压力寻找刺激，糊里糊涂地又去了网吧。"我问："按照学校规定你够什么处分，你知道吗？""知道，开除。"我在教室外和他进行了一次长谈，谈到学习，谈到孝敬，谈到人生……这个学生回到教室主动写了检讨书，在检讨书中他写道：

"老师，谢谢您的再一次教导。我这个毛病不是一天两天的事了，有一段时间我几乎快忘了，但最终还是没能克服掉。这种念头不是长时间在脑海里，只是不知什么时候忽然冒出来。有时我也想过，真的没意思，玩电脑，玩不出吃来，也玩不出钱来，更玩不出前途，只能暂时玩在虚幻的世界里，没有真实意义，与现实不符，里面的东西空，对现实生活没有一点好处，对自己的视力、身体健康没有好处。上课的时候，精力不足，神志不清，迷迷糊糊，有时候听着听着就走了神，一晃一个题没听就落过去了，就这样天长日久，学习就没好过。老师，有时候我真的是不想去了，真的，我也常反过来想，玩那个东西真的没意义，在初四的时候，两个多月与那种场所没沾边，可是就因为偶尔的坏念头，又开始了。

在进入实验中学这大门前，我下过决心，一定改掉这个毛病。家长给我拿了一万元钱，我应该用行动回报家长。一万元钱是爸爸两年的工资。我爸爸是业务员，天天在外边跑，吃饭有时吃面包，甚至不吃，坚持到下午回家再吃。爸爸由于工作忙，有时一周见不了几次面，他吸烟很多，身体也不好，还是努力地拼命工作。每当看到爸爸的面容，我就恨自己不争气！给自己鼓励，好好学习，扔掉不良念头。爸爸曾经对我说过，男人需要成家立业。我也深记在心中，以此为动力，但这只是一段时间，不长久，我自制力太差了……老师，今天下午您和我说的话，让我感到心里热乎乎的，很激动，以前老师、家长就是批评我、罚我，不与我沟通，我有话也没有地方说，今天我感到老师与我心与心的沟通。老师你今天给我这个大面子，没有在班里公开批评我，我很感动，我这行为是该开除的，您给了我一次机会，我会好好把握的，不会让这机会流失，不让您的期望落空，我会努力的，今后我有什么不良想法会及时告诉您，我需要您的教导。"

看完后，我很激动，当面给他写下了这样的话：相信你能战胜困难，努力学习，做一个好学生，以后有什么困难尽管找我！老师相信你！

这个学生从此再没有旷课、迟到，学习劲头也大了，学习成绩一下子在全市前进了一千多个名次。

（李兆义《爱，难忘》）

是的，心只有靠心才能贴近，爱只有靠爱才能点燃，在人的一生中，特别是在那些人生的岔路口上，唯有爱，才真正叫人难忘。李兆义老师靠爱使"浪子回头"，丁琴老师也是靠爱使一个迷失了自我的学生重新找到了自我。这是一个姓刘的女生，她穿着另类，行为怪异，满嘴粗话，还时常打架，而且还经常借钱不还，和校外的人打交道，曾是一些娱乐场所的常客。

说实话，对于这样的学生，从教十几年来我还真是没见过。我知道，对于她的教育，不是一天两天就能做好转化的，更不是一次两次就会有效果的。这个孩子在我面前从来都是一个乖乖女，你和她讲什么，她从来不会顶嘴，满口答应，痛痛快快。但我发现，她对父母，尤其是对母亲还有感恩之心，所以每次谈到她母亲工作的辛苦、赚钱的不容易的时候，往往能看到她眼中闪烁的泪花。只要还能动情，就没有做不好的工作。

记得那天中午她来得比较早，下午第一节课是体育课。这节课，一般是她自由度比较大的时候。我叫住了准备出去的她，就在教室门口，从最近的学习状态谈起，逐渐过渡到正题，让她说说最近的表现，谈一下她周围朋友的特点。对于这些问题，我不给她下结论，只是引导她看清楚现实真相，并且把关于青春期问题的一些文章给她看。

当然几次简单的交流对她来说是不可能有大作用的，但可以看到她思想松动的迹象。后来又有了几次适时的交流，我发现，她的发型、衣着不再是那么与众不同了。再后来，她写了一篇随笔，把自己那段时间的思考记录了下来。这篇随笔的题目叫《爸，我回来了》，文中写道：

"我承认，从步入重点中学的大门开始，我就不是个好学生。蹦迪、喝酒，该经历的我经历了，不该经历的我也经历了，终日和形形色色的人混天度日。我接触了本不该接触的人，但那不是我，我想。……我发誓，这样的生活真的不是我想要的……我给爸爸打了电话，那个向来与我性格不合的男人在电话那头微怔了一下，说：'闺女，还好吗？'我的眼睛一热。他说没有我惹他生气，他觉得空落落的。他说，家里少了一个人挺不得劲的。最后，他说，他想我。我鼻子一酸，声音更哽咽了：'爸，回家我陪你喝功夫茶。'他就笑：'嗯，嗯，好，好。'等我真的喊出来'我回来了'的时候，他给了我一个大大的拥抱。我想，我确实回来了！"

看到已经有阳光迹象的她，我想，她的确回来了。虽然我知道她可能还会有反复，还会出现或大或小的问题，但只要她能向上，能有要求进步的心理，会成长为一个让家长高兴、让老师满意的好学生的！

（丁琴《叛逆期不等于青春期》）

（四）护其自尊、促其自强，让行为不端的学生自觉洗刷道德污渍

学校是一个微型的社会，社会上的种种不道德行为也会渗透到学校中来。处于身心成长期的学生也会由于好奇等原因沾染一些社会陋习，行为不端。虽未达到触犯法律的程度，但对青少年成长的影响力和破坏力不可低估。如何处理学生的行为不端，也是学校教育中的一个大问题。我们的体会是，青少年学生都具有很强的可塑性，有很强的自尊心和极敏锐的荣辱意识，只要

加以正确引导，就会改正自己不端的行为。孔子说过："人而不仁，疾之已甚，乱也。"意思是说，如果一个人行为不端，别人对他采取歧视、躲避或猛烈批评等过分的方式，也会使他走向反面。在处理学生的不端行为时，我们一定要注意切实保护学生的自尊心，以真诚的爱，唤醒其耻辱感，感召他们，使他们认识错误，自觉改正。

弘一法师（李叔同）在杭州任教时曾遇到一起学生盗窃事件，经过一番苦口婆心的教育后，仍无学生承认错误，大师就以绝食的方式等待学生的自省。学生在大师诚心的感召下终于承认了错误。我们学校王本英老师也曾遇到过一个教室失窃事件，她认为事情处理好了能影响学生的一生，处理不好则会害了学生的一生，所以从听说这事起，她整整思考了一节课的时间，终于想出了一个既能保护学生自尊，又给学生以充分改正的机会的好办法。

王月同学放在铅笔盒里订语文资料的钱被人拿走了。她告诉了我，我当时也很吃惊，但我马上镇静下来，让她回想一下事情的经过和可能与谁有关。她马上想到了同桌的女生Z，我思索了片刻，让她回去继续上课，并告诉她一定不要和任何人讲怀疑对象。如何处理？我思考了整整45分钟。出了这样的事，我觉得作为班主任实在失败，但是孩子犯错误还是要以教育为主，现在他（她）也许已经后悔了，处理好这件事，既能保住他（她）的名誉，又能使他（她）认识到错误，对其以后的人生路也许有巨大的影响。

下课了，第四节上体育课，我占用了30分钟时间，在教室里，面向全体学生说出了这件事情，并宣布我们全班同学给这个犯错误的同学一次机会，拉上窗帘，全体出去站队，每个同学进教室一分钟，让这位同学利用这一分钟改正错误。25分钟后，最后一个学生从教室出来。然后，我们师生共同进入教室，王月打开铅笔盒，没有。"请所有同学翻翻自己的书本、作业本，看看有没有意外的发现。"最后，王月在自己的数学课本里找到了钱。

多聪明的孩子，用这种形式归还了55元钱，只可惜这聪明没用在正道上。"同学们，人生之路对于你们还很漫长，有时偏离方向是难免的，但一定要及时修正，否则就会步入歧途。"

周一我批阅上周的周记。读到了Z同学的周记，她写了其他事情，但最后三行是这样写的：我会铭记 3 月 13 日的那 25 分钟，初一 (2) 班的全体师生伫立在风口中的那份焦急与期待。真心感谢您，老师——犯错误的学生。

"人不可能不犯错误，知错就改，你就是好样的。"写完之后，我终于松了一口气，发自内心地笑了，班里丢了 55 元钱的风波到此结束。

接下来的两件事情让我始料未及。王月的语文作业时常找不到，后来她的周记也找不到了，下午在王月后排的 S 同学桌洞里发现了。那天上午最晚走的是做值日的小 Z。

第二天，我冷静地把事情想了一遍，决定先从了解小 Z 的家庭背景入手，再决定下一步的处理方式。经了解，小 Z 的父母重男轻女，小 Z 还有个姐姐，只因是个女孩，小 Z 从降生起全家就没人给她过好脸色，可怜的小 Z 在斥责声中读完了小学。她只能穿姐姐的旧衣服，经常偷拿爸妈的钱，出去买些小东西。上初中后，爸妈把她寄养在亲戚家里，她哭得很伤心，但不想让别人知道她的不幸。初一开过两次家长会，可我从没见过她的家长来过，都是她的亲戚来代开。面对这种情况，我心里不禁一阵不安：对于这样的学生，我应该多与她谈心。

第二天中午，我把小 Z 叫到办公室，首先肯定了她归还 55 元钱的知错就改，然后又问王月作为"帮对子"同桌对她帮助如何，如我所料，她说王月对她帮助很大，尤其是语文和英语。她说，王月是她最好的朋友。我说我想知道王月随笔本的原委。她含糊了好一阵子，终于向我道明原委："王月语文很棒，尤其是每周一篇的随笔，经常当范文被宣读，我越来越嫉妒她。我拿走了她的随笔本，她就写不成随笔了。可是，拿回家后我就后悔了，我害怕失去我们的友谊，我不敢当面给她，就放在了小 S 的桌洞里……"

教育指导学生时，不宜拿成人的标准去衡量青少年，要保护他们的自尊心。要为行为出现偏差的同学创设与其他同学平等的学习生活和人际交往的环境，因为青少年还在发展中，心理还不成熟，在充满爱与友善的环境中更容易纠正他的行为偏差，促使他的内心自省，使他向好的方向发展进步。我将继续跟踪调查，给予关心，即使再有反复，也仍然以正确的方法引导。因为我懂得，教育是慢的艺术。

（王本英《教育是慢的艺术》）

与王本英老师遇到的这个因家庭原因有些心理扭曲的学生相比，张洪彬老师遇到的一个"刺头"学生可能更具有普遍性。这样的学生挨惯了批评，心理承受力特强，又善于采用伪装的方式隐瞒自己的缺点，所以严厉的批评对他们的作用并不大，有时甚至还会伤害他们的自尊，从而造成"破罐子破摔"心理。张洪彬老师的方式是既对他严格要求，同时也关爱他，细心保护他的自尊，从而让一颗受过伤、冷漠的心感受到爱的温暖及个人的尊严，自觉改正错误。

高一刚入学的时候，就听初中部一个关系比较好的老师问："林鹏，是否在你班？"我告诉他，在我班。他说："那是一个很不听话的孩子，总是在班主任面前装成一副很老实的样子，可是背后却组织学生违反纪律，和任课老师作对，搞得老师心情不好。"听了这个老师的话，我决定把他作为转化的重点，并制订了一些转化措施。

某天课外活动，我决定到教室里看一下自习课的情况。走到教学楼门口时，我发现林鹏从远处慢悠悠地走来。当他看见我站在那儿时，他立刻将手捂在肚子上。我说："林鹏，上课了怎么还在外面？"他说："肚子疼。"我装作关心的样子，说："需要我送你去医院检查一下吗？"他说："不用了，一会儿会好的。"我说："今后饮食一定要注意，千万不要小小年纪落下胃病，那样会痛苦一辈子的。"一番话后，我观察到他的表情有些变化，不像之前那么生硬，而是有些羞愧。我首先询问了一下他的家庭情况，就像一对无话不谈的好朋友。当我慢慢地询问到他初中生活时，他立刻低下了头，很难为情地从牙缝中挤出一句话："不好。"我鼓励他说："不要紧，过去的已经成为历史了，只要你意识到前面的行为过错，今后努力改正就行了，我们都是男子汉，要学会实事求是，顶天立地，光明磊落，树立远大目标，朝着目标努力拼搏。"

第二天，我一早来到办公室，发现我的办公桌上有一张纸条，打开一看，我很高兴，原来是林鹏写给我的。在信中，他把初中时的一些坏习惯诚恳地说了出来，并保证今后努力改正，好好学习。我抓紧时间召开班会，极力表扬他的勇敢和热爱生活的态度。全班同学都热烈鼓掌，表示对他的支持。日后的生活中，在老师和全班同学的帮助下，林鹏同学在纪律上更加严格要求自己，学习上也在逐步提高。我相信，通过他的努力，终将会改掉所有的缺点，成为一名优秀学生的。

（张洪彬《把"批评"改为"引导"》）

总之，教育是一门极具个人精神实践性的心灵艺术，需要的是心与心的对话、情与情的交流，来不得半点的马虎与粗疏。对于那些学困生来说，他们都是心理上有着或有过某种障碍的孩子，灵魂上都有或大或小的创伤，尤其需要爱的抚慰。只要我们的工作做到家，做得深入细致，就可以充分调动起他们自身的积极性和创造性，挖掘出他们的潜能和优长，使他们"浪子回头"。为此，我们学校专门成立了心理健康研究机构，在帮助学困生走出困境上取得了一些经验，但我们的经验还很不足，今后还要继续努力。我相信，只要继续走下去，就一定会找到打开一把把心锁的金钥匙，真正实现"诸城实验中学没有学困生"的目标。

十九、把主动权还给学生，给学生一个展示个性的舞台

在教学活动中，"师为主导，学为主体"是一个最基本的教学原则。对这一原则，每一个教育工作者不仅耳熟能详，而且常挂在嘴上。然而，由于长期形成的一些教育缺失难以矫正，再加上应试教育的强大影响力一时难以清除，所以这一基本教育原则在现实中却很难实行，学生的主体地位也大打折扣。这一原则在现实中的执行情况到底如何，如何正确全面地理解这一原则，如何保证学生的主体地位，这些仍然是目前教育改革中的难题。

统一的教学计划、统一的教材、统一的教学方法与教学内容，这一切已经把学生独立自由发展的空间挤压得很小，即使留给学生一点可怜的自由讨论、自由发言之类的机会，也大都是为了配合教师的教学，为了逼近教师设

定的答案，所以这样的自由也是很虚伪的。也许正因如此，不少学校的教师都会这样训斥学生："想上大学，就少来自由自主那一套。记住，中学时代，留给你们的自由只有两次，一次是高中文理分班的时候，一次是高考结束后填报志愿的时候。"细想起来，其实这仅有的两次机会对于大多数学生来说也是"被自由"，并非真正的自由。

如何理解"学为主体"？这里的主体，绝不是与客体相对的主体。"学为主体"的主体，也不是指一个事物的主要部分，或处于主要地位。教学中是不应区分谁是主要部分、处于主要地位，谁又是次要部分、处于次要地位的。如果硬要加以如此这般区分，实际上是将人看成了物，是对人的主体地位的一种放逐。一般情况下，教育工作者绝不会把"学为主体"理解为上述两种意思。既然如此，对"学为主体"的理解就应该没什么疑义和分歧了，那就是应把学生当做具有独立意志、个体自由的主动学习者，学习绝不是对知识被动地接受，而是一种主动地探究和汲取；不是要我学，而是我要学。

在探讨"教是为了不教"这一教育理念时，我认为，现代人性观念以个体人性观念为核心，并把独立、自由、平等、民主等作为主要内涵，那么现代学校教育为达到不教而必须教的最首要的东西就应当是学生独立自主的能力。所谓个性，并不是指所谓个人的特殊性，如一些特殊的嗜好、习惯等，它实质上指的是一个人的独立性、自主性，特别是指人格的独立、思想的自由——这应该是主体性的核心。而这种独立与自由是不可替代的，失去了这些，即失去了一个人存在的价值与意义。

朱永新老师新教育实验中的五个基本观点中的第二点就是"教给学生一生有用的东西"。他认为，教育不是教给学生一时有用的东西。而现在的教育是为了某年某月的某一天，整个高中三年是为了高考这一天，整个初中就是为了中考这一天，这使得整个教育的功利性达到了登峰造极的地步，人们内心根本很少为孩子的一生去考虑。因此，我提出，教孩子六年，心里一定要想着他的六十年。我们不能错把起点当终点。高考恰恰是人生的一个起点。教育要真正为孩子的一生打好底蕴，这样的孩子才有发展的后劲，才有发展的潜力。对孩子一生最有用的东西是什么呢？我们认为是独立自主的能力，包括独立思考能力、独立学习能力、独立处理问题的能力等。

独立自主的对立面就是包办代替。包办恰恰是对自由意志的侵犯，是对仁爱、宽容、民主、平等的消解。爱只能让爱来培育，善只能以善来涵养。

送人玫瑰，手有余香，而种蒺藜者则会得刺。可惜的是，在功利性教育中，我们对学生的自主性却有太多的包办、代替或剥夺。

使每个学生的个性得到自由、健康、全面的发展应是学校管理的终极目标。在教育教学过程中，我们一定要充分尊重每个学生的个性。但事实是，我们往往忽视了学生个性。在教学内容上，更多强调学生专业技能的学习和培养，学生大部分精力都用来应付考试，而那些无论对于个人还是社会都至关重要的境界涵育、感情陶冶、道德生成、意志磨砺、科学精神培养、人格方面的训练等则备受冷落。在对学生的管理上，则表现得过于严厉和缺乏宽容，以管代教、以管代启，借用各种制度及处罚条例来约束和限制学生的行为，把学生造就成循规蹈矩、唯命是从、唯书唯上，唯独没有独立、自由和个性的人。

更有甚者，不少学校、教师把所谓学校的利益或声誉及教师的利益或威信等放在首位，而往往置学生的利益、愿望于不顾，将以学生为主体、为本位，变成了以学校和教师为主体、为本位。学生只是学校或教师用来牟利的工具、道具、陪衬。在这种利益的较量中，作为弱势群体的学生往往成了自主性被剥夺的对象，他们的自主成了"被自主"、自由也成了"被自由"。举例来说，有的学校因组织校外活动发生点事故，引起家长的批评，从此便因噎废食，借口安全，剥夺了学生参加校外活动、社会活动的权利；有的学校为了节省经费，就尽量压缩一些选修课；更有不少的教育主管部门为了本部门的私利，就以学生为敛财对象，大量印制一些所谓辅导材料，强迫学生接受，让学生没完没了地做题，从而剥夺了学生大量自由活动时间；不少教师把完成自己的教学任务当做课堂活动的中心，而把学生当成了教学表演的听众或道具，对不符合其教学设计的回答及提问置之不理，泯灭了学生学习的主动性和积极性；如此等等，不一而足。正是由于学生主动性被大量剥夺，学生感受不到自主学习的乐趣与幸福，相反倒是感到学习是为老师而学、为家长而学、为学校而学，就是不能为自己而学，学习的主动性受到蔑视，个人的爱好特长受到压抑，个体潜能受到遮蔽。在这种情况下，奢谈什么全面发展，空谈什么开发潜能，岂不是天方夜谭？以此求全面发展岂非缘木求鱼、南辕北辙？

社会学、心理学研究的经验证明，责任、权利、义务三者是紧密联系在一起的，去掉了其中的任何一个，其他两个就成了虚的，三者的关系就不能成立。孔子说过，"不在其位，不谋其政"，这是说权力虚位，责任也虚位。西方存在主义哲学的一个基本理论认为人的本质在自由，但自由又意味着责任，为自己负责也意味着为他人、为社会负责，这是说放弃了责任也就放弃了权利。一个主体（不管是群体还是个体），只有当享有了他成为该主体的权利（这权利的基本含义即是自由）时，他才会激发出应有的积极性和创造性，承担起应尽的责任和义务。一个最具有说服力的例子是，中国的社会主义合作化运动从20世纪50年代始到80年代终，搞了将近30年，却仍然没能解决几亿农民的吃饭问题。而实行了家庭联产承包责任制以后，短短几年的时间，社会财富成倍地增长，中国农民很快解决了温饱问题，并开始奔向小康。我想只有我们真正把学生应享有的主动权还给学生，学生才能自由自觉地学习、生活、创造，他们的聪明才智才能淋漓尽致地释放。

因此，要想真正实行素质教育，使学生在德、智、体、美各方面都得到健康发展，成为独立自主的人，就必须彻底改变以往的教育观念，特别是学生观念，真正还学生以主体地位。而要想做到这一点，就需要全面清理各类对学生主体性剥夺、侵占的现象，还自主权于学生。在这方面，我们学校做了一些研究与探索，也摸索出一些成功的经验。我们认为要想还自主权于学生，起码应做好以下几个方面的工作。

（一）在学生的学校生活管理方面，应发扬民主，充分放权，能让学生自主管理的事情一定让学生自主管理。他律与自律相结合，才能发挥他律的作用，最后达到自律的目的

学生成长的主要的时间和场所都在学校，学生知识的学习、习惯的养成、才能的发挥、个性的展示也都在学校。为了不使"一切为了学生，为了一切学生，为了学生的一切"这一教育原则成为空话，学校就应该为他们提供一切可能的机会和条件，真正把管理的本质定位在服务上，充分尊重学生自己的愿望和要求、兴趣和爱好，发扬民主，放手让学生自我管理。

我们积极创设人本管理、自主管理平台，多维培养学生个性。比如学校各级各类学生干部的选举、各种学生社团的组建、各类学生活动的开展等，都放手让学生自己去做，学校与教师适当地指导，从不包办代替。

教学班是学生学习活动的主要场所，学生的自主管理能力在班级管理中更能体现出来。学生个性只有在班集体环境中才能得到比较和体现，也只有在班集体活动中才能形成和发展。学生有了个性发展的意向和目标，并不等于有了良好的个性。要培养学生健全的个性，还必须创设班级活动平台，给学生以培养个性的机会，让学生在班级多维的人本化活动中得到充分的锻炼。

学生要求自治的心理是个性培养的最佳基点。因此，班级日常事务要实行人本化自治管理。

1. 实行班干部民主选任制。学期开始，以推荐加自荐的方式民主选举班干部，让学生充分发挥自主性，做班级管理的主人。

2. 实行班干部轮任制。从班长到组长、课代表实行有比例的学期轮换任职，并实行副班主任值日制，让每个学生都有机会在不同的岗位上得到锻炼，并使其个性得到充分的展示和自主的发展。

3. 实行班级学生督察制，由非班干部学生组成5人左右的督委会，以一月为一任，对现任班干部的工作进行督察和记录。这样，既提高了现任班干部的管理效率，又使更多的人获得了参与管理的机会。

班级活动也要实行人本化。班级活动是学生个性培养的主阵地，班级活动开展得如何，直接影响学生个性的培养和发展。因此，要最大限度地调动全班同学的积极性，让学生普遍感到，这是我们自己的活动，要自己动脑筋想办法，把活动搞好。

1. 制订活动方案的人本化。学生是活动的主体和主人，所以无论是课内活动还是课外活动，都应体现人本精神，在促进个性发展的总目标下，调动学生的主动性。为此，活动前，班主任可先拿出活动方案，让学生讨论并修改，从而确保活动的有效性。

2. 参与活动过程的人本化。具有共性的班级活动，应让每个学生参与，如某一专题的讨论、献爱心活动、社会调查、郊游等。展示个性专长的活动，也应尽量让更多的学生参与，如演讲、辩论、征文等。班主任要放手发动学生组织活动，只作适当地引导即可。

曾有不少学生和家长认为，让学生参加一些社会活动，会妨碍学习。但事实证明，参加一些公益活动，担负起一种责任，即意味着自己对社会、对他人的一种承诺，也意味着接受大家的一份监督。为了完成这种承诺和监督，学生也会自觉努力，调动起自己全部的积极性、创造性和生命潜能去做好这份工作，这样他的学习不但不会下降，反而会上升。前面我曾征引了一些典型事例，下面我再略举几例。

　　班长林爱香同学写信告诉我，说她原先对自己有多大的能力，自己也不清楚，管理班级也不是很有把握，就靠着班主任老师的"老师相信你，大胆去做吧！"这句话，做好了一项又一项班级工作，直到圆满地完成了三年的班长工作。她现在知道自己不是没有能力，而是缺少展示自我的勇气。

（孙青《我培养常务班长》）

　　杨帆是一个清秀文静的女孩，刚入校时给人的印象是十分的内向，但有一件事让我改变了对她的看法。那是刚开学时，班里要选一个宣传委员，不善言谈的她第一个毛遂自荐，这让我有点惊讶。在竞选中她举止大方，普通话流利，工作计划井井有条，全班同学感到由衷地佩服，结果顺利当选班里的宣传委员。还有一件事让我对她有了更深的了解，那是刚开学不久，学校要举办黑板报比赛，当我把任务交给她时还真有点不放心，一个十二三岁的女孩能行吗？但结果出乎我的预料，她不仅用一晚上的时间把黑板报出完了，还在学校的黑板报检查评比中得到了第一名的好成绩。

（李桂宝《我的好学生》）

　　我真的没有想到中下游学生能当好课代表，而且表现得是那么优秀！尤其是杰，这个孩子的爸爸妈妈在大西北工作，他在乳山与婶婶一起生活。他比较懒，经常完不成作业。可自从当上课代表以后，他的这个毛病悄然消失。这让我深深地领悟到：每个学生都有一定的能力，中下游学生也能把许多事情做好，只要肯给他们展示的机会。

（王清霞《给每一棵草开花的机会》）

　　（二）在学校的思想教育活动中，要大胆解放思想，充分尊重学生的思想自由、言论自由，把思想教育与学生思想的自我矫正、自我提升结合起来，精心培育学生创造性思维的幼苗

　　思想教育是学校教育的重要一环，更是培养学校良好校风和文化个性的重要途径。但不可否认的是，对于大多数学校来说，这也是用力最多而收效甚微的一个方面。原因无他，就在于有些学校只重视思想灌输，只会照本宣

科地宣读、传达有关文件或教育材料，而不大重视学生的愿望与要求。更有甚者，不少人把思想教育当成了对学生的训斥或是对某种禁令的宣读，不听取学生意见，不与学生对话，只强迫学生接受。这样的思想教育当然不受学生欢迎。我们应该知道，思想教育也是一种双边活动，需要对话与交流，需要发挥学生的主动性。即使是自上而下的思想教育也应给学生以充分的思考、讨论和表达个人意见的时间和权利，否则，外在的教育很难转化为学生自己的内在思想。

恩格斯说过，思想是这个星球上最为美丽的花朵。但是，思想的花朵只有生长在自由的土壤中才会根深叶茂，常开不衰。诸城实验中学坚决主张尊重学生的思想自由、言论自由，并结合实际给思想自由以充分表达的机会与权利。我们开通了校长信箱、学校网站，建立了家校联系卡，都是为了保障学生的这种自由权。我们学校之所以能获得超常规、跨越式发展，很多方面都受惠于学生提出的一些合理化建议或意见，如创建责任教师制、星期天与假期开放学校图书馆等。

由于传统教育的惯性力量很大，在不少学校实行思想自由、言论自由还往往流于形式，流于作秀。不少管理者认为，毛孩子有什么思想，即使有思想也没有多大价值。其实这不仅仅是一种误会，更是一种思想肤浅的表现。孔子说过："后生可畏。焉知来者之不如今也。"思想只有与思想不断磨砺、碰撞才会健康发展，没有经历过思想交锋的思想、没有被证实或证伪的理论，都是脆弱的，甚至可能是思想的怪胎。给学生以思想自由、言论自由的价值并不在于产生的思想多么有价值，而在于这种形式本身的价值，因为它会造成一种风气、一种传统，培育一种自由开放的土壤，唯有在自由的土壤上才能开放自由的花朵。另外，对学生来说，需要一种思想的自我训练，自我磨砺，他在公开表达的同时也意味着要接受其他思想的挑战，他就需要准备为自己辩护，而只有在这样的表达—挑战—辩护的循环中，思想才会快速成长。

我们认为，要想不使思想自由流于形式、流于作秀，有两点需要特别注意，切实实行。这两点可以作为思想自由的测试仪和风向标。那就是一要在学习中给学生以质疑问难、表达不同看法的自由，二要在管理中给学生以公开批评、发表不同见解的自由。为此，我们学校专门规定，在课堂上允许且鼓励学生说"老师，我不懂""老师，我有不同意见"之类的话语。在考试中允许学生对考题提出意见，在答题中允许学生发表不同的答案。在接受学生批评上，我们学校的领导和教师也已经达成共识，大胆地开展批评与自我批评是自信的表现。不少教师认为在接受学生的批评后，威信不降反升，从而达到"我与学生共成长"的目的。前面，我征引过几个老师的教学感悟，下面，我再举几个例子，说明这个问题。

　　一次上课铃响了，我又开始了例行的"监督"工作，同学们都很快地跑进了教室。过了一会儿，上课的老师也进了教室。我的目光刚要移开，突然看到我班颇为顽皮的男同学××跑进了教室。这小子肯定是到操场玩去了。一下课，我就走进教室，把他叫到讲台前，严厉地批评他上课迟到。我分明看见眼泪在他眼圈里转。"您冤枉人，我根本没玩，下课，同学们围着李老师问问题，然后李老师又叫我帮着把作业本抱到办公室去，这才晚的!"我脑中"轰"的一下，是呀，我怎么忘了，为了调动他的学习积极性，我和李老师商量好让他当数学课代表的啊! 我知道错怪了他，连忙道歉。他却气呼呼地走了，以后几天都不怎么理我。

　　都说"眼见为实"，可我的亲眼所见错怪了学生，这是深刻的教训。孩子的心是稚嫩而脆弱的，伤害了就很不容易愈合。我们作为老师，每当批评学生之前，一定要先问问自己，事情搞清楚了吗? 事实是这样吗?

　　　　　　　　　　　　　(郑海森《让不经意的伤害不再有》)

　　高一升高二的前1个月，为了缓解学生复习的紧张气氛，我稍稍放松了对学生的严管，班上学生也有点儿放松对自己的严格要求，有些学生似乎不那么"安分"了。课堂上递纸条、讲小话的，课间追赶、嬉闹的，住宿生私自出校门的……层出不穷。一向讲民主的我感到学生太猖狂了，认为他们根本没把我这个班主任放在眼里。我既没找学生个别了解情况，又没召开班委会，一气之下自作主张给他们定下了若干个"不准"。"新规"一出台，班上学生出奇地安静。当时我还庆幸自己的"妙招"真灵呢! 可是，第二天，我就收到了我班一个学生写给我的信，信中向我诉说了同学们对我的不满，也说出了自己的心里话，里面有这样一段："安老师，我不同意您昨天的做法。我认为我们的成长过程就是不断犯错，之后，不断改正。没错，不犯错误的乖学生是讨您欢心的，但也希望您有一颗宽容的心，来包容那些偶尔犯错误的同学，不要一棍子打死……"当时，我心里就像打翻了五味瓶，什么滋味都有。一向威严的我意识到了自己的冲动伤害了学生，一再警告自己要冷静。我经过一夜的思前想后，决定用宽容接纳我的学生们。首先，我诚恳地向全班学生道了歉，并当即废除那些所谓的"不准"，然后组织学生就近期发生的一连串事情展开讨论，让学生自己认识错误，学会自律。最后师生共同制订下一阶段学习计划，让学生明确奋斗目标。做完这一切，我看到有的学生已经低下了头，已经认识到了自己的错误。

（安刚《如何把握"爱"与"严"的尺度》）

近几天，我到班级观察自习课的学习状态时，发现了一个严重问题，不少学生似乎在折叠一些五颜六色的卡片，有的在卡片上写写画画，甚至有几个折叠成型的小纸船公然摆在学生的课桌上，我猜想学生可能在玩一种什么流行游戏，心里就有些沉不住气，心想，学生的整体状态要出问题！升入高三了，班级竟然还有这种浮躁嬉闹的现象，如不制止，危害甚大。我怒不可遏地抓起了一个小纸船，这是一个平时自我约束能力较差的学生折的，我要抓一个典型，狠狠地打压这股顽劣幼稚的风气。但当我看到这只纸船折叠的是如此精致小巧时，我立刻提醒自己要耐心一点，不能以简单粗暴的形式处理学生的特殊问题。

于是，我把学习委员鹿鑫单独叫到办公室，旁敲侧击地询问她班级学习状态的问题。当我故意轻描淡写地问她班级近期有什么文娱活动时，她非常高兴地告诉我，这两天班委会倡议发起"规划我们的未来"行动，并将短期目标、学习誓言、竞争伙伴等激励话语写在卡片上，折叠成"希望船"，统一布挂在班级文化园地中，既鼓舞了士气，又装点了教室，可谓一举两得。听完鹿鑫的话，我不禁长舒了一口气，既为自己事前没有冲动处理而庆幸，又为学生们的创意举动而欣慰。当学习委员提出能否让任课教师也参与到"希望船"的折叠活动中时，我不禁心中一动：一个促进师生感情沟通，推动班级和谐发展的教育契机产生了。

　　第二天，当语文课代表杨晓洁给我送来空白的卡片时，我写下了以下的话语："作为你们的班主任兼语文老师，我希望明天同学们所站的位置要比老师讲台的高度更高，我们手牵手，心连心，让我们一起扬帆起航！"现在，在我们班级文化园地的中心位置，由全体师生共同折叠的写满各种希望的小船拼成了巨大的"12班，NO.1"的字样，见证着我们（12）班的精彩，预示着我们（12）班的辉煌。

（陈忠良《与学生一起扬帆起航》）

　　上面这三个事例中，有两个就属于"冤假错案"，如果没有学生的批评，如果老师拒绝学生的批评，师生间的积怨就会越来越深，不仅影响团结，也会影响学生的思想和学习的进步。好在我们的老师都是明智的，他们能认真听取学生批评，及时改正工作中的不足，吃一堑长一智，教师也在很快进步。安刚老师的故事则告诉我们，绝不能搞什么思想的一统天下，禁止学生的自由思想。学生说得好，学生的成长过程就是不断犯错，之后，不断改正。而以防止犯错为名禁止自由，才是真正的因噎废食。

　　（三）在学习上，要尊重学生的主动权、参与权及自由选择的权利，鼓励学生质疑问难

　　学生在校期间的主要任务是学习，但学习绝不意味着对知识的单纯的接受，而是各种能力的全面培养。无论是在中国古代教育中，还是在现代教育中，学习都具有极强的实践性。子曰："学而时习之，不亦说乎？"就是说学过之后，要不断地实践、操练，才会获得快乐。他在回答鲁哀公"弟子孰为好学"的问题时，说颜回好学，好学的表现则在于"不迁怒，不二过"。孔子这里强调的就是学习所具有的践履性。孔门弟子能以笃学、慎思、审问、明辨而闻名的好学者多有，孔子为什么唯独说颜回好学？就是因为他理解的学，更在于践履。学习离开了自主性，也就脱离了实践性，既提不起兴趣，也达不到效果。因此，在学习上，一定要充分尊重学生的主动权、参与权，允许并鼓励学生在学习上自由选择、质疑问难。

　　我们学校在课业管理上也力求做到人本化，其基本内涵是要尊重学生的主动权、参与权。我们认为，学生课业的个性差异是显而易见的，这些差异主要表现在学习动机、学习兴趣、学习意志、学习方法等方面。这些差异的

· 205 ·

客观存在都要求课业管理的人本化。一方面，"要使学生成为学习的主人，就必须引导学生多参与教学，即不仅参与学，而且参与教"。另一方面，要使学生认识到人本化是学生课业自主发展的需要，是共性与个性协同发展的需要。

1. 班主任要及时全面了解学生课业发展情况。要经常对学生进行个性心理教育，让学生自觉地调控好学习心理，并认识到个性发展的最终目标是形成人的全面素质。在学习中，要处理好各课业之间的平衡关系。

2. 要指导学生处理好必修课与选修课、理论课与技能课的关系。要针对学生的学习心理和课业专长，协同各任课教师，建立各类学习小组，给学生提供发展个性专长的活动平台，并指导调控好活动过程，使学生的心理品质和学业专长协调发展。

3. 要发挥具有良好个性的学生的影响作用，使没有专长和心理有障碍的学生在专长生的帮助下，培养自己的良好个性。

4. 建立课业个性培养管理档案。使学生的课业专长、学习心理的特点和学习过程在档案中有详细的记录，以便更好地认识、分析和协调学生个性的培养，同时使课业人本化管理得到不断完善。

课业管理人本化在很大程度上促进了学生学习个性自主发展。遗憾的是，目前学生学习的主动权、参与权、选择权还存在大量被剥夺的现象。比如课堂上教师多采用满堂灌、填鸭式讲读教学法，大量占用了学生自主学习的时间，即使有什么所谓教学互动的双边活动，也往往是"运动学生"，让学生按教师编排好的台词演戏，表面热热闹闹，却掩盖不了课堂实质上的冷清与单调。为了彻底改变这种现状，还权于学生，我们还采取一系列切实可行的措施，比如学校专门规定课堂上教师讲授时间不得超过三分之一，要把主要时间留给学生自主学习；对于已经掌握课堂学习内容的学生，只要提出申请，允许其到创新学习室学习，并由学校配备的首席教师负责指导；对于课堂讲授内容，允许学生说"我不懂""我有不同看法"，鼓励学生大胆发表不同意见；关于课堂学习方法，我们创造了"六要点学习法"，强调教师在教上要注重启发、引导、激励，学生学习上注重自主、合作、探究；如此等等。

由于实行了以上一些具体得力的措施，学生掌握了学习的主动权，学习兴趣大增，个性与特长得到了发挥，创新能力明显增强。近年我校学生多次在全国性的奥数比赛、机器人大赛等活动中获奖，展示了实验中学学子不俗的创造性和想象力。

第六章　课堂何为?

二十、改革课堂教学,增强教学活力

　　课堂是教学活动的主阵地,但是在传统教育思想,特别是传统的教师观、学生观的影响、制约之下,传统的课堂观也存在着很大问题。比如,谁的课堂,课堂何为,在这两个基本问题的认识上就存在诸多误区。不少人认为,课堂就是教师的课堂,能在规定的时间、规定的教室,按照自己的教学计划、教学目标,按部就班地完成教学任务,就是一个好老师上的一节合格的好课。而学生只是课堂上被动的接受对象,他们只要按照教师的指令,该听就听,该读就读,该答就答,就是遵守课堂纪律,就是好学生。这样的课堂观,必然以知识传授为教学的基本目标,而忽视学生个性和能力的全面开发与培养;这样的课堂教学方式必然是满堂灌,而忽视学生自主学习与探究;这样的课堂训练出来的教师必然是随着课本与教参打转而毫无创造性的教书匠,培养出来的学生则只能是缺少个性与创造性的乖孩子。这样的课堂,没有生机,没有活力,没有趣味,严重窒息了学生的思想,是造成学生厌学的主要诱因。

　　因此,课堂教学改革,势在必行。而课堂教学改革正是教育改革的主要攻坚目标。叶澜教授说:"课堂教学应被看做师生人生中一段重要的生命经历,是他们生命有意义的构成部分。对于学生而言,课堂教学是其学校生活的最基本的构成部分,它的质量,直接影响学生当前及今后的多方面发展和成长;对于教师而言,课堂教学是其职业生活的最基本的构成部分,它的质量,直接影响教师对职业的感受、态度和专业水平的发展、生命价值的体现。总之,课堂教学对于参与者具有个体生命价值。"新一轮的课程改革对教学目标与内容进行了巨大的改革,与此相适应,新课程标准强调要让学生通过自主、合作和探究的学习方式进行学习。学习方式的转变是这次课程改革的核心问题。倡导自主、合作、探究的学习方式是时代发展的必然要求。2001 年《山东教育科研》发表了我的《注重课堂教学的创新性、时效性，让课堂焕发出生命活力》一文。在此基础上，我们提出了"自主、合作、探究，注重课堂教学的创新性、时效性，让课堂充满生命活力"的新课程教学模式，简称"六要点（自主、合作、探究，创新、时效、活力）教学法"，落实践行于我们的课堂教学，以改变课程实施过程中过于强调被动接受学习、死记硬背、机械训练的现状，倡导学生主动参与、乐于探究、勤于动手，培养学生收集和处理信息的能力、获取新知识的能力、分析问题和解决问题的能力，以及交流和合作的能力。

这六个要点，是当前基础教育课程改革的关键词、核心词，是新时期课堂教学改革的核心要素。六要点，可以分为"自主、合作、探究"和"创新、时效、活力"两个层面来理解：前者是基于培养学生的"自主、合作、探究"能力的课堂教学要求，后者则是指在新课程背景下课堂教学质量的体现，二者关系密切，而"活力"则是前五个要点最终的表现形式和落脚点。

在山东省推广杜郎口教改经验大会上，我曾指出：我们要以生命活动为本质，从生命的高度，用动态的生命的观点观照课堂教学，让课堂焕发生命活力。首先，要求我们的教师倾心投入、满怀激情，以激情感染学生。一名合格的教师，他对课堂教学最起码要有感情，然后要有热情，最重要的是要有激情。如果没有感情、热情和激情，他将永远不能成为一个优秀的教师。第二，师生要把课堂看成人生历程的一个重要环节。学校教育中教学是中心，在教学中课堂教学又是中心，每个 45 分钟都会成为人生历程的重要环节，都很重要，是他生命意义不可或缺的组成部分，都应认真地看待。第三，课堂教学应该全面体现培养目标，促进学生全面发展，不应只局限于认识方面的发展，而应该像杜郎口中学的课堂教学一样全面重视。第四，要彻底改变现在课堂教学中常见的"只教书不育人、人人围着书本转"的局面。

"六要点教学法"是新形势下我们对课堂教学最基本的要求，更是我们实验中学课堂教学评价的价值追求，是每个教师必须牢牢把握的课堂教学的精髓。

所谓"自主"，就是以人为本，以发展学生个性为宗旨，更好地发挥学生在学习过程中的积极性和主动性，让学生有充分的思维空间，使每个学生的个性得到最大的发展。"自主"指学生有学习的主动权和选择权，学生可以根据自己的学习过程，按照自己的意愿去选择学习的内容和方式。"自主"学习是指学习主体有明确的学习方式，有学习的主动权和选择权。在学习过程中，教师要提倡学生充分自主学习，尽力做到：让学生明确目标，让学生发现知识，让学生参与过程，让学生选择内容，让学生掌握方法，让学生探究疑难，让学生自我检查；学生能提问的教师不先问，学生能描述的教师不替代，学生能自己创作的教师不示范。

所谓"合作"，就是教师应努力营造合作的氛围，让学生处在一个合作的集体之中，互相学习，互相沟通，互相帮助，团结协作，共同探究，在合作中培养学生各方面的能力。"合作"是指学习的组织形式，在以班级授课制为主的教学形式下，采用合作学习的形式，改变传统的师生单项交流的方式，可以理解为学生与学生、学生与老师、学生与家长、学生与其他学习者的合作。通过多项互动的合作交流，使每个学生获取语言实践和自我表现的机会，既让每一个学生都能发表自己的学习心得，也养成学生注意听取别人意见的良好习惯，促使学生互相启迪，互相帮助，共同完成学习任务。"合作学习"是指学生在学习群体中为了完成共同的任务，有明确责任分工的互助性学习。因此，合作学习既有小组活动，也有个人活动；合作学习并非只有一种模式可以选用，也并非所有的学习活动都适合于合作情境；并且合作过程中也不排斥竞争。

所谓"探究"，就是从问题开始，引导学生从问题开始经历认识过程；鼓励学生带着问题大胆假设；让学生自己设计实验方案，观察实验结果，讨论假设等。通过体验探究，让学生成为问题的发现者、研究者、探索者。此外，还要鼓励学生联系生活实际，进行课外探究。"探究学习"是指学生在实践中进行学习，在学习中独立地发现问题，获得自主发展的学习方式。要求教师在课堂学习中，借助情境，创设主动、互动、生动的学习场面，给各类学生提供适合各自发展的听说读写的实践机会，让学生在实践中发现问题，培养探究问题的意识。在探究学习中，学生自己发现问题，探究解决问题的方法，通过各种学习途径"获得知识和能力、情感和态度的发展，特别是探索精神和创新能力的发展"。

"自主""合作""探究"这三者之间的关系是：探究的主动性、独立性、实践性、体验性、问题性和开放性等主要特征都是以自主为前提的；在探究的过程中，往往会涉及人力资源的开发与利用，有效的合作必然会加速探究的进程。可以这样说，探究学习是以自主学习为前提、以合作学习为动力的一种学习方式。自主是合作、探究的基础、前提，合作是促进自主、探究的形式、途径，探究是自主、合作学习的目的。三者互为一体，又相互促进。

关于"创新"。课堂教学的创新性是课程改革的一个基本理念，就是要建立多维互动的课堂模式，构建有利于发展创新能力的活动体系，让创新成为课堂教学的灵魂。重视和研究课堂教学就是关注学生的创新意识、创新思维和创新能力的培养。

创新性课堂教学的基本内涵是：①创新性教学的本质是充分展示人类的创造力，并使之转化为学生自己的创造力；②创新性教学的目的是实现学生认知的发展（而不是单纯地稳定和延续）；③创新性教学的任务是使学生的个人认识成为一个鲜活的知识体系；④创新性教学的基本途径是实现学生认识的自然发展，这种个人认识自然发展过程的实质在于重演人类认识自然的基本过程（模拟创造）。

关于"时效"。课堂教学的时效性就是在一定时间内的学习效率，是以45分钟为单位时间的教学效果。我们应考虑到一堂课45分钟怎样安排更合理，我们的课堂问题往往是教师不能合理分配学习时间，或学得多练得少，或学得少练得多，或教师赶集似的教完知识，最后的空余时间让学生反复读课文、背定义来拖延到下课，或下课铃响过很久，知识还没有教完，从而草草收场或抢占课余时间。这些现象说明教师在备课和上课时没有重视课堂的时效性，时间都保证不了，又谈何效果。

关于"活力"。我们要以生命活动为本质，从生命的高度，用动态的生命的观点观照课堂教学，让课堂焕发生命活力。课堂的生命活力源于学生主体意识的觉醒和强化，源于教师关注学生生命价值的人文情怀。课堂上师生参与互动，通过教师的组织引导、启发点拨，让学生在自主探究式学习中获取知识，锻炼能力，增长智慧，体验学习的乐趣、发现的惊喜和成功的快意，从而创造出充满生命活力的课堂教学。教师走进课堂的首要任务就是要调动学生的情绪，让学生想学、愿学、乐学。只有当学生智慧的火花被点燃的时候，只有当学生情感的闸门开启的时候，学生才会想学、愿学。课堂是学生主动学习的场所，学生应畅所欲言，自主互动。在课本、教师、学生的相互对话中，让学生充分地表达他们的所思、所感、所悟、所疑、所惑。问题让他们去提，问题让他们去议，答案让他们去辩，结论让他们去得。这样的课堂才具有生命活力。

总之，实行"六要点教学法"，改革课堂教学，遵循了课堂教学的基本规律，体现了素质教育的基本要求，它既是一种教学模式，更是一种教学理念。仅仅把它看成一种固定的教学模式是不对的，模式化的自主，将会流于放任自流；形式化的合作，将会造成轻松无聊的胡侃；表面化的探究，将会永远在思维的表层打转。将一种模式固定不变地推行，创新将成为模仿，时效与活力也将大大缩水。而将"六要点教学法"看成一种理念、一种教育精神的话，就会"运用之妙，存乎一心"，随时根据教学情境的变化而调整自己的教学方法，从而使教学成为一种真正意义上的创造。

事实上，我们学校的六要点教学之所以搞得有声有色，活力即来自全体师生的创新。比如，前面我提到化学老师王耀武、王世光就曾在化学实验课上利用学生因好奇心而造成的操作失误，巧设探究话题，不仅把所谓坏事变成了好事，还把化学实验课上成了科学探究课，给学生留下了终生难忘的印象。曹玉英老师则在文言文的教学上进行了创新，使学生视若畏途的古文学习也变得生动有趣。

初三学生面临毕业考试，而文言文一直是学生学习的重点和难点，所以刚开学不久，我们决定先学文言文部分。《陈涉世家》篇幅很长，挑了几节让学生熟背。任务一布置下去，看着学生都忙着背，甚是高兴，可一节课下来，只有十几个学生背会了，这很令人苦恼。后来学了新课标，学校提倡新教学法，我改变了做法，坚持教为主导、学为主体，充分发挥学生学习的主动性和积极性，收到了很好的效果。有一次，我们学习《词五首》（即《望江南》《渔家傲·秋思》《江城子·密州出猎》《武陵春》《破阵子·为陈同甫赋壮词以记之》）同样要求背诵、默写，并理解分析词意。学生一听背诵早已麻木，也有唉声叹气的。我就想换一种教学方式：这五首词，我给大家两节课的时间自学，可以讨论、查资料、问老师，并在这两节课上找一位竞争对手跟自己比，比的方式是用第三节语文课一节课的时间，你以试卷的方式考一考他，考卷自己出，但一定有一个小题是默写其中的一首词，其余内容自定。我话音未落，学生们早已欢呼雀跃起来，一个个窃窃私语，有的学生还打着手势说："等着，我考倒你！"全班学生都笑了起来。我笑着说："你们先把对手放在心里，别声张，到时候来个出其不意。不过，如果谁串通好了出一些容易的题或跑了题，我可要另出题考你们，明白吗？"接下来的两节语文课，学生们不再只张着嘴背诵，而是有写的、有背的，也有查资料的……我发现，连我整天提醒的"字音拿不准要查字典"，也不用提醒了，课堂上要督促做的"随堂练"也不用督促了，要主动讲的"研讨与练习"也成了学生主动来问的内容。总之，这两节课上是一片忙碌的气氛。第三节语文课前试卷如约收齐了。看到学生的满腔热情，我感慨万千，看来每一个学生都有要展示自己的欲望，只要抓住这一特点，给他们以充分展示自己的机会，他们的学习才会真正主动。第三节语文课上，我实践了自己的诺言，把试卷分发给他们认定的对手做。第二天上课前，他们把批好的试卷早摆在了桌子上，不少学生都全对，得了满分。连平日语文成绩不理想、嚷着文言文难学的学生也走到我的讲桌前说："老师，我没被考倒吧？"

（曹玉英《让一瞬间成为永恒》）

葛建升老师则从自己教学的经验与教训中，体会到了课堂教学改革的好处，并能根据不同的课堂内容设计不同的自主、探究方式，从而使学生感到每一节课都很新鲜、都有收获。

课堂是教学生命力的所在地，是学生智慧的发源地。学生在朴素的课堂生活中品味物理，教师在朴素的课堂生活中唤醒孩子们的求知欲，引导学生全面协调地发展，给学生创造一个民主和谐的发展空间。

在"声音的产生与传播"一课引入时，我让学生想象一下没有声音的世界是怎样的，要求他们分组讨论无声的情景。教室里却静静的，好一个无声的世界。我问他们："你们都想好了吗？"他们都摇摇头，不知谁说了一句："老师，我们在等你说呢。"我心里猛地一沉，他们在等我的标准答案……那节课给我深深的思考：要让学生带着问题走进新课程，这是新课程的要求，也是从"以教师为中心"转向"以学生为中心"的必然选择。

探究能力的培养要从问题开始，鼓励学生发现问题、提出问题、大胆质疑是培养学生创新意识的起点。教师要给学生创设问题情境，激发学生解决问题的欲望。给学生创造一个问题情境时，教师要想方设法引起学生认识的不平衡，引起学生内部认知矛盾的冲突，使学生迅速地由抑制转为兴奋，激发学生的求知欲和积极性，使学生把知识的学习当做一种自我需要，使学生疑中生奇、疑中生趣，不断激起学生学习的欲望，从而将教师的教学目标变成学生的学习目标。在"眼睛和眼镜"一课的引入时，我让学生闭着眼睛先听一段海伦·凯勒的《假如给我三天光明》，再让他们在了解这个既失明又失聪的杰出女性不平凡的生平后，每人提出一个与眼睛相关的问题，从而引入课题。以问题为驱动，导出整个学习活动的进行。在上"升华和凝华"一课时，我先指导学生复习已经学过的四个物态变化，再让学生观察物态变化图表，一些学生提出了问题，在学生争执不下、急于求助时，我顺利地引入新课。让学生自己发现问题、提出问题，这样能充分发挥学生的主体性和积极性。

教师不仅要利用教材中的新奇因素，还要有意识地引导学生创造性地学习，让学生去发现解决问题的方法，为学生提供足够的思维时间和创造空间。教师可以结合教学内容来介绍科学家的研究方法和探索过程。通过教具、学具以及多媒体等电教手段提高学生的兴趣。在进行"音调和响度"设计时，我考虑到乐器是他们感兴趣的内容，结合教材的介绍，另外安排了一课时，让学生用不同的乐器演奏，用录音机播放乐曲，让电子琴用不同的音色演奏同一首歌，用装水的杯子、哨子等自制乐器表演……短短一节课，留给学生更多的问题和思考。

（葛建升《让学生在探究、疑问中学习》）

"六要点教学法"不仅极大地调动起学生学习的积极性和主动性，也大大激发起教师的积极性与创造性，既培养了学生，也锻炼了教师，因而受到广大师生的热烈欢迎。秦涛老师结合自身专业成长过程谈到了课堂教学改革对他的深刻影响。

我是 2002 年参加工作的。虽然工作之初，李校长就曾经告诉我们这些刚毕业的大学生："注重创新性、时效性，让课堂焕发出生命活力是目前课堂教学研究的重点。"但由于教学经验明显不足，加上没有具体的做法可以依循，我并没有对此进行深入的思考。直到 2007 年 11 月，我校结合新课程改革，明确提出了"自主、合作、探究，创新、时效、活力"的"六要点教学法"，并且在全校范围内开展了实验与研究，终于给我带来了教学理念上的大震荡。

当时的我正教着我的第二届高三学生，正处在一个已经积累了一些教学经验，又对当前的教学方式有一点思考的阶段，对于新的课堂教学改革自然是满心欢喜，真心欢迎。在学校相继举行的数次课堂教学改革培训会议后，我的收获很大，认识到以前的教学方式有许多不科学、不合理的地方，而根源正是教学理念上的错误或模糊的认识。

现在，我校以"六要点教学法"为着力点的课堂教学改革已经进行了两年多，感觉无论是教学理念、教学方式还是教学效果都较以前有很大不同。

过去，我总是认为书中有什么内容，就应该如数地逐一搬出；课堂教学就应该严格按照教师设定的程序推进；我提出的问题，总是希望学生最后能够走到预先设计好的答案上来；有时候感觉自己对某篇课文很有心得，便尽兴地讲出自己的理解……现在想来，当初的许多做法其实都是一相情愿。忽略学生的存在和反应，课堂成为供教师自我展示的场所——这样的课堂能够有怎样的效果呢？

学生才是课堂教学的首要出发点。科学调查也在告诉我们，学生对所学内容的平均记忆率中，以教师讲授为最低。导致学生缺乏语文学习的兴趣，养成不良的语文学习习惯，语文学科成绩始终都不见起效的根源在哪里？其实就是当时的我们还存在着这样那样的错误观念与不科学的教学方式。只要教师唯我独尊，就没有自主可言；只要教师独断专行，就没有合作可言；只要教师越俎代庖，就没有探究可言。没有了自主，没有了合作，没有了探究，创造的潜力也就消磨殆尽，更谈不上焕发出学生生命的活力。想想看，李校长当初提出的"注重创新性、时效性，让课堂焕发出生命活力是目前课堂教学研究的重点"确实是真知灼见！而"自主、合作、探究，创新、时效、活力"确实是课堂教学的精髓！

现在，我的每一节课都已经能够自觉地使用自主、合作、探究的教学方式了，可能在单个的课堂上对某个方面有所侧重，但那都是基于具体的教学内容。在课堂上，我既能够按照预先设计的教学思路向前演进，同时又适时地根据学生的参与度，结合具体的教学情境，把握好课堂预设与生成，进行不断调整。在课堂上，绝不再是我的个人展示与表演，而是不断地鼓励和引导学生主动地参与教学过程，或是自主学习，或是问题探究，或是学生合作，或是小组展示……总是努力地实现学生的全员参与、全面参与、全程参与。

经过两年的经验积累，不仅我的课得到了学生们的喜欢，同时，自己在专业发展上也取得了一系列的成绩。2008 年 6 月，我就自己对课堂教学改革的实践与思考，撰写了一篇《以"六要点教学法"为指导，建设和谐的语文课堂》，获得了山东省中小学教育科研优秀成果二等奖；2009 年 3 月，因为在课堂教学改革方面取得的成绩，我被评为"诸城市课堂教学改革先进个人"；2009 年 10 月，我运用我校"六要点教学法"结合潍坊教科院推行的"345"优质高效课堂教学模式，以讲课第一名的成绩一举获得了"潍坊市教学能手"称号。

李永明老师则认为，"六要点教学法"不仅使自己的教学质量有了明显提高，更重要的是自己的教育教学观念也发生了根本的变化。

沐浴着课堂教学改革的春风，三年来，自己在课堂教学改革的道路上进行了一些摸索，在探索前后自己也发生了许多的转变。

最大的变化是教学观念的变化。起初，我认为课堂的讲台是自己的讲坛。课堂的 45 分钟我大多采用填鸭式、满堂灌的教学方法。学校以改革课堂教学为主阵地，倡导新课改理念，提出并实施了"六要点教学法"，构建了"自主预习—导入激趣—自主探究—合作互动—质疑问难—拓展迁移"的自主、合作、探究性的课堂教学框架，形成了各学科的独特的教学模式。对这一课堂教学改革理论的学习与实践，促使自己转变了教学观念。在课堂中，我不再是唯一的主宰，而是学生自主预习的指导者；不再是课堂教学唯一的权威，而是课堂讨论的平等参与者；不再单纯是知识的传授者，更是学生求知路上的引路人；不再是照本宣科的念经人，而是学生合作探究的情境创设者。自己总是能在创新中找到课堂教学的乐趣。很多时候灵感的闪现都能让自我感受生命的活力。

课堂教学改革的实践，也促使了自己的学生观的转变。在与学生的课堂交往中，自己认识到，只有平等地对待学生，学会尊重，我们的学生才能放心地打开自己的心扉，每个学生的差异才能得到关注。学会倾听，你才能体会在课堂中生命与生命碰撞的激情。课堂中，自己不再是只听学生们发言的内容，而是更多地关注他们发言中包含着的心情、想法，尝试着做到与自己的学生心心相印。以前追求的是"热闹的课堂"，而如今更关注的是师生之间的"相互倾听的课堂"。

在以往，我单纯以考试成绩来评价学生。后来一位学生家长在我的博客中的留言，给了我很大的触动。这位家长的留言如下："如果只以成绩作为衡量教师的标准，那么很多教师就会在追求成绩的时候忘记了自己对教育的理解和追求。一个有理想、有追求的教师是不会完全拘泥于成绩的。教师要对学生负责，成绩固然重要，但教师对学生人生观、价值观的影响更重要，这是影响学生一生的东西。李老师，也许用成绩来衡量我的孩子，他不是个好孩子，但是，我相信他就是考不上大学，也绝对会是一个对社会有用的人！"家长的留言使我深受触动。我逐渐认识到，课堂是促进学生生命成长的圣地，教育的真正目的是要培养学生高尚的道德情操，培养他们对社会的责任感，培养他们内心自由的观念，培养他们宽容、包容的心态，树立正确的世界观、人生观、价值观。在课堂上，我巧设问题和情境，尽最大努力让每一个学生参与自己的课堂，分层次给学生制订学习目标甚至人生目标，特别关注学生的成长性评价，在学生中鲜明地提出了"不比基础比进步"的理念，尽最大努力让每一个学生都有所发展。

课堂教学改革以后，自己的教学水平有了显著的提高。课堂教学改革很多时候都是"看花容易绣花难"，也有失败与困惑。然而，只要你改革，就有困惑，有困惑，就会逼迫自己反思。课堂教学改革前，我参加了"诸城市青年教师大比武"活动，由于采用传统的教学方式，以自己的教授为主，只取得了二等奖的成绩。随着学校"六要点教学法"课堂教学改革课堂示范课展示活动的开展，我开始了对课堂教学的学习与思考。从优秀教师的课堂中吸取经验，反思他们的课堂环节设计，反思他们的设问技巧，学习他们对课堂突发事件的管理。自己逐渐认识到教师要在课堂中创设情境，构建积极的课堂，让学生获得更多的成功体验，使学生在课堂中有更多实质性的参与机会，合理设计学习内容的难度和分量，让学生更多实质性地参与课堂，让学生更乐于表达。2007年我参加了"诸城市教学新秀"的评选活动，获得了一等奖。2008年我先后参加了"诸城市课堂教学改革之星"的评比、"诸城市教学能手"的评比、潍坊市优质课的评选，都取得了一等奖的优异成绩。这使自己认识到只要敢于改革，就一定能提高自己的教学水平。课堂教学改革的态度决定了课堂教学改革的效果。我校的课堂教学改革促使自己不断在反思与实践中提高自己的课堂教学水平，也让自己深刻地体会到了课堂教学是一门永无止境的艺术。

鲁海玲老师则根据自己的观察与思考，谈到了"六要点教学法"实施后，学生精神面貌的变化及学习成绩、学习能力的提高。

实施"六要点教学法"以后，学生不但在学习成绩方面明显提高，而且在各项学习能力方面也取得显著提高。主要表现在以下几个方面：

1. 自主预习的习惯基本形成

课改以前，很多学生课前不会预习，甚至不预习，只等待课堂上老师来讲；课改以后，学生都能主动地进行课前预习，并找出预习中存在的问题，留待课堂上解决。

2. 课堂上，学生的合作与交流能力明显加强

课改以前，教师以讲为主，大部分学生只会听老师讲，回答老

师提出的问题，没有时间参与合作与交流；课改以后，教师以点拨为主，学生有了自己的时间、自己的小组参与合作学习，都能做到积极思考、主动交流自己的观点和意见，并参与到讨论中去。

3. 语言表达能力明显加强

课改以前，学生是否有表达的机会，取决于老师给了多少；课改以后，对所有学生来说，表达的机会是均等的，学生在参与讨论和小组学习成果展示的过程中，锻炼和提高了语言表达能力。

4. 逐渐建立起责任意识、竞争意识和效率意识

课改以来，合作学习小组的建立，使得小组之间存在竞争，为了小组的集体利益，组内每个成员的责任意识更加明确，每个成员必须提高自己的学习效率，才能使得自己的小组在竞争中取胜。

5. 开始养成创新学习能力

在面对学习内容或遇到学习问题时，学生不再过多地依赖老师，而是积极主动地寻求帮助或解决措施，他们会抓住一切机会、利用一切条件，自己去解决和创造，在这个全力倾注的过程中真正感受到生命的活力。

学生是课堂活动的主体，也应是新教学法的最大受惠者。下面就让我们听听来自学生的声音。

陆文瑶［诸城实验中学 2008 级（8）班］：

2008 年 9 月，我带着对高中的美好憧憬来到了诸城实验中学。一走进这所新的学校，我便体验到了高中老师不一样的教学方式，感受到了高中学习不一样的乐趣。

很长时间，我都习惯了课堂上听老师几乎不停歇的讲解，然后机械地背记条条框框。尽管也感觉枯燥、乏味、厌倦，但总认为老师教可能就应该这样，从来没有想过还有更好的方式能够让我更乐意学习，特别是性格开朗的我上课时却总担心被老师提问。虽然我知道这样不好，但也不知道怎样能改变。直到进入高中，走进现在这个班级。

其实，作为孩子的我们还是喜欢轻松愉快的课堂气氛，喜欢多

种形式的教学手段。所以，我们班的这些老师都不让我害怕（除了班主任），因为我喜欢他们的授课方式，也包括他们课外与我们亦师亦友的关系。老师们都会在第二天要上新课前提前发一张课前延伸学案，让我们利用自习时间自主学习，独立完成，还会要求我们把自己不会的写在学案上或是纸条上由课代表收齐后交给老师。在课堂上，老师则会把大家提出的问题或是让我们同桌讨论、小组讨论，或是自己讲解。老师们还会经常地使用计算机、投影仪来给我们上课，看着投影出来的精美画面，跟着老师清晰的教学思路，感觉很舒畅。

现在，我读高二，感受最深的就是小组合作学习的方式。老师告诉我们："听过的就会忘，看过的就会记得，参与过的就会理解。"所以，我们全班以 5~6 人为单位，分成了 9 个组，几乎每次上课都会在老师的指导下讨论交流。有时，我们也会同桌两个人互相检查作业、互相提问，轮流朗读课文给对方听，甚至给对方出题。我感觉这样既有意思，又很有收获，同时也锻炼了自己的合作能力，我想这对自己以后的发展应该会有好处的。

感受深刻的还有老师对待我们的态度。课堂上，老师不会点名，而是随机抽签，抽到谁谁就回答，所以尽管上课很轻松，心里还是有点紧张；不过还好，老师说小组组员可以补充，所以不必担心说错了。有时也会让小组代表发言，发言人轮流担当，让我们每个人都有锻炼的机会。在我们看来，这就是老师平等对待我们的体现。

过去，我们常常会为作业完不成而苦恼，现在不会了，因为老师布置的作业都是分层次的，我可以根据自己的能力和时间来安排做多少内容。然后剩余时间就自由支配，用来补习弱科。

老师的新的教学方式消除了我们和老师之间的隔阂，让我们的关系贴近了，也让学习成为乐趣！进入这所学校两年了，我感觉自己变得大方了，好问了。我想更多的，可能是潜在的能力得到了开发。

马耀青 ［诸城实验中学 2009 级（22）班］：
"考、考、考，老师的法宝，分、分、分，学生的命根。"这句话深刻地道出了以前老师与我们之间的紧张关系。自从课堂教学改革以后，我们学生觉得自己的学习和生活都发生了一定的变化，主要表现在以下几个方面。

首先，是学习方式的变化，我们过去是被动地接受学习，老师叫学什么我们就学什么，在课堂上自己感觉是仆人。课堂教学改革以后，我们不再被动了，我们成为了课堂的主人，老师只是我们课堂学习道路上的引领者，用一句话来形容，"师傅领进门，修行靠个人"。自己的思维在课堂上得到了充分的展开，课堂是没有天花板的舞台，给了我们思维广阔的发散空间。

其次，学习形式和方法也发生了变化。过去的学习没有系统的方法和策略，而现在，我们在课堂上，学习形式和方法都发生了巨大的变化。学习形式不再是单纯的老师讲，我们听。现在的课堂我们可以和老师互换位置，我们在课堂上客串老师，也让我们的老师当学生，也让他们的双腿和嘴放放假。不过这种学习形式的变化，也让我们的学习方法有了转变，我们由原来的"单打独斗"转向"小组合作"。"三个臭皮匠赛过一个诸葛亮"，在我们学生集体的智慧下，任何困难都微不足道。

第三，学习目标上的变化。以前的课堂，教师只关注我们的成绩，学习成绩的压力压得我们喘不过气来，从来都没有觉得学习有任何的兴趣。现在老师更加注重课堂的参与，我的课堂我做主，我参与我快乐。

第四，师生关系发生了变化。从前，老师走进教室都一脸严肃，自始至终，没有表情，感觉要拒人于千里之外。师生关系常常被形容为"猫和老鼠"。而现在，老师和学生之间的换位，让我们的课堂有了生气。我们发现，我们的老师原来是那么和蔼可亲，也可以成为我们的贴心朋友，我们也愿意和老师谈我们的心事。

崔倩［诸城实验中学2009级（10）班］：

我从林家村瓦店初中升入实验中学以来，经过一个学期的学习，对我们学校进行的"六要点教学法"已经理解和接受，并感受到了课改给我带来的好处。现在，我谈谈自己在课改中的一些感受。

1. 课堂上，我们小组的合作学习是实实在在的合作，没有了过去更多流于形式的合作。在合作过程中，我们需要提出自己的问题或对某个问题提出自己的困惑，可以发表自己的观点和意见，经过大家讨论，最后形成小组的学习成果并向全班汇报，也仔细听取和学习其他小组的成果汇报。

2. 我们有详细的预习学案、学案和当堂检测。课前，老师会提前下发预习学案，使我们有了明确的预习目标，预习不再是看一遍书而已。通过预习，我们了解了一节课的学习内容，并且能够找出自己不理解的地方，留待课堂上解决。上课时，老师会给我们提供学案，引导我们进行自主学习和合作学习，并且当堂检测学习效果。

3. 通过课改，我终于找回了自信。过去，由于自己的成绩不理想，在老师和同学面前始终不敢表达自己的观点，总怕说错了被别人笑话，导致越怕越是不敢说，甚至怀疑自己的能力，不敢相信自己能做对作业，从跟别人核对作业逐渐发展为抄作业的不良行为。现在，这种状况已经彻底扭转，我会积极主动地发言，即使说错了也不再感到难堪，还能独立完成作业，虽然有时也会出错，但一想到这是自己的成果还是感觉非常欣慰。

"六要点教学法"为课堂教学带来蓬勃的生机与活力，也为我们带来新的问题与挑战。今后，我们还将不断地探索下去，使其更加完善，把教育教学改革推向一个新的高度，为实现我们创办实验性、示范性、现代化品牌学校的目标而不断探索、不断前进。

二十一、树立"大语文"教育思想，
实施创造性语文教育

在长期的语文教改探索中，我们越来越深刻地认识到：语文教改要真正改出成效，不能局限于教法的改革，而应从思想上根本改变阻滞语文发展的陈旧观念，要把改革的触角深入到学生的思维领域，从语文教学的根本目的与任务上解决问题，还要挖掘教师的创造潜力，实施创造性语文教育。因此，我们早在1989年就提出了"大语文"教育思想，坚持以"大语文"教育思想为前提，以语文知识系列为主干，以课文为范例，以思维训练为主攻方向，以实施创造性语文教育为突破口，以提高课堂教学效益、开展课外活动为保证，以培养能力、发展智力、造就创新型人才为目的。在此基础上，1996 年由我主持、我市教研室独立承担的山东省教育科学"九五"规划重点研究课题——"语文教学中学生思维能力及创造力培养的心理学研究"，以马克思关于"人的全面发展"学说、邓小平的"三个面向"以及江泽民有关创新能力的论述为指导思想，以教育学、心理学、脑科学和创造学为四大理论基石，以思维能力及创造力的培养为突破口，以语文课堂教学为主阵地，以语文课外活动和社会实践活动为两翼，全面渗透创造力培养的教学原理、原则与策略，在探索中小学生创造性思维规律、开发中小学生创造潜能的途径等方面取得了突破性研究成果。

诸城实验中学自创办高中以来，秉承"大学科"教育思想，实施创造性教育。以下仅就"大语文"教育思想、学生创造性思维能力的培养、语文教师的创造力三个方面作一阐述。

（一）"大语文"教育——语文学习的广阔时空

1. 树立"大语文"教育思想，创设多种多样的语文学习环境

现代语言哲学认为，语言绝不仅仅是一种思想的工具，就其本质来说有三个方面：一是，一种语言即意味着一种认识世界的角度和方式；二是，语言是一种世界观；三是，语言即是我们所拥有的世界。正因如此，我们认为，凡是通过接受和输出两大信息系统过程，能够包含和训练听、说、读、写能力的现实存在就是"大语文"。这种突破书本，超越课堂，进入大社会的语文教育状态就是"大语文"教育。语文教学不能困于课堂，课内课外、家庭社会，处处都是学习语文的广阔天地，时时都能培养学生的听说读写能力。应注意教育学生掌握学习语文的最关键方式，即做个"有心人"——"处处留心皆学问，人情练达即文章"。

课内，我们规定了四项任务：一是讲好、学好课文；二是有机渗透与适当扩展知识面；三是启发思维，培养能力；四是进行文道结合的教育。课外，我们组织了丰富多彩的活动，例如，生活小记、思想随笔、语言小札，每周一段（篇）文言文翻译、课前三分钟演讲、课前一专题介绍、板报、每日一条格言、手抄报、壁报橱窗张贴语文知识或优秀习作、语文知识竞赛、作文竞赛、快速作文比赛、短文随笔比赛、阅读分析能力比赛、某项活动征文比

赛、寒暑假社会调查报告、来自考场的作文集、硬笔书法比赛、影评书评、语文信息交流会、演讲会、朗诵会、辩论会、读书报告会、读报报告会等。

高一学生一入学，每人建立自己的"随笔本"，可写可抄，重在抄写。一年下来，抄出一手好字，抄出一幅好卷面，抄出一种比较鉴别作品优劣的能力。到高二，则以写为主，又谓之"课外练笔"，直至高三而不辍，最终练就过硬的文字功夫。我们还创办了自己的文学社，出版了小刊物、小报纸，提倡让学生见缝插针听广播、看电视、读有意义的课外书籍。为帮助学生提高思想认识水平，正确认识社会和人生，也为高考作文准备良好素材，我们编辑了多期《时文选编》，还经常张贴报纸杂志上的优秀文章，丰富学生的思想。

2. 把课前精备、课上精讲、课后精练作为减轻学生负担，提高教学质量的教学三环节

调整教学计划之前，受片面追求升学率思想的影响，中学语文教学的课时与日俱增，每周七八节，乃至十节，"少、慢、差、费"现象严重，语文教学确实陷入"围城"之中。新课程改革以来，面对有限的课时，我们以改革精神探索提高教学效率的科学方法，激发学生自觉参与学习的意识，最大限度地提高单位时间里的教学效率，把提高教学效率当做首要任务，把课前精备、课上精讲、课后精练作为减轻学生负担，提高教学质量的教学三环节。课前精备，是指上课前把工夫下在深入钻研教材、广泛搜集有关资料、精心设计课堂结构及教学方法上，特别是认真研究怎样"用最节省的时间、最简洁的方法让学生掌握最多的知识，并促使学生最快地转化为能力"。要求备课做到"五有"：有纲（教纲及考纲）、有书、有人、有法、有案。课上精讲，是指在课堂教学中，集中时间，集中精力，讲清教材的重点、难点、疑点、能力点、思路和规律，激活课堂气氛，教得生动，学得主动，充分发挥课堂的潜在功能。课后精练，是指在课后作业的安排上，本着质量高、数量少、内容精、方法活、形式多样、针对性强的要求，精心设计，合理分配，严格控制作业数量。

在三个教学环节中，始终使教师的信息输出与学生的信息接收保持畅通，两者之间保持恰当的"落差"，即信息差，设计有一定的难度、深度和新颖度的教学内容，增强学生学习的兴趣。

3. 课堂授课重视过程教学

以教学"党同伐异"一词为例，引导学生利用语文知识推求词义，弄清该词语是由两个意思相对的动宾关系的词组成的联合短语。根据"伐"是"攻打"的意思，推测"党"就是"结党、结伙"的意思，然后明确此成语的意思是：各自分立门户派别，偏袒同党，打击异己。进而简要推及联合式成语的另两种形式及理解规律：由两个主谓关系的词组成的短语，如"风平浪静"；由两个偏正关系的词组成的短语，如"深谋远虑"。上述内容谓之过程教学。而直接把这个成语的意思灌输给学生，省时又省力，这是结论教学。前者不仅传授了知识，更重要的是培养了能力；后者只是教给了知识。还是德国教育家第斯多惠说得好："一个不好的教师奉送真理，一个好的教师则教人发现真理。"我们坚持课堂上教师的每一句话都要尽可能引导学生搞清"为什么"，即把对问题的思维过程弄明白，反对轻易地道出"是什么"，把结论直接送给学生。

4. 突出抓好单元教学和阅读教学的实验与改革

针对教材每单元分讲读课文、课内自读课文和课外自读课文的实际，我们为这三类文章进行了如下"分工"。讲读课文的任务是"举一"，教师按照单元教学要求，精讲示范，从具体的语言材料中分析规律性的读写知识，使学生掌握阅读这类文章的方法和步骤。课内自读课文的任务是"反三"，学生在教师少而具体的阅读提纲指导下，运用学到的规律性知识和方法步骤，围绕"学习重点"，理解"自读提示"，探索、发现并解决问题，如要求学生通过阅读课文解释自己认为使用频率高、使用价值大的 10 个词语，提出并解决 5 个重点问题（文言文另加翻译 5 个重点句子），并且独立完成课后思考和练习，然后以学生质疑、教师作答与教师检查、学生回答相结合的方式，落实巩固所学知识。课外自读课文作为"检测"之用，教师围绕"单元教学要求"和课文"自读提示"，自编少而精、能训练学生思维能力的思考练习题，让学生在课外边读边做，教师抽查，或让学生利用早读和自习时间，采取集体交流和互相检查的方法，或与小作文相结合，采用缩写、扩写、简评、列提纲等形式，加深对课文的理解，进一步养成自学习惯，培养自学能力。

（二）创造性思维能力的培养——语文教学改革的崭新境界

1. 对思维能力及创造力培养的认识

（1）学生思维能力及创造力培养是时代的需要。当今国际竞争的实质是科技的竞争，国民创造力的高低已成为衡量一个国家竞争力的重要标志。人才，尤其是创造性人才的培养，已成为民族振兴的关键。思维能力及创造力培养研究也早已引起世界各国的重视。如，美国的许多著名大学专门成立创造研究机构；日本把提高人的思维能力与创造力作为通向 21 世纪的道路。然而，目前我们仍受"应试"思想支配下的教学模式的影响，严重阻滞了学生创造性思维的发展，这与我国的现代化建设对人才的需求相背离。因此，我们应站在民族发展的战略高度来看待创造教育的地位和意义。

（2）学生思维能力及创造力的培养是提高语文教学质量的需要。"文化大革命"结束以来，语文教学经历了全方位、多层面、多角度的改革，但改革的重点却一直围于课堂教学，即课文教学，多致力于教法的改革，没有从根本上探索语文教学的本质和规律，没有下大气力去研究语文知识与语文能力的关系，没有使语文教学真正建立在语文能力发展提高的客观规律基础之上。而培养学生的思维能力与创造力，才是抓住了语文教学的根本，学生在学习过程中如果具备了这种创造性思维品质，就会在语文学习中以这种创造性思维来分析问题和解决问题，就能实现语文教育的真正目的，提高语文教学质量。

（3）中学阶段是青少年思维发展的重要时期，在这一时期他们能否具有一定的创造意识和创造性思维，对他们将来能否成为创造型人才至关重要。语文作为一门基础学科，语文教学中的听说读写，都包含着大量的思维与创造力培养的因素，如给以积极挖掘，系统训练，不仅能培养学生运用语文知识的能力，也能培养学生不断自我完善的能力和适应社会发展的主观能动能力。因此，语文学科在创造性思维的培养上起着重要的作用。

2. 如何培养学生的思维能力及创造力

（1）要改变阻滞学生创造力发展的观念，最大限度地发扬课堂民主，调动学生参与学习的积极性，创设生动活泼、民主协商、主动探索、大胆质疑的课堂气氛。这是培养学生创造性思维、让学生学会如何学习的重要途径。如日常教学中，我们把阅读教学的目标划分为下列三个层次：表层——识字、释词、理解文章内容；浅层——引导学生探索文章的思路和阅读该类文章的方法、技巧；深层——通过引导学生对教材感知、理解、评价，有意识地培养学生的创造性思维能力。据此，我们又把阅读教学的过程分为以下五个步骤：理解文意；理清思路；分析手法；鉴赏妙处；剖析不足。五个步骤从易到难，由浅入深，从理解到创造，依次进行。前面三个步骤属理解性的，后两个步骤（鉴赏妙处、剖析不足）属创造性的。在具体教学过程中，我们先提供足够的时间，让学生深钻细研，揣摩品味，然后让学生集体讨论，自由发言，教师相机诱导、点拨。在此过程中，鼓励学生敢于对未知的事物进行探索，最终有所发现；敢于否定权威定论，提出新见解；敢于否定一向认为"是"的事物，通过创造性认识，发现其中的"非"。因此，学生思维活跃，情绪盎然。坚持培养学生的阅读思维，会取得多重功效。一是使学生基本解决了拿到一篇优秀作品后应读什么、怎样读的问题，逐步掌握了学习方法，增强了自学能力；二是把知识储备式教育转变为智力开发式教育，变被动接受为积极探究，学生支配的时间长，动手动脑的机会多，参与意识逐渐增强；三是能使学生养成不盲目接受、深入思考、敢于否定、勇于发表见解的优良心理品质，培养了学生创造性思维能力。

（2）结合"大语文"教育，搞好课外阅读，广蓄知识，为思维提供丰富的材料。思维活动要依赖于充足的材料，一定的社会知识和生活阅历、较宽的知识面，是进行再造想象、进行创造性思维活动的基础。学生必须把握好从语文教材中学到的系统的语文基础知识，但仅把知识涵盖局限于教材，学生的视野将是狭窄的。人的知识量与其分析问题、解决问题的能力在一定程度上是成正比的，没有广博的知识面，就谈不上创造性思维的形成，所以，我们非常重视创设语文学习环境，进行大容量的课内外阅读。如，开辟语文活动课，举行各种辩论会、演讲会，自办校园文学刊物、手抄报，自编自演课本剧，让学生自办校园广播电视节目，建立阅读课教室，向学生开放图书馆、阅览室，组织学生就近参观工厂、农村等。这些活动的开展，使学生从多种渠道吸取各方面的知识，开阔视野，丰富感受。这对于提高语文活动过程中的思维速度和质量，从而提高学生的理解能力和表达能力，发展学生的创造性思维大有裨益。

（3）要安排适当的训练序列。思维能力与创造能力的培养绝非一蹴而就，其概念本身的内涵就是相当丰富的，包含多个角度、多个层面。我们认为，语文教学中的思维能力与创造能力培养必须与听、说、读、写的训练密切结合，必须针对听、说、读、写四个方面的特点来有计划地进行。否则，很容易被忽视、漏缺。例如，结合阅读与写作，就可以有针对性地进行联想与想象的形象思维训练，以及分析与综合、抽象与概括等抽象思维训练，引导学生进行多角度、多层次的思考等。

（4）教师主体必须在教学实践中不断加强理论修养，更新教育观念。教师要能够创设宽松、理解、和谐的班级气氛，尊重学生个性，具有与学生一起共同学习的态度，具有能激发学生渴望创造的教学艺术。这就要求教师做到以下几点。一是要树立新的学生观。应该把学生看成学习的主人，对好质疑、好提"怪"问题、回答问题超越课本的学生，应持热情欢迎的态度。要鼓励学生超过教师，爱护学生的自尊心和自信心，鼓励学生的创造性。二是要有科学的教学观。知识的掌握，智能的发展，除了它们之间的相互影响外，还受其他因素的影响，尤其是非智力因素，如动机、兴趣、情感、意志、性格等因素的影响。因此，教师教学应在传授知识的同时，注重促进智力因素和非智力因素的协调发展，要针对语文教材的特点与学生的年龄心理特征，选择最能调动学生积极性、主动性的教学方式进行教学，使学生在浓厚的学习兴趣与积极的求知欲中学习，在学生主动探索知识的过程中，发展学生的创造性思维能力。

总之，学生思维能力与创造能力的形成，虽要经过一个长时间系统训练过程，但只要我们真正对此加以重视，并有计划、有目的、有步骤地加以科学训练，是能够获得成功的。

（三）教师创造力——现代语文教育改革的不竭源泉

1. 对传统语文教育的反思

反思之一，我国社会生产中，知识性因素仅占 23%，而美国 20 世纪 50 年代就已达到了 29%，两国知识经济的发展水平相差 40 多年。信息产业是知识经济的代表，其发展离不开创新，离不开具有创新意识、创新精神和创新能力的人才。其中，语文教育应肩负起更神圣的使命。

反思之二，国外人士论及中国人的性格特点，多将"缺乏创造性""缺乏个性魅力"作为国民性格的一个方面，闻之让人惭愧。这与"文化大革命"中的"万众一心""众口一词"一样，无不与我们刻板的教育有关。传统教育的缺陷导致受教育者内向、求同和保守。教育平均用力是培养创造精神的一大障碍。

反思之三，在参加高考阅卷时，经常碰到这样的尴尬事：在大学教师看来是优秀的作文，往往得不到中学教师的认可。大学教师们认为的优秀文章是什么样的呢？"有个性""想象力丰富""有独特的自我感觉""自由真实地表达内心世界""文采优美"。而中学教师认为好文章须符合写作模式，如议论文要写明"是什么""为什么""怎么办"，起承转合要讲究有条不紊，规规矩矩。从中不难看出，中学"求同"，大学"求异"，中学固定的写作套路、有限的阅读，不仅延缓了大学的课程，更严重的是还制约着学生的思维。

2. 语文教育现代化，教师应有创造力

教育的责任之一是开发人的创造性思维，赋予人们更有效的创造力。国际教育界把 21 世纪定义为创造教育世纪，实施创造教育已成为国际性教育改革的发展方向。语文教育现代化首先是语文教师思想的现代化，而创造力是 21 世纪语文教师应具备的可贵品质。语文教学应重视从传统课堂教学向创造教育的转变和学生思维能力及创造力的培养。要实现此目标，一是要加速培养一批具有创造力的教师。"火车跑得快，全靠车头带"，一批具有创造力的教师在带动广大教师逐步具备创造力的过程中将起着重要作用。教师要加强学习，不断充实自己，发展自己，努力改变当今读书意识淡薄的状况。知识是创新的基础，要重视知识积累，完善知识结构，既要有坚实的业务知识，又要有良好的文化修养。要多读书，不仅读与语文教学有关的书，还要提倡"越界"读书，尤其是大量阅读人文方面的书。二是要强化创新意识。要真正使思考独辟蹊径，敢于"标新立异"，提出与传统观念不一致，或者是极为矛盾甚至是常人不可思议，但又符合客观规律，具有前瞻性的新见解、新观念和新结论，就得具有胆识和冒险的精神。要增强联想、想象能力的磨炼，摆脱传统的"复制式思维"的影响，学会像天才人物那样思维，对约定俗成的教学方式应怀有强烈的批判思维意识。三是要善于在教学实践中运用自己的教学机智对学生的认知行为做出创造性的反应，在与学生的共同创造中提高教师自身的创新素质。四是要充分认识在知识经济发展的时代，在知识转化为经济的过程中，创新能力在实施教育的"两个转变"过程中所起的关键作用。在具体教学行为中实施创造教育，不仅能增加教学中创造性思维的训练强度，更重要的是为学生提供较多的"心理安全"和"心理自由"，允许学生犯合理的错误，最大限度地发挥民主教学思想，创设生动活泼、民主协商、主动探索和大胆质疑的教学氛围，调动学生参与学习的积极性，为创造型人才的成长提供丰厚土壤。真正教给受教育者学会生存、学会学习、学会合作、学会创造的能力，这四个"学会"已成为全世界教育界的共识。

"大语文"教育无限拓展了语文学习的时空，把学生从狭小的课堂中解放出来，使语文学习更贴近生活，真正体现了语文学科的工具性特点。思维能力及创造力的培养恰恰切中了语文素质教育的肯綮，教育者自身的创造力又是使语文教改保持鲜活的不竭源泉。数年多项综合教改实践告诉我们："大语文"思想指导下实施创造性语文教育有着广阔的前景，教师创造力是语文教育走向现代化的稳固基石。

二十二、在选课走班上破冰前行

自 2004 年普通高中新课程改革以来，山东省诸城实验中学抓住机遇，积极探索，全面推进新课程改革。2004 年 10 月，承办山东省校本教研工作会议，推广学校开展校本教研的做法。2005 年 4 月和 2006 年 12 月，山东省学校文化建设现场研讨会议、全国现代学校文化建设与新时期师生关系论坛分别在诸诚实验中学举行。2005 年 3 月，教育部专家组对诸城实验中学高中新课程实施情况进行专题调研。2007 年 11 月，山东省教育厅专家评估组对诸城实验中学高中新课程实施情况进行试评估。教育部及省教育厅专家成员对诸城实验中学实施新课程的情况都给予了较高评价。

作为山东省 50 所课程改革省级定点联系校之一的诸城实验中学，已经引起了人们的广泛关注。为此，于 2009 年 6 月 13 日，陶继新先生与诸城实验中学李庆平校长就新课程改革遇到的问题及实施中的新思路、新办法，进行了一场对话。

点上突破，初战告捷

【李庆平】2008 年 9 月，山东省在规范办学的基础上，提出全面落实课程方案的要求。我校本着实事求是、开拓创新的原则，在课程规划、学生选课走班等方面开始了"局部试点"式的探索和实践。

2008 级在高一上学期第二学段，我校率先在体育课中实施学生自主选课，尝试走班教学，并及时发现问题，探索合理的解决方案。刚开始走班时，四个班为一个单元，四位老师上四个行政班的课，尽管已打乱班级，分选项上课，但每位老师都带着五十多名学生，课堂教学效率不高。为此，学校及时调整师资，增加了一位老师，高一级部又重新安排课程，合理设置走班单元，调整为三个班一个单元。这样每位老师每节课负责三十多名学生上课，大大提高了课堂教学效率。

【陶继新】你们选课走班的开端并没有"全面开花",而是从点上突破,这有点"试点"兼"试验"的味道。因为一项新的改革,如果一开始就拉下很长的"战线",一旦遭遇波折,就会陷入"四面楚歌"的尴尬状态之中,由此在老师们心理上埋下不战自退的阴影。事实上,即使在这一个"点"上试验,也出现了始料不及的问题。不过,你们及时有效地解决了这些问题。在这个点上突破的成功,为以后更大层面的选课走班奠定了成功的基础。

【李庆平】学生选课制的产生,必然引起教学管理制度和课程管理制度的变革,从客观上要求采用走班制进行教学管理,采用学分制进行课程管理。因此,针对学校实际,我们初步制定出操作性较强的《诸城实验中学学分认定方案》并予以实施,这不但保证了选课制和走班制的顺利实施,还提高了学生的学习过程管理水平。通过学分认定过程,教师的教学管理有了依据,学生的学习过程得到了体现,学习的积极性大大提高。

【陶继新】改革,既需要胆识,也需要制度特别是评价制度的保障。《诸城实验中学学分认定方案》则是选课走班走向成功的一项重要保障。课程改革,如果没有相应高水平的管理相和谐,就会中道败北,甚至一开始就误入歧途。

【李庆平】正是我校这些卓有成效的实践,我校先后被确定为山东省教育厅普通高中课程改革省级定点联系学校潍坊市三校之一和潍坊市教育局普通高中科学发展评价试点学校诸城市两校之一。同时,我校的语文、化学两个学科还被确定为山东省首批普通高中学科教学改革省级教学联系学校十校之一。

【陶继新】先行一步,且得到认可,这是你们的骄傲。不过,这也给你们提出了更高的要求,即"试点"不管遇到多大的困难,你们都要一往无前地走下去,而且要取得可供其他学校借鉴学习的经验。

探寻问题,各个击破

【李庆平】针对课程计划和选课、走班,很多到访的学校领导、老师都提出了很多可能出现的问题,都觉得操作起来比较困难。而我们凭借高一学年在体育、语文选修课程、英语校本课程、数理化生分层次教学、研究性学习中进行的选课走班的实施与研究,提出了解决这些问题的具体有效措施。这为高二年级的课程实施提供了保障。

问题 1. 学生选课的主要倾向是选择课程还是选择教师？

我校的做法：学生选课，主要是选择课程，即选择同一科目的不同模块，各模块任课教师由学校根据班主任、备课组等具体情况综合安排。因为目前对大多数学校来说，同一学科不同教师之间还有一定的差距，如果选择教师，必然给选课走班带来很大的阻力。那么，怎样避免任教同一模块的教师教学效果出现较大差距呢？首先，尽可能安排业务水平基本相当的教师任教同一模块，减少同一模块任教教师间的原始差距；其次，每位教师尽可能担任两个模块不同班级的教学；再次，进一步加大集体备课的力度，实施"全组教师集体备课所有模块、模块教师小组负责"制度，要求上课的学案、作业的布置都要实施"统一套餐、自助实施"的原则。这样不但保证了授课效果，还为学校今后的发展培养了任教各个模块的师资。

【陶继新】选择课程而非选择教师也是在"鱼和熊掌不可得兼"的情况下取其一的。如果有的老师的课无人问津，无疑会挫伤其教学的积极性。由此产生的不良情绪还会扩而广之，在教其他课以及做班主任工作的时候，都会产生负面的情绪，进而波及更多的层面，生成更大范围的劣质情绪场。你们可谓"煞费苦心"，既有效地解决了教师层面的问题，又使学生的选课质量有了一定的保障。

【李庆平】问题 2. 学生选课后，选择哪一种适合自己学校的走班模式？

我校的做法：针对我校实际，主要探索的是基于行政班教室与走课教室基本共用、单元走班、适度调整教师的走班模式。这样操作的优势首先是教学班和行政班班数变化不大，教室、师资容易解决；其次是学生近距离走班，转换教室耗时少，原来的课间时间不需调整；再次，教学班与行政班教师变化少，便于教学管理和课后辅导。

【陶继新】因地制宜地选择走班模式，首先是从学生层面考虑的。"行政班教室与走课教室基本共用"使得学生几乎不费吹灰之力地赶到选课场所。由于课间时间有限，如果选课地点太远，学生就会急急忙忙地"赶场"，虽然侥幸没有迟到，可是，气喘吁吁地跑到教室之后，心情难以很快平静下来，自然就会影响到上课的质量。在考虑学生的时候，你们也自然考虑到了教师。这样，不但"便于教学管理和课后辅导"，教师也不至于匆匆忙忙"赶场"，也可以在有限的时间内，从容地走进课堂。看来，不但要让学生选课走班，还要考虑如何高效与人文。心里装着师生，就会产生师生满意的方案；学校心有师生，师生自然也会心有学校。这样，教育教学的正效应就会自然生成了。

【李庆平】问题 3. 怎样解决选课走班后部分学科的师资缺乏问题？

我校的做法：选课走班后，各学科都面临着严重的师资缺乏问题。我们经过研究，采取以下措施。首先，高一必修课程的部分学科中实施"学科对开"，减少并行科目，减少师资需求。其次，分学科改变过去长期形成的年级管理制，由学科首席教师负责协调，任课教师跨年级授课，盘活学校资源。再次，体育、音乐、美术、信息技术、通用技术等学科采用"小单元多组"排课方式进行调整，同时，充分发挥学生的自主管理能力，在各科、各模块中按原行政班分成小组，每个小组由特长学生担任组长，帮助老师管理。

【陶继新】学校资源是固定的，如何使用这些资源，却是大有学问。它可以变死，也可以"盘活"。而且，"盘活"的不仅是资源，更重要的是人心。看了您的这三条办法，真有点匠心独运的感觉。这令我想到了"智慧"一词。拥有智慧之后，不但可以破解困难，还可以创造奇迹。这给人们一个启示，选课走班困难吗？困难。可是，不用智慧去解决它，困难永远是困难；而用智慧去破解它，就可以绝地逢生，甚至享受奇迹出现的快感。这样一来，教师的"心"也就活了起来。

【李庆平】事实证明，积极推进课程改革，提高教学各环节的效率，就能全面推进素质教育，使学生得到全面发展。近一年来，我校以新课程改革为总抓手，全面提高教育教学质量，学生素质得到全面发展。我校课题"学校文化的实践与研究"被山东省人民政府评为省级教学成果奖二等奖、山东省社会科学成果奖，"学校文化建设的深层次研究——领导力执行力·从优秀迈向卓越"作为国家级课题，上报全国教育科学规划办，并已获批复立项。在刚刚揭晓的 2009 年全国中学生生物学、化学奥林匹克竞赛山东省赛区高中组预赛中，我校均以优异成绩再次荣获诸城市第一。在全国中学生科技创新大赛山东赛区决赛中，我校赵志凡的作品"酒精焊枪"荣获省一等奖第一名，并被推荐参加全国比赛；在山东省第六届青少年机器人竞赛中，我校又荣获高中组机器人足球冠军，将代表山东省参加全国比赛。在 2010 年取得山东省中学生运动会 4 金 5 银 3 铜的基础上，最近在山东省学生乒乓球锦标赛中，我校高一（20）班的王斌奋力拼搏，获得中学组男子单打第一名。

【陶继新】取得这么好的成绩，实在可喜可贺！这样的佳绩绝非"应试教育"中"拼命"拼出来的。学生在大赛中频频获奖，不但给学校赢得了荣誉，还给自身带来了更多的自信，进而还会影响到身边更多的同学。而一个在"应试"中拼命学习者，尽管可能一时取得比较好的学习成绩，可是，消耗掉的是其一生的潜能。特别是这种生命状态还会波及其未来的生活与工作，使其生活与工作变得了无情趣。而你们的这些学生在大赛中取得佳绩，相信他们的考试成绩也会越来越好。在某种意义上说，他们是在为自己良性发展的未来奠基。

目前，好多学校的高中课改还处于观望状态，而你们已经做了许多：让学生尝试着按自己的意愿选课，探索出了有利于学生选课的"走班制"教学模式，非学术性课程都能认真开设起来，并落到实处，学生成长记录和综合素质评价做得很好并发挥了重要作用，等等。这几个方面可以说是衡量新课改到底有没有真正启动的主要标志，而你们都已经创造了经验。希望你们作为山东省新课改的样本校，伴随着最新教育理念的渗透，向着纵深发展，能够成为新课程试验的骨干，在提高自身教育教学质量的同时，起到核心辐射作用。

知难而进，全面推展

【李庆平】是的，随着我校课程改革的逐步推进，我们也面临着很多问题和困难。例如，体育课开始选课走班了，但毕竟只涉及师资问题，不涉及教室资源，那么怎样充分利用现有资源，在语文、数学等学术性课程中实施选课走班？怎样进行学分认定才能使其不流于形式而成为教学管理的有效手段？怎样加强通用技术、综合实践活动等薄弱课程的开设？怎样建立和完善学生综合素质评价制度，真正促进每个学生健康发展？怎样科学开发校本课程，凸显我校办学特色？在规范办学的基础上，怎样加强自主学习能力、自我管理能力的培养？怎样建立科学有效的教师评价体系，促进教师全面发展？面对这一系列问题，有的教师希望暂时放一放、等一等，先看看其他学校的做法。对此，我跟全体教师讲：我们不等不靠，要边实践边研究，在前面探索的基础上，重点突出选课制、走班制和学分制的研究，逐步扩大课程改革的范围，创出适合我校的课程改革经验。

【陶继新】您的这一系列"？"，都是选课走班必然遇到且要解决的问题，而且每个问题都有一定的难度系数。所以，有的学校在这个时候往往退避三舍、等待观望，甚至产生了能拖多久就拖多久的消极思想。你们之所以"明知山有虎，偏向虎山行"，因为你们充分认识到了选课走班对学生发展的巨大意义，是为了学生的生命成长，才义无反顾地走下去的。而且您提出的这些问题，绝非凭空想象的，而是在学习理论与研究实践之后形成的具有真正价值的核心问题。这恰恰是改革必须经历的一个关键性过程。有了为学生发展的责任意识，有了对选课走班的深入研究，才能去摘食选课走班的成功果实。

【李庆平】为此，我们加强与北京师范大学、山东省教研室、曲阜师范大学、潍坊市教科院的联系与请教，加强与其他学校之间的交流合作，建立"校长沙龙"制度，学习、借鉴兄弟学校的成功做法，在全校开展对新课程改革的全面研究。

特别是 2008 级，作为全校的二轮课改起始年级，在校长助理、教务主任张福涛的带领下，针对课改中出现的问题，确立课题，实施备课组小课题研究，在实施中发现问题，在研究中解决问题。例如，数学组在备课组长赵金言老师的带领下，承担了"在选课走班中实施分层次教学"的课题研究；生物组在备课组长王雪梅老师的带领下，承担了"在选课走班中怎样加强学生管理"的课题研究。

为了更好地进行研究，2008 级还进行了大量的探索与实践。例如，张福涛主任充分利用周点评会，向老师们介绍有关课程改革的理念、文件；建立了网络上的实中 2008 教师教研平台，加强交流，定期举行课改专题研讨和课堂教学研究；编写《诸城实验中学新课程实施简报》，介绍其他学校或我校各年级、各学科的优秀经验。

【陶继新】加强与相关大学与权威研究机构的联系，能够及时获取相应的信息，也可以取得一定的理论支持，完全符合《普通高中课程方案（实验）》中指出的"学校应与教研部门、高等院校等建立联系，形成有力推动课程发展的专业咨询、指导和教师进修网络"的要求。针对问题而确立课题，就会真正做到在实践中及时发现问题，有效解决问题。建立网上教研平台，可以通过这种特别便捷的载体，取得最为及时且最大范围的交流与沟通。看来，你们为有效实施课程改革，增加了很多工作，有了更多的忙碌。不过，我在你们学校走访的时候，却明显地看到你们并没有为困苦所缠绕，而是乐在其中。看来，你们在迎接挑战的时候，也同时获得了战胜困难、取得硕果的心灵愉悦。

【李庆平】的确如此，新课程改革是一场挑战，但也是学校发展的最好机遇，谁有超前意识，谁就会抢占先机，为整个学校的发展带来革命性的变革，使学校步入发展的新天地。因此，在各级教研部门的指导下，我们全面实施课程改革，首先重点突出了"学生自主选课、走班制教学与学分制管理"的探索与实践。

（1）组建研究队伍，制订出 2009 年 2 月至 2010 年 12 月四个学期的详细研究计划。

（2）初步制订出《山东省诸城实验中学高中三年课程规划》《山东省诸城实验中学学生自主选课指导手册》，编制适应新课程学生自主选课与走班制教学的课程表。

（3）本学期 2008 级在语文选修课程、英语校本课程、数理化生分层次教学、艺术、研究性学习课程中实施了自主选课和走班制。

（4）在部分学科（如历史、政治）中实施学科对开。其目的一是减少并行科目，从根本上减轻学生负担；二是有利于学生集中学习某一学科，可以重点突破，提高学习效率；三是有利于教师集中、连贯地上课，同时又有相对集中、自由支配的时间备课、讨论，有利于教师得到更多的发展机会。

（5）进一步改进学分认定方案，从出勤记录、模块学习过程性评价方面对学生进行学分认定。特别是模块学习过程性评价，其内容包括课堂表现、模块作业、过程检测三项。

【陶继新】选课、走班、学分制"牵一发而动全身"，是高中实施课程改革的核心和切入口，你们棋高一着，抓重点，攻难点，确实有敢为人先的勇气和魄力。而在这方面占领制高点之后，在其他方面也一定会有大的变革和突破，从而使课程改革在高中阶段真正落到实处。

【李庆平】在重点发展的基础上，我们又注重全面实施，还在以下各方面全面推进。

（1）强化通用技术、研究型学习等"薄弱科目"的开设力度。增加通用技术实验室设备；尝试从校内工勤技术岗位、校外专家技术人员聘任授课教师的机制，妥善解决师资问题。研究型学习采取"学生自主确定课题、学生合作、教师引导"的形式进行，每周 2 课时连排，实施单元内走班。

（2）建立和完善学生综合素质评价制度，"促进每位学生发展"。强化

"随堂测试"这一课堂教学重要环节，尝试"学生成长记录袋"评价。

（3）科学开发校本课程，凸显办学特色。我校以年级组、教研组、备课组为开发主体，采取"制定课题，教师认领"制度，已开发了 38 门校本课程。

（4）加强自主学习能力、自我管理能力的培养。结合我校承担的省课改定点联系校"校内外自主管理和学习指导"课题，在级部成立学生自主管理委员会，下设教室自主管理委员会、宿舍自主管理委员会，加强学生的自主管理能力的培养。

不断加强学生自主学习策略研究，如时间管理策略、反思认知策略等。针对规范办学的新形势，对学生的各个学习环节（如预习、听课、复习、作业、考试、反思等）实施有效的学习方法指导，提高学生自主学习能力。

（5）加强教学研究，构建高效教学流程。新学期，继续深化实施"六要点教学法"，向课堂要效益，以课堂教学推动课改。

（6）建立科学的评价体系，提高教师专业发展水平。制定和完善我校的"发展性教师评价方案"，从教学成绩、教学常规、合格率（学业水平考试）、差生转化率、师德表现、课时工作量、专业发展及附加项（闪光奉献等）八个方面量化考核。

【陶继新】从体育一个"点"突破之后，你们便向语文、英语、数理化等学科推展，可见行动之快，决心之大。更为重要的是，你们不但有改革的热情，更有理性的思索，以及不断向深层推进的一系列的措施。在你们看来，这不但是第二轮课程改革的要求，还是让师生走向更高教育教学境界的一次近乎凤凰涅槃式的飞跃。

【李庆平】老师们在实施课改过程中，工作量大大增加。首先，很多课改的内容不但学生需要学习，老师也需要学习。其次，过去那种习惯了的管理方式、教学方法不再适合课程改革下的教学与管理，例如，对学生进行学分认定，认定的方法、标准需要教师认真分析、研究，需要对学生的学习态度、学习能力、学习习惯都要了如指掌。每三周一次的过程评价，由于还没有安装新课程网络管理系统，大部分工作要由教师纸笔完成。

但是，老师们没有喊苦叫累，都认为课程改革是真正为了学生的全面发展，为了每一个学生的发展。通过课程改革的实施，大家普遍感到收获很大，真正感受到了"教师即教学研究者""教师即课程开发者"。

【陶继新】工作量增加之后，教师之所以没有什么怨言，就是因为您所说的他们"普遍感到收获很大"。教师真正的生命价值，主要不在于工资提高了多少，而在于精神生成的高下。他们在这个新的挑战中，不但领先了其他学校的教师，其自身也有了一种前所未有的发展。所以，不但您和您的副校长，包括有的主任和老师，也开始走到大江南北为一些地方的校长、教师作报告，而且得到了普遍的好评。显然，是实验中学培养了他们，成就了他们，他们从自己的付出中，有了意想不到的收获。同时，他们又为你们实验中学赢得了荣誉。这就是双赢，双赢才能使学校进入良性发展的优质状态之中。

自增难度，因材施教

【李庆平】经过近一年的努力，我校在课程改革方面取得了一定的成绩，得到了各级教育部门的肯定，来校学习的单位络绎不绝。但回头总结一年来的工作，我们觉得课程改革的真正的难题还没开始。因为高二年级才是全面开设选修课的年级，各个学科的选修学分Ⅰ课程都需要学生自主选课，实施走班，随之带来的课程安排、教学管理、教师评价中的矛盾都真正摆在了我们面前。选修学分Ⅱ课程也需要进一步开发，使之真正达到课程化、系列化、规范化。

【陶继新】正是因为在成绩面前冷静，才能取得更大的成绩；正是因为正视困难，才能更好地解决困难。尽管此后的"矛盾"摆在了你们"面前"，可是，您和您的老师们说得好："办法总比困难多！"因为你们已经具备了解决这些困难的经验教训，特别是有了解决困难的决心与信心。

【李庆平】山东省教育厅根据学校实际情况，要求省级规范化学校选修学分Ⅰ的总开课率 2008 级不低于 50%，3 年之内必须达到 70%。面对这样的要求，我校应该怎样办？是满足于最低要求，达到 50% 即可，还是积极创设条件，提高选修课的开设率？为此，我对全体教师提出了要求：我校作为省级规范化学校、省课程改革定点联系校，选修学分Ⅰ课程的总体开设率 2008 级必须达到 65%，2009 级计划必须达到 70% 以上。并且根据省教育厅要求，原则上 30 名以上学生选择的课程学校必须开设。我们明白，虽然这项要求将给我们的各种工作带来很大的压力，但这也给我们的工作带来了更大的动力。我经常跟老师们讲，从长远看，这一轮高中课改对传统高中教育模式的冲击是很大的，可以说是"伤筋动骨"的；从学校发展来看，正因为这一轮高中课改的巨大冲击波，实际上新课程改革的过程就是学校品牌重新洗牌的过程，所以只要先行一步，看准方向和坚定信念，认真扎实搞好课程改革，必将加快我校成为中华名校的步伐，我们绝不放过这一难得的机遇。

【陶继新】主动高标准完成省教育厅规定的要求，这有点自我加压的意味。你们并不是没有考虑到这一高要求的难度，而是感觉这难中有其特殊的价值在，开课率越高，对学生的发展就越有益。同时，这也说明了您与您的教师对完成这一任务拥有足够的信心。人的潜能是巨大的，在完成这项任务的过程中，确实会增加教师的工作量；可是，当他们照样甚至优质地完成这一任务后，就会更加相信自己，就能更好地享受到学生快速发展带来的特殊愉悦。一个能够完成高难度工作且又能从中享受到审美快乐的人，其生命的状态就会越来越好，当其再攀登另一个高峰时候，就会更加信心百倍。如此循环往复，就会形成一种自我优质发展链，逐渐走向成功与成熟，逐渐学会诗意地生活与工作。另外，"30 名以上学生选择的课程学校必须开设"，尽管因为师资、场所等问题需要解决而大大增加难度，可是，学生自由选课度却大大提升了，某些学生的特殊爱好就会因此而得到满足，甚至会提升其快乐生活的指数。

【李庆平】针对学校提出的选修课开设目标，我们首先在全校教师中统一认识。使大家认识到，新课程改革突破传统教育的弊端，充分承认个性的存在是一种必然的客观实际，强调在培养学生的共同基础之上促进其个性的发展，这实际上是一种个性化教育的思想。这一思想的主旨在于：以强调终身学习必备的基础内容为前提，按照每个学生不同的兴趣、能力、气质和性格特点，因材施教，使每个学生的个性心理品质和能力特征在原有的基点上和现有的发展水平上获得长足的进步。正是为了实现上述理想，《普通高中课程方案（实验）》指出："学校要鼓励学生在感兴趣、有潜能的方面，选修更多的模块，使学生实现有个性的发展。学校可为学生发展个性、走向自立提供一个良好的平台，让学生在选择中学会选择，学会负责，学会规划人生。"这才是高中教育的真正目的。

【陶继新】孔子所说的"因材施教"在宇宙时空行走了两千五百余年，依然没有被一些校长与教师真正理解，更遑论有效地实施与运用了。这无疑构成了教育上的一个令人遗憾的悖论。而要想"满足学生多样化发展的需求"，就要因材施教，就要实行选课与走班制。不然，因材施教就成了一种空洞的口号。"以人为本"也喊了很多年，可是，学生的正常要求得不到满足，个性特长得不到发挥，能说是真正意义上的以人为本吗？以人为本就应当考虑学生的要求、学生的兴趣爱好，让其一生都有发展的张力。而千篇一律的教学内容、千人一面的教学方法，学生的生命张力就会被压抑或扼杀。于是，学生没有了学习的兴趣与动力，更不要说一生发展的精神支撑了。在某种意义上说，实行选课走班，不是简单地完成上级的任务，而是心想孩子且为其规划人生的百年大计。

【李庆平】然后，按照山东省教育厅的要求，逐步制订符合我校实际的高二年级课程实施计划，我们成立了由张福涛主任负责、各学科首席教师和各年级备课组长组成的学科课程研究小组，在《山东省诸城实验中学高中三年课程规划》的基础上，我校于 2009 年 5 月 21 日初步制订出各学科高中二年级的课程计划，并在潍坊市普通高中二年级课程实施计划专题研讨会上，向全市高中学校做了介绍。会后，又根据潍坊教科院及专家组意见，详细修订了我校"2008 级高二年级课程实施计划"，并让学生对有关学科的选修模块进行了自主选课。根据我校师资情况，我们又让部分学生进行了二次选课，最后在 5 月 31 日形成了我校"2008 级高二年级课程实施计划"，其选修课程开设率达到了 66%。6 月 4 日，我校代表潍坊市高中学校向山东省教育厅普通高中高二年级课程实施计划制定与实施准备情况调研组做了详细汇报，得到了省市专家的高度评价。

【陶继新】这是一个令人鼓舞的消息！"让部分学生进行二次选课"，就使得初选"后悔者"有了"更佳"选择的机会。其实，这种"多此一举"的"二次"，一定会给学校带来诸多困难。可是，为了学生，你们却"自找麻烦"地来了"二次"。这说明"以人为本"在你们那里真正落到了实处。"选修课程开设率达到了 66%"确实不太容易，其中的酸甜苦辣定然不少，可是，在访谈您与老师们的时候，你们对此却无一人谈起。有的老师说，是为了学生更好地发展，才选择了这个高选课率的。是的，高选课率扩展了学生自由选择的空间，使其有了"海阔凭鱼跃，天高任鸟飞"的驰骋天地。

附：山东省诸城实验中学简介

山东省诸城实验中学是一所具有 80 年历史的名校，它源自创建于 1931 年的省立十三中，于 1945 年初更名为山东省滨北中学，1950 年 7 月更名为山东省诸城师范学校。2001 年 8 月，山东省诸城师范学校和原诸城市实验中学（初中）合并而成的一所融高中、初中、希望小学、幼儿园于一体的完全中学，分校本部和南校区两个校区，占地 200 余亩，建筑面积 8 万余平方米。现有 120 个教学班，8000 多名学生，600 名教职工。学校设有高标准的办公楼、教学楼、艺术楼、体育馆、图书楼、实验楼、学生宿舍楼、餐厅等。是诸城办学历史最悠久、教师平均学历最高、教职工人数、学生人数最多、规模最大、资产最多、办学条件最好的副县级学校。是省级规范化学校、潍坊市重点中学、全国首家通过 ISO9001 国际标准化管理体系认证的国办学校。

学校教学设施先进，校园环境优美，师资力量雄厚，有全国优秀教师 2 人，山东省优秀教师 4 人，山东省特级教师 2 人，山东省优秀教育工作者 1 人，山东省高层次人才库人选 1 人，潍坊市优秀教师 12 人，潍坊市特级教师 1 人，潍坊市专业技术拔尖人才 1 人，潍坊市级以上教学能手 63 人，诸城市特级教师 7 人，诸城市专业技术拔尖人才 1 人，诸城市十佳青年教师 5 人，十佳教师 2 人，诸城市优秀教师、教学能手和骨干教师 131 人。拥有中学高级教师 105 人，各级特级教师 10 人，硕士研究生 18 人，博士 2 人。学校常年聘请多名美籍教师执教英语。

多年来，学校秉承"用心思考未来"校训，遵循"学习生活的常识，学习生存的技能，学习生命的意义""今天送我一个学生，明天还您一个栋梁"和"创办优质教育，创造成功人生"的教育理念，坚持实施"文化立校"方略，追求高标准、高品位、高质量，努力打造全国教育品牌，"引入 ISO9001 国际标准化管理体系，创办实验性、示范性、现代化品牌学校"，将学校文化融入到管理的各个环节，用文化提升教师、学生的素养和管理的品位，开拓出一条超常规、高速度、跨越式发展的特色之路，赢得了社会各界的广泛赞誉。

学校被确定为中央教育科学研究所、山东省教育科学研究所实验学校，是中国西部教育顾问单位、全国首批二十家"中华少年写作园"之一，全国普通高中发展性评估首批三所试点学校之一、全国知名教研室主任联谊会秘书处、全国中语会课堂教学研究中心及秘书处、山东省青语会研究中心及秘书处、山东省教育学会教育管理研究专业委员会高中工作委员会秘书处、山东省教育学会基础教育学校发展战略研究中心、山东省当代文学院潍坊分院、省教育厅《基础教育改革论坛》编辑部均设在该校。学校先后荣获全国基础教育名校、全国中小学思想道德建设活动先进单位、全国德育实验先进学校、全国百所社会公认特色育人成功学校，中国特色学校、全国创新教育示范校、全国奥林匹克竞赛金牌学校、全国学习方法研究名校、全国全民健身活动先进单位、山东省教书育人先进单位、德育工作先进单位、教学工作先进单位、教学示范学校、艺术教育示范学校、体育工作先进单位、十佳学习方法研究名校、心理健康先进单位、省级花园式单位等荣誉称号，被潍坊市委、市政府表彰为诸城市教育系统唯一的潍坊市文明单位标兵，2009 年 12 月被表彰为山东省文明单位。2009 年 9 月被省教育厅表彰为全市唯一山东省中小学素质教育工作先进单位。

2004 年 10 月 20 日、2005 年 4 月 15 日和 2006 年 12 月 15 日，山东省校本教研工作会议、山东省学校文化建设现场研讨会议、全国现代学校文化建设与新时期师生关系论坛分别在我校举行。2005 年 3 月，教育部专家组对我校（全省仅三家）高中新课程实施情况进行了专题教研。2007 年 11 月，山东省教育厅专家评估组对我校（在全省仅选取潍坊一中和我校）高中新课程实施情况进行了试评估。2009 年 9 月在"2009 山东素质教育论坛"上我校代表潍坊市作了《以素质教育为核心，全面推行高中新课改》的演讲。2009 年 11 月我校代表潍坊市迎接山东省教育厅高中新课程改革检查。2009 年 12 月在山东省基础教育课程与教学工作会议上，我校作为全省六个高中新课程改革的典型，作了《在选课走班上破冰前行》的经验介绍。2009 年 12 月，在中国教育报、中国教育新闻网联合举办的首届全国教育改革创新奖颁奖典礼暨中国教育创新论坛上，我校作了《在选课走班上破冰前行》的典型发言。

2008 年学校荣获 10 项潍坊市人民政府教学成果奖，列潍坊市所有高中第四位。被确定为山东省教育厅普通高中课程改革省级定点联系学校潍坊市三校之一，潍坊市普通高中科学发展评价试点学校诸城市两校之一。2009 年 9 月我校在潍坊市普通高中创建五星级学校活动中成为首获三星的九校之一，总成绩位居诸城市第一名，潍坊市第二名。2009 年我校在潍坊市普通高中新课改示范校创建活动中列第二名。

摆渡者教师书架（现已出版部分）

丛书名称	主编或作者	书　　名	定价（元）
大师背影书系	张圣华	《陶行知教育名篇》	24.90
		《陶行知名篇精选》（教师版）	16.80
		《朱自清语文教学经验》	15.80
		《夏丏尊教育名篇》	16.00
		《作文入门》	11.80
		《文章作法》	11.80
		《蔡元培教育名篇》	19.80
		《叶圣陶教育名篇》	17.80
教育寻根丛书	张圣华	《中国人的教育智慧·经典家训版》	49.80
		《过去的教师》	32.80
		《追寻近代教育大师》	29.80
		《中国大教育家》	22.80
杜威教育丛书	单中惠	《杜威教育名篇》	19.80
		《杜威学校》	25.80
		《杜威在华教育讲演》	29.80
班主任工作创新丛书	杨九俊	《班集体问题诊断与建设方略》	19.80
		《班主任教育艺术》	22.80
		《班级活动设计与组织实施》	23.80
新课程教学问题与解决丛书	杨九俊	《新课程教学组织策略与技术》	16.80
		《新课程教学现场与教学细节》	15.00
		《新课程备课新思维》	16.80
		《新课程教学评价方法与设计》	16.80
		《新课程说课、听课与评课》	16.80
新课程课堂诊断丛书	杨九俊	《小学语文课堂诊断》（修订版）	18.60
		《小学数学课堂诊断》（修订版）	18.60
		《小学综合实践活动课堂诊断》	23.60
		《小学品德与生活（品德与社会）课堂诊断》	22.80
名师经验丛书	肖　川	《名师备课经验》（语文卷）	25.80
		《名师备课经验》（数学卷）	25.60
		《名师作业设计经验》（语文卷）	25.00
		《名师作业设计经验》（数学卷）	25.00
个性化经验丛书	华应龙	《个性化作业设计经验》（数学卷）	19.80
		《个性化备课经验》（数学卷）	23.80
	于永正	《个性化作业设计经验》（语文卷）	20.60
		《个性化备课经验》（语文卷）	23.00

丛书名称	主编或作者	书　名	定价(元)
深度课堂丛书	《人民教育》编辑部	《小学语文模块备课》	18.00
		《小学数学创新性备课》	18.60
课堂新技巧丛书	郑金洲	《课堂掌控艺术》	17.80
课改新发现丛书	郑金洲	《课改新课型》	19.80
		《学习中的创造》	19.80
		《多彩的学生评价》	26.00
教师成长锦囊丛书	郑金洲	《教师反思的方法》	15.80
校本教研亮点丛书	胡庆芳	《捕捉教师智慧——教师成长档案袋》	19.80
		《校本教研实践创新》	16.80
		《校本教研制度创新》	19.80
		《精彩课堂的预设与生成》	18.00
		《让孩子灵性成长:青少年野外活动教育创新》	20.00
		《联片教研模式创新:一题一课一报告》	23.00
美国教育新干线丛书	胡庆芳	《美国学生课外作业集锦》	35.80
美国中小学读写教学指导译丛	胡庆芳　程可拉	《教会学生记忆》	22.50
		《教会学生写作》	22.50
		《教会学生阅读:方法篇》	25.00
		《教会学生阅读:策略篇》	24.80
提升教师专业实践力译丛	胡庆芳　程可拉	《创造有活力的学校》	22.50
		《有效的课堂管理手册》	24.00
		《有效的课堂教学手册》	32.80
		《有效的课堂指导手册》	24.80
		《有效的教师领导手册》	25.80
		《提升专业实践力:教学的框架》	30.80
		《优化测试,优化教学》	22.50
		《有效的课堂评价手册》	26.80
中小学教师智慧锦囊丛书	费希尔	《初为人师:教你100招》	16.00
	奥勒顿	《把复杂问题变简单——数学教学100招》	17.00
	格里菲思	《精彩的语言教学游戏》	17.00
	墨菲	《历史教学之巧》	18.00
	沃特金　阿伦菲尔特	《100个常用教学技巧》	16.00
	扬	《管理学生行为的有效办法》	16.00
	鲍凯特	《让学生突然变聪明》	17.00
	库兹	《事半功倍教英语》	17.00
	鲍凯特	《这样一想就明白——100招教会思考》	17.00
	海恩斯	《作文教学的100个绝招》	15.00
教育心理	俞国良　宋振韶	《现代教师心理健康教育》	25.80

丛书名称	主编或作者	书　名	定价(元)
教师在研训中成长丛书	胡庆芳　林相标	《校本培训创新:青年教师的视角》	21.80
		《教师专业发展:专长的视野》	21.60
		《听诊英语课堂:教学改进的范例》	31.60
		《提升教师教学实施能力》	22.00
中小学课堂教学改进丛书	胡庆芳　王　洁	《改进英语课堂》	32.80
其他单行本	胡庆芳	《美国教育360度》	15.80
	徐建敏　管锡基	《教师科研有问必答》	19.80
	杨桂青	《英美精彩课堂》	17.80
	陶继新	《教育先锋者档案》(教师版)	16.80
	单中惠	《西方教育思想史》	59.80
	孙汉洲	《孔子教做人》	27.90
	丰子恺	《教师日记》	24.80
	陶　林	《家有小豆豆》	27.00
	徐　洁	《教师的心灵温度》	26.50
	赵　徽　荆秀红	《解密高效课堂》	27.00
	赖配根	《新经典课堂》	29.00
	严育洪	《这样教书不累人》	27.00
	管锡基	《中小学综合实践活动课程资源包》	39.80
	孟繁华	《赏识你的学生》	29.80
	申屠待旦	《教育新概念——教师成长的密码》	27.00

"新课程教学问题与解决丛书"荣获第七届全国高校出版社优秀畅销书一等奖!

《陶行知教育名篇》荣获第八届全国高校出版社优秀畅销书一等奖!

"大师背影书系"荣获第八届全国高校出版社优秀畅销书二等奖!

《名师作业设计经验》(语文卷)、《名师作业设计经验》(数学卷)、《名师备课经验》(语文卷)荣获第17届上海市中小学幼儿园优秀图书三等奖!

《西方教育思想史》荣获全国第二届教育科学优秀成果二等奖(1999)!

在2006年全国教师教育优秀课程资源评审中,"新课程教学问题与解决丛书"中的《新课程教学组织策略与技术》《新课程教学现场与教学细节》《新课程备课新思维》和《新课程说课、听课与评课》被认定为新课程通识课推荐使用课程资源,《陶行知教育名篇》被认定为新课程公共教育学推荐使用课程资源,《课改新课型》被认定为新课程通识课优秀课程资源,《小学语文课堂诊断》被认定为新课程语文课优秀课程资源,《小学数学课堂诊断》被认定为新课程数学课推荐使用课程资源!